Deklinationsendungen der Substantive

Singular

<table>
<tr><td rowspan="3">Kasus</td><td colspan="2" rowspan="2">Maskulina</td><td rowspan="3">Neutra</td><td colspan="4">Feminina</td></tr>
<tr><td colspan="2">-a</td><td colspan="2">Kons.</td></tr>
<tr><td>bel.</td><td>unbel.</td><td>hart</td><td>weich</td><td>weich</td><td>hart</td></tr>
<tr><td>N.</td><td colspan="2">Ø</td><td>-o, -(i)e</td><td>-a</td><td>-(i)a</td><td colspan="2">Ø</td></tr>
<tr><td>G.</td><td>-(i)a</td><td>-(i)u
[-(i)a]</td><td>-(i)a</td><td>-y(-i)</td><td colspan="2" rowspan="2">-i</td><td rowspan="2">-y</td></tr>
<tr><td>D.</td><td colspan="2">-(i)owi</td><td>-(i)u</td><td>-(i)e
-y</td></tr>
<tr><td>A.</td><td>G.</td><td colspan="2">N.</td><td colspan="2">-(i)ę</td><td colspan="2">N.</td></tr>
<tr><td>I.</td><td colspan="3">-(i)em</td><td colspan="4">-(i)ą</td></tr>
<tr><td>L.</td><td colspan="3">-(i)e, -(i)u</td><td colspan="4">D.</td></tr>
<tr><td>V.</td><td colspan="2">L.</td><td>N.</td><td>-(i)o</td><td>-(i)u</td><td colspan="2">N.</td></tr>
</table>

Plural

<table>
<tr><td rowspan="3">Kasus</td><td>Personalform</td><td colspan="3">Sachform</td></tr>
<tr><td colspan="2">Maskulina</td><td rowspan="2">Feminina</td><td rowspan="2">Neutra</td></tr>
<tr><td>Personen</td><td>Sachen, Tiere</td></tr>
<tr><td>N.</td><td>-i, -y, -(i)e
-(i)owie</td><td colspan="2">-y (-i), -(i)e</td><td>-(i)a</td></tr>
<tr><td>G.</td><td colspan="2">-(i)ów, -y(-i)</td><td colspan="2">Ø oder: -i</td></tr>
<tr><td>D.</td><td colspan="4">-(i)om</td></tr>
<tr><td>A.</td><td>G.</td><td colspan="3">N.</td></tr>
<tr><td>I.</td><td colspan="4">-(i)ami</td></tr>
<tr><td>L.</td><td colspan="4">-(i)ach</td></tr>
<tr><td>V.</td><td colspan="4">N.</td></tr>
</table>

MÓWIMY I
PO POLSKU

Lehrbuch der polnischen Sprache

Volk und Wissen Verlag

Autoren: Josef Kotyczka, Maria Nagajowa, Klaus Marten, Witold Kaliński
Bearbeitung der Ausgabe 1991: Hanna Burkhardt

ISBN 3-06-541003-6

1. Auflage
5 4 3 2 / 02 01
Alle Drucke dieser Auflage sind unverändert und im Unterricht parallel nutzbar.
Die letzte Zahl bedeutet das Jahr dieses Druckes.

Printed in Germany
Satz und Repro: dtf, deutsch-türkischer fotosatz, Berlin
Druck und Binden: DH „Thomas Müntzer“, Bad Langensalza
Redaktion: Hanna Burkhardt
Einband und typographische Gestaltung: Atelier vwv
Illustrationen: Uschi Kosa

Inhaltsverzeichnis

Hinweise zur Benutzung des Lehrbuches

Die Zahlen hinter den Stichwörtern im deutsch-polnischen Wörterverzeichnis geben die Lektionen an, in denen diese Wörter zum ersten Mal auftreten.

Ⓜ kennzeichnet einen Merksatz

● bezeichnet ein Muster

↗ verweist auf Seitenangaben

Co? Kto? Czy ...?

Co to jest?

1 

Warszawa. Kolumna Zygmunta

Co to jest?	To jest Warszawa.

2 Lesen Sie und variieren Sie die Dialoge!
(Zur Aussprache der Vokale a, o, e, u/ó und y sowie der Konsonanten c, s, z, sz, rz, r und cz ↗ S. 212–214)

a) – Co to jest?
– To jest Warszawa.

Sopot, Opole, Zakopane, Bytom, Lublin, Olsztyn, Kraków, Tomaszów, Rzeszów, Zgorzelec, Karpacz, Bydgoszcz, Tarnobrzeg

b) – Co to?
– To *Plac Zamkowy*.

Kolumna Zygmunta, *katedra*, *Zamek Królewski*

c) – A to?
– To <u>*Ogród Botaniczny*</u>. — Plac Teatralny, *muzeum*, *ratusz*

d) – A to co?
– To <u>*teatr*</u>. — *opera*, *klub*, kabaret, *dyskoteka*, *hotel*, *restauracja*, *bar*

3 Prägen Sie sich ein!

a	– und	opera	– Oper
bar	– Bar	park	– Park
co	– was	plac	– Platz
dyskoteka	– Diskothek	Plac Zamkowy	– Schloßplatz
hotel	– Hotel	ratusz	– Rathaus
jest	– er, sie, es ist	restauracja	– Restaurant
katedra	– Dom, Kathedrale	teatr	– Theater
klub	– Klub	to	– das
muzeum	– Museum	to (Kopulawort)	– das ist/das sind
ogród botaniczny	– botanischer Garten	Zamek Królewski	– Königsschloß

Ⓜ Substantive beginnen – wie alle anderen Wörter – mit Kleinbuchstaben. Mit großen Anfangsbuchstaben werden nur Eigennamen geschrieben.

4 Lesen Sie (laut) und betonen Sie konsequent die vorletzte Silbe (↗ S. 218)!

ap*te*ka, de*ba*ta, an*te*na, te*le*fon, ko*le*ga, *a*pel, *ba*let, *da*ta, ka*ta*log, *mo*da, me*to*da, *bal*kon, kul*tu*ra, *mar*mur, *kla*sa, *ba*sen, *ka*sa, *stu*dent, stu*dent*ka, czeko*la*da; Ma*zow*sze, Ma*zu*ry, Po*mo*rze, Su*de*ty, Kar*pa*ty, *Tat*ry.

5 Co to jest?

Kto to jest?

1

Paweł

Grażyna

Kto to jest?	To jest Paweł.	Kto to?	Grażyna.

2 Lesen Sie und variieren Sie die Dialoge!
(Zur Aussprache der Konsonanten ł, dz, ż/rz, dż/drz, ↗ S. 213, 214)!

a) – Kto to jest?
– To jest Paweł.

Czesław, Włodek, Sławek, Łukasz, Jerzy, Tomasz, Andrzej

b) – Kto to?
– To Grażyna.

Bożena, Katarzyna, Marzena, Małgorzata Modzelewska

c) – A to?
– To *mój kolega* Andrzej Grzelak.

Grzegorz Czapla, Leszek Łuczak

d) – A to kto?
– To *moja koleżanka* Katarzyna Grosz.

Urszula Zawadzka, Marzena Modrzycka

3 Lesen Sie im Dialog!

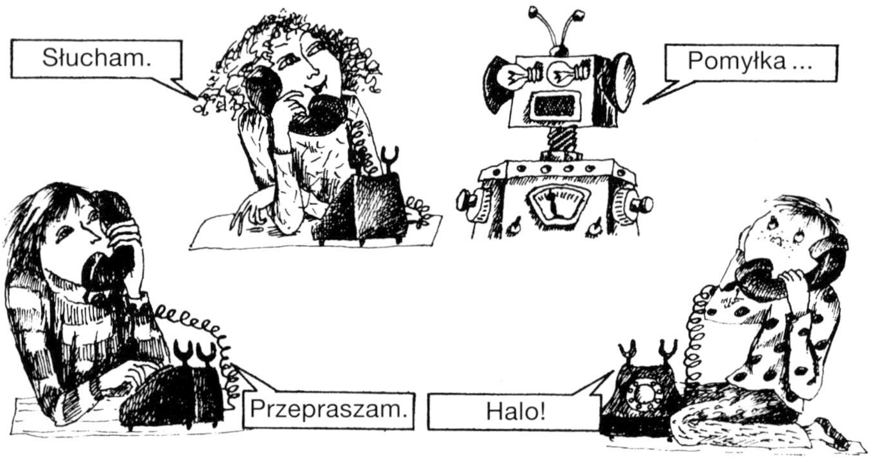

– *Słucham.*
– Jerzy?
– To *pomyłka.*
– *Przepraszam.*

– Halo!.
– Joanna?
– *Nie.* Pomyłka.
– Przepraszam.

4 Prägen Sie sich ein!

kolega *m.*	– Kollege, Schulfreund
koleżanka	– Kollegin, Schulfreundin
kto	– wer
mój, moja, moje	– mein, -e
nie	– nein, nicht
pomyłka	– Versehen, Irrtum (Falsch verbunden)
Przepraszam.	– (Ich bitte um ...) Verzeihung, Entschuldigung
Słucham.	– Ich höre (zu).

5 Sagen Sie polnisch!

Wer ist das? Das ist meine Freundin ... . Und wer ist das? Das ist mein Freund ... . Und was ist das? Das ist das Rathaus. Entschuldigung, was ist das? Das ist eine Oper und dort (tam) ist ein Theater.

6 Üben Sie die Aussprache von Ortsnamen!

Wrocław, Wałbrzych, Włocławek, Kołobrzeg, Władysławowo, Słupsk, Łeba, Wałcz, Chełmno, Kłodzko, Olkusz, Krotoszyn, Szczytno, Zabrze, Bydgoszcz

Czy …?

1

Czy to *miejsce* jest *wolne*?	*Tak.* (Jest wolne.)
	Nie. (Jest *zajęte.*)

Ⓜ Fragen, die nur mit *„tak"* (= ja) oder *„nie"* (= nein) zu beantworten sind, werden meist mit „czy" (= Fragepartikel) eingeleitet. Die Wortfolge im Fragesatz wird gegenüber dem Aussagesatz nicht verändert.

Aussage:	To miejsce jest wolne.	– Dieser Platz ist frei.
Frage:	Czy to miejsce jest wolne?	– Ist dieser Platz frei?
Antworten:	Tak. (Jest wolne.)	– Ja. (Er ist frei.)
	Nie. (Jest zajęte.)	– Nein. (Er ist besetzt.)

2 Bilden Sie Fragesätze!

Aussage	*Frage*	*Antwort*
To jest opera.	…	Tak, to jest opera. Nie, to teatr.

Tu jest muzeum.	...	Tak. Nie, tu jest ratusz.
Tam jest restauracja.	...	Tak, – – restauracja. Nie, – – bar.
To jest Jerzy.	...	Tak, – – –. Nie, – – Andrzej.
To miejsce jest zajęte.	...	Tak, – –. Nie, – wolne.
To jest *pan* Czapla.	...	Tak, – – – –. Nie, – – – Ołdak.
Pan Łuczak jest zajęty.	...	Tak, – –. Nie, – wolny.

3 Lesen Sie im Dialog!
(Zur Aussprache der Nasalvokale -ę- und -ą-, ↗ S. 212)

– Halo!
– Tu Piotr. Czy jest Jędrek?
– Kto? Wacek?
– Jędrek.
– Nie.
– O! *Bardzo* przepraszam.

– Słucham.
– Czy to Częstochowa?
– Tak.
– Tu Męclewski.
Czy jest *pani* Bąkowska?
– *Niestety* nie.

Ⓜ Jede (unbekannte) männliche Person wird mit „pan" (= Herr, Sie) und jede (unbekannte) weibliche Person mit „pani" (= Dame, Frau ...; Sie) angeredet.

– Przepraszam, kto to jest?
– *Ten* pan?
– Tak.
– To pan Leszek.
– Bardzo *sympatyczny*.
Prawda?
– Tak, bardzo.

– Kto to?
– Ta pani?
– Tak.
– To pani Urszula Wąsowska,
znana aktorka.
– Bardzo *elegancka*!
– Tak, to prawda.

Ⓜ Zur Bezeichnung von Drittpersonen dienen die Formen pan, pani + (Vorname) Familienname, z.B.: To jest pan Jan Popławski. To pani Kowalska (↗ S. 231, 259). Die Formen pan, pani + Vorname und ohne Familienname werden verwendet, wenn man den Betreffenden etwas besser kennt, ohne mit ihm allerdings per „du" zu sein, und das Gespräch einen inoffiziellen/privaten Charakter trägt, z.B.: Czy jest pan Piotr? To jest pani Ewa.

4 Prägen Sie sich ein!

aktorka	– Schauspielerin	sympatyczny, -a, -e	– sympathisch
bardzo	– sehr	tak	– ja
czy	– (Fragepartikel)	tam	– dort
elegancki, -a, -ie	– elegant	ten, ta, to	– dieser, -e, -es
miejsce	– Platz	tu, tutaj	– hier
niestety nie	– leider nicht	wolny, -a, -e	– frei
pan	– Herr	zajęty, -a, -e	– besetzt, beschäftigt
pani	– Dame, Frau … (in Anrede)	znany, -a, -e	– bekannt
prawda	– Wahrheit (hier: Nicht wahr?)		

5 Sagen Sie polnisch!

Entschuldigung, ist dieser Platz frei?

- (sind Sie) Herr Wąsowicz?
- ist dort Frau Wąsowska?
- ist Jędrek da?
- ist Herr Wąsowski sympathisch?
- ist Frau … elegant?
- ist diese Schauspielerin sehr bekannt?
- ist mein Kollege hier?

6 *Dzień dobry.*

Do widzenia.

Proszę.

Dziękuję.

7 Lesen Sie im Dialog!
(Zur Aussprache der weichen Konsonanten und zu den zwei Funktionen des -i- im Schriftbild, ↗ S. 214)

a) – Dzień dobry.
– Dzień dobry. Słucham.
– Czy jest pan Węgrzyniak?
– Nie.
– *A kiedy będzie*?
– *Jutro*.
– Dziękuję. Do widzenia.
– Do widzenia.

b) – Bożena?
– Tak. Słucham.
– Tu Maciej. Czy jest Michał?
– Nie.
– A jutro będzie?
– Tak.
– Dziękuję.
– Proszę.
– Do widzenia.

8 Lesen Sie und variieren Sie die Dialoge!

a) – Dzień dobry, tu Zosia.
– Dzień dobry, Dziewoński.
– Przepraszam, czy jest Maciej?
– Jest. ... Maciej!
– Dziękuję.

Gośka, Asia, Kasia, Madzia
Ciążyński, Gąsiorek, Krążyński
Dariusz, Grzesiek, Krzyś

b) – Dzień dobry. Czy jest pani Rudzińska?
– *Owszem*, jest. Proszę *chwileczkę poczekać*. *Zaraz* będzie.
– Dziękuję.

Idzikowska, Niedźwiecka

Ⓜ Polnische Vornamen werden im familiären Kreis und unter Freunden sehr oft verkleinert (↗ S. 259), z. B.: Zofia – Zosia, Zośka …, Małgorzata – Gośka, Małgośka …, Joanna – Asia, Joaśka …, Magdalena – Madzia …, Katarzyna – Kasia, Kaśka …, Grzegorz – Grzesiek, Grześ …, Krzysztof – Krzyś, Krzysiek … .

9 Prägen Sie sich ein!

będzie	– er (sie, es) wird (da-)sein	dzień	– Tag
chwileczka	– Augenblick	jutro	– morgen
Do widzenia.	– Auf Wiedersehen.	kiedy	– wann
dobry, -a, -e	– gut	owszem	– ja, natürlich
dziękuję	– (ich) danke	poczekać *vo.*	– warten
		proszę	– (ich) bitte
		zaraz	– gleich, sofort

10 Gestalten Sie ähnliche Dialoge, in denen Sie

- sich begrüßen,
- zu verstehen geben, daß Sie Ihrem Partner zuhören,
- sich entschuldigen,
- Fragen zu Personen oder Dingen stellen,
- sich bedanken,
- sich verabschieden bzw. das Gespräch höflich beenden.

11 Lesen Sie folgende Wortpaare!

pas – bas, tata – data, kura – góra, kram – gram, faza – waza, sad – zad, szal – żal, dusza – duża, czemu – dżemu, my – mi, myła – miła, pasek – piasek, był – bił, bez – bies.

12 Genus der Substantive

Nominativ Sg.

Maskulina	Feminina	Neutra
∅	-(i)a -i	-o -(i)e -um

Beispiele:

Maskulina	Feminina	Neutra
teatr	opera	kino
hotel	kawiarnia (Café)	miejsce
pan	pani	muzeum

13 Stellen Sie die Substantive dieser Lektion nach den drei Genera geordnet in einer Liste (Tabelle) zusammen (ohne Eigennamen)!

14 Lesen Sie die folgende Aufstellung aufmerksam durch! Welche Schlußfolgerungen lassen sich daraus ableiten? (↗ S. 229, 233, 235)

	Maskulina	*Feminina*	*Neutra*
Pronomen:	ten	ta	to
	mój	moja	moje
Adjektive:	dobry	dobra	dobre
	sympatyczny	sympatyczna	sympatyczne
	elegancki	elegancka	eleganckie

Prüfen Sie sich selbst!

1 Strukturen

– Co to (jest)?	– Was ist das?	– Kiedy będzie?	– Wann wird er (sie, es) da sein?
– To (jest) ratusz.	– Das ist ein Rathaus.	– Jutro.	– Morgen.
– A to co?	– Und was ist das?	– Słucham.	– (Ich) höre (zu).
– To muzeum.	– Das ist ein Museum.	– Przepraszam.	– (Ich) bitte um Verzeihung, Entschuldigung.
– Kto to (jest)?	– Wer ist das?	– Dziękuję.	– (Ich) danke.
– To (jest) Ewa.	– Das ist Ewa.	– Proszę.	– (Ich) bitte.
– Czy to Marek?	– Ist das Marek?	– Dzień dobry.	– Guten Tag.
– Tak. (Nie.)	– Ja. (Nein.)	– Do widzenia.	– Auf Wiedersehen.

2 Zum Genus

Übersetzen Sie ins Polnische (schriftlich)!

a) Dort ist ein gutes Restaurant. Dieses Restaurant ist gut. Ist dieses Restaurant gut? Ist das ein gutes Restaurant? Hier ist ein gutes Hotel. Dieses Hotel ist gut. Ist das ein gutes Hotel? Ist dieses Hotel gut? Das ist ein gutes Museum. Dieses Museum ist gut. Ist dieses Museum gut? Ist das ein gutes Museum?

b) Hier ist ein freier Platz. Dieser Platz ist frei. Ist hier ein freier Platz? Ist dieser Platz frei? Der Platz ist besetzt. Das ist ein sehr beschäftigter Herr. Herr Węgrzyniak ist sehr beschäftigt. Sind Sie morgen sehr beschäftigt? Wann sind Sie frei? Sind Sie morgen frei?

c) Das ist eine elegante Dame. Frau Wąsowicz ist sehr sympathisch. Ist das ein sympathischer Herr? Dieser Herr ist sympathisch, nicht wahr?

Jak się nazywasz?

Jak się nazywa ...?

1

Ten pan *się nazywa* Karol Ciecholewski.

Ta pani się nazywa Wanda Górska.

Jak się pan nazywa?	Nazywam się Ciecholewski.

2 Lesen Sie und variieren Sie im Dialog!

a) – Kto to jest ten *chłopak*?
– To *Paweł*. — Grzegorz, Jerzy, Krzysztof
– A jak się nazywa?
– Paweł nazywa się Ciecholewski. — Różycki, Prószyński, Jóźwiak

b) – Czy to Aśka? — Gośka, Kasia, Jadzia
– Ta *dziewczyna*?
– Tak. To Aśka.
– A jak się nazywa?
– Nazywa się Górska. — Jóźwiak, Ciechocka, Wierzbicka

c) – Przepraszam, jak się pan nazywa?
– Nazywam się Michał Ćwikliński. — Jan Cieszyński, Adam Nowak
– A *ja* się nazywam Halina Górska? — Ewa Woźniak, Grażyna Wójcik
– *Bardzo mi miło.*
– Bardzo mi miło.

3 Prägen Sie sich ein!

Bardzo mi miło.	– Es freut mich sehr. Es ist mir sehr angenehm.	dziewczyna	– Mädchen, Freundin
chłopak	– Junge, Freund	ja	– ich
		jak	– wie
		nazywać się	– heißen, sich nennen

4 Lesen Sie im Dialog!

a) – Słucham.
– Przepraszam, czy jest pan Liebscher?
– Jak się ten pan nazywa?
– Liebscher.
– Jak?
– Pan Liebscher.
– Chwileczkę … Liebscher … Tak.
– A czy jest?
– Tak.
– Dziękuję.
– Proszę.

RECEPCJA

b) – Przepraszam, jak się pan nazywa?
– Proszę?
– Czy pan się nazywa Karasiński?
– Nie, Osiecki.
– A kto to jest?
– Ten pan?
– Tak.
– To pan Zalewski.
– A gdzie jest pan Karasiński?
– To jest pan Karasiński.
– Dziękuję.
– Proszę.

5 Die Präsensformen des Verbs „nazywać się"

	Personalpronomen		*Verb*	
	Singular			
1. Pers.:	ja	(ich)	nazyw*am* się	-a-m
2. Pers.:	ty	(du)	nazyw*asz* się	-a-sz
3. Pers.:	on	(er)	nazyw*a* się	-a
	ona	(sie)		
	ono	(es)		
	Plural			
1. Pers.:	my	(wir)	nazyw*amy* się	-a-my
2. Pers.:	wy	(ihr)	nazyw*acie* się	-a-cie
3. Pers.:	oni	(sie, Pf.[1])	nazyw*ają* się	-a-j-ą
	one	(sie, Sf.[1])		

Ⓜ Die Personalpronomen (Nom.) werden nur dann gebraucht, wenn sie in dem betreffenden Zusammenhang hervorzuheben sind.

Beispiele:

– Jak się nazywasz?
– Krawczyk.

– A jak *ty* się nazywasz?
– Ja się nazywam Wolski.

Ⓜ *„się"* (= „sich", bei reflexiven Verben) steht meist vor dem Verb, zu dem es gehört, jedoch niemals am Satzanfang.

Jak się nazywasz? – Nazywam się … Jak się pan(i) nazywa?

6 Lesen Sie im Dialog!

a) – Jak się nazywasz?
– Nazywam się … A ty?

b) Janek: Nazywam się Janek Milewicz. A jak się ty nazywasz?
Danuta: Nazywam się Danuta Wolska. A jak się on nazywa?
Janek: On się nazywa Nowak.

[1] Im Ponischen haben mehrere Wortklassen für den Nominativ Plural zwei verschiedene Formen: Die eine („männlich-personale Form", kurz „Personalform" genannt) wird gebraucht, wenn es sich um ausschließlich männliche Personen oder Gruppen von Vertretern beider Geschlechter handelt (= oni). Die andere („nicht männlich-personale Form", kurz „Sachform" genannt) ist anzuwenden, wenn es um ausschließlich weibliche Personen, Tiere, Dinge oder abstrakte Begriffe geht (= one). ↗ S. 230

c) – Przepraszam, jak się nazywają Krzysiek i Gośka?
– Krzyś nazywa się Zieliński, a ...
– Jak?
– Zieliński.
– A Gośka?
– Ćwiklińska.
– Dziękuję.

7 Setzen Sie „*nazywać się*“ in der richtigen Form ein!

Frage	*Antwort*
a) Jak się ... (du)?	...
b) Jak pan/pani się ...?	...
c) Jak się on/ona ...?	...
d) Jak się ... Dorota i Jana?	Dorota ... Pietrzak, a Jana ... Zielińska.
e) Jak się oni ...?	Jarek ... Karasiński, a Darek ... Zalewski.

Jak masz na imię?

1 Jak *masz na imię*?

Na imię mam Ewa.

Deutsch:
Wie ist dein Vorname?

Mein Vorname ist Ewa.

2 Die Präsensformen des Verbs „*mieć*“ = „haben, besitzen“

	Singular		*Plural*	
1. Pers.:	mam	– ich habe	mamy	– wir haben
2. Pers.:	masz	– du hast	macie	– ihr habt
3. Pers.:	ma	– er (sie es) hat	mają	– sie haben

3 Lesen Sie im Dialog!

a) – Kowalczyk ma na imię Karol.
– A Byszewska jak ma na imię?
– Monika.

b) – Nazywam się Radomski.
– Jak pan ma na imię?
– Mam na imię Grzegorz.

c) – Jak się pan nazywa?
– Kowalski.
– Jak pan ma na imię?
– Jan.

d) – Czy masz na imię Anna czy Maria?
– Mam na imię Anna-Maria.
– A jak się nazywasz?
– Nazywam się Walczak, Anna-Maria Walczak.

Jaki jest …?

1

Jaki jest Paweł? Jaka jest Joanna?	Paweł jest *wysoki*. Joanna jest *inteligentna*.

2 Lesen Sie im Dialog!

a) – Jaka jest Joanna?
– Jest *ładna* i *miła*.
– Czy jest inteligentna?
– Bardzo.
– To *interesujące*.

b) – Tam jest Paweł.
– Jaki on jest?
– *Mądry* i *skromny*.
– I *też* bardzo *przystojny*, prawda?
– Owszem.

c) – Jaka jesteś?
– Jestem *zgrabna*, *mądra* i *dowcipna*.
– Jesteś *raczej zarozumiała*!

d) – *Twój* kolega jest bardzo *pracowity*, miły i dowcipny.
– Niestety, to nie mój kolega.

3 Prägen Sie sich ein!

dowcipny, -a, -e	– witzig
inteligentny, -a, -e	– intelligent
interesujący, -a, -e	– interessant
jaki, -a, -ie (jest …)	– wie (ist …); was für ein (-e)
Jestem …	– Ich bin …
ładny, -a, -e	– hübsch, schön
mądry, -a, -e	– klug
miły, -a, -e	– nett, lieb, angenehm
pracowity, -a, -e	– arbeitsam und fleißig
przystojny, -a, -e	– gutaussehend, stattlich
raczej	– eher
skromny, -a, -e	– bescheiden
też, także	– auch
twój, twoja, twoje	– dein, -e
wysoki, -a, -ie	– hoch, groß (gewachsen)
zarozumiały, -a, -e	– eingebildet
zgrabny, -a, -e	– schlank, gut gebaut

4 Verneinen Sie die folgenden Aussagen!

Beispiel: Danuta jest ładna. – Danuta nie jest ładna.

Paweł jest inteligentny. Joanna jest sympatyczna. To muzeum jest interesujące.

Ta pani jest pracowita. Ten teatr jest znany. Ta opera jest dobra. Ten klub jest ładny. Moja koleżanka jest zgrabna. Anka jest mądra.

5 Gebrauchen Sie die Adjektive in attributiver und prädikativer Funktion!

Beispiel: To jest ładny teatr. – Ten teatr (nie) jest ładny.

Ten pan	jest	inteligentny, miły, sympatyczny
Ta opera		znany, interesujący
To muzeum		dobry, interesujący, ładny

Ⓜ Mit Hilfe des Präfixes *„nie-"* lassen sich zu Adjektiven Antonyme bilden.

Beispiele:

dobry	– niedobry	wysoki	– niewysoki
interesujący	– nieinteresujący	inteligentny	– nieinteligentny
sympatyczny	– niesympatyczny	zrabny	– niezgrabny
ładny	– nieładny	miły	– niemiły

6 Wenden Sie die obigen Antonyme an!

Ten pan jest …
Ta aktorka jest …
Krzysztof jest bardzo …
Mój kolega jest …
Ta dyskoteka jest …
Moja koleżanka jest …
Ten park jest …
Pani Krysia jest …

7 Die Präsensformen des Verbs *„być"* = „sein"

	Singular		*Plural*	
1. Pers.:	jestem	– ich bin	jesteśmy	– wir sind
2. Pers.:	jesteś	– du bist	jesteście	– ihr seid
3. Pers.:	jest	– er (sie es) ist	są	– sie sind

8 Ordnen Sie den Fragen schriftlich die entsprechenden Antworten zu.

Jaki jest ten chłopak?	– Tak, to on.	Jak masz na imię?	– To jest pani Ewa.
Co to jest?	– Joanna.	Kto to?	– Interesujący.
Czy to Paweł?	– Nie.	Jakie jest to muzeum?	– Jestem dowcipna.
Jak się nazywasz?	– To jest opera.	Jaka jesteś?	– Piotr Kowalski.
Jaki jest ten klub?	– Bardzo dobre.		
Czy to miejsce jest wolne?	– Bardzo sympatyczny.		

Prüfen Sie sich selbst!

1 Strukturen

– Jak się	nazywasz? pan/pani nazywa?	– Wie	heißt du? heißen Sie?
– Nazywam się …		– Ich heiße …	
– Jak	masz na imię? pan(i) ma na imię?	– Wie ist	dein Vorname? Ihr Vorname?
– Na imię mam …		– Mein Vorname ist … .	

– Jaka jest Joanna?	– Wie ist Joanna?
– Joanna jest miła.	– Joanna ist nett.
– Jaki jesteś?	– Wie bist du?
– Jestem dowcipny.	– Ich bin witzig.

2 Verbformen

1. Ten pan nazyw- się Górski. Na imię – Ludwik. Ta pani – na imię Irena. Nazyw- się Górska.
2. Nazywa- (ich) się … . Jak ty się nazywa-? Na imię ma- (ich) Henryk. Jak ma- (du) na …?
3. Krzysiek i Gośka nazywa- się Wójcik. Jak oni się nazywa-? Jak wy się nazywa-?
4. Jak się nazywa- (du)? Czy nazywa- (du) się Proll? Jak ma- (du) na imię? Czy ma- (du) na imię Barbara?

3 Sagen Sie polnisch!

1. Ich heiße … . Und wie heißen Sie? Mein Vorname ist … . Wie ist Ihr Vorname?
2. Mein Vorname ist … . Wie ist dein Vorname? Wie heißt du? Wie heißt dieser Herr? Wie ist sein Vorname? Und diese Dame, wer ist das? Ist das Danuta? Verzeihung, wie heißt Janek? Und dieser Herr, wie heißt er? Wer ist das? Ist das Frau Górska oder Frau Jóźwiak?
3. Wie ist deine Schulfreundin? Sie ist klug und nett. Wie bist du? Ich bin sehr fleißig und bescheiden. Wie ist Piotr? Er ist groß, sympathisch und sehr witzig. Ist Eva schön? Ja, sie ist sehr schön und auch eingebildet!

4 Können Sie diese polnischen Zungenbrecher schon aussprechen?

W Szczebrzeszynie chrząszcz brzmi w trzcinie i Szczebrzeszyn z tego słynie. Siedziała małpa na płocie i łykała słodkie łakocie. Włóż płaszcz w deszcz. Król Karol kupił królowej Karolinie korale koloru koralowego.

Kto kim jest?

Kim są ...?

1

dziennikarz

nauczycielka

Kim jest ten pan?	Dziennikarzem.
Kim jest ta pani?	Nauczycielką.

Ⓜ Angaben zum Beruf und zur Nationalität erfolgen meist mit einer Form des Verbs „*być*“ (sein) und einem Substantiv im Instrumental (= Prädikatsnomen ↗ S. 256).

Vergleichen Sie!

Polnisch		*Deutsch*	
– Kim jesteś?		– Was bist du?	
– Jestem	*uczniem.*	– Ich bin	Schüler.
	uczennicą.		Schülerin.
– Kim pan jest?		– Was sind Sie?	
– Jestem	*Polakiem.*	– Ich bin	Pole.
	Niemcem.		Deutscher.
	nauczycielem.		Lehrer.
	dziennikarzem.		Journalist.
– Kim jest ta pani?		– Was ist diese Dame?	
– Jest	nauczycielką.	– Sie ist	Lehrerin.
	Polką.		Polin.

2 Der Instrumental Singular der Substantive

	Maskulina	Neutra	Feminina
Nominativ	∅	-o, -(i)e	-(i)a, -i
Instrumental	-(i)em[1]		-(i)ą

3 Lesen Sie im Dialog!

– Przepraszam, kim jest ta pani?
– Nauczycielką.
– Jak się nazywa?
– Górska. To jest pani Wanda Górska.
– A kto to jest ten pan?
– To *jej mąż*.
– Więc to jest pan Ludwik Górski?
– Tak.
– A *tamten* wysoki *mężczyzna*?
– To *ich syn*, Paweł Górski. Jest *już studentem*.
– A ta *młoda kobieta*, kto to?
– Przepraszem, czy pan jest dziennikarzem?
– Ależ skąd! Jestem *cudzoziemcem* i ta młoda pani bardzo *mi się podoba*.

4 Prägen Sie sich ein!

Ależ skąd! – Aber woher!
cudzoziemiec, -ka – Ausländer, -in
dziennikarz, -arka – Journalist, -in
ich (G. von „oni, one") – ihr
jej (G. von „ona") – ihr
już – schon, bereits
Kim jesteś? / pan (i) jest? – Was (Wer) bist du? / sind Sie?
kim (Instr. v. „kto") – hier: wer, was
kobieta – Frau
mąż – Ehemann
mężczyzna – Mann
młody, -a, -e – jung
nauczyciel, -ka – Lehrer, -in
Niemiec, Niemka – Deutsche(r)
podobać się (+ Dat.) – gefallen
podoba mi się – gefällt mir
Polak, Polka – Pole, Polin
student, -ka – Student, -in
syn – Sohn
tamten, tamta, tamto – jener, jene, jenes; dieser dort, der da
uczeń, uczennica – Schüler, -in

[1] Beim Anschluß von -e- an -g- od. -k- wird -i- eingeschoben; vergl.: Polak – Polakiem. Das Polnische hat ein „flüchtiges" -(i)e; vergl.: Niemiec – Niemcem (↗ S. 224).

5 Bilden Sie anhand der unten angegebenen Bezeichnungen für Nationalitäten Sätze!

Beispiel: To John. On jest ... (Anglik). To Mary. Ona jest ... (Angielka).

Amerykanin, Amerykanka; Austriak, Austriaczka; Czech, Czeszka; Francuz, Francuzka; Hiszpan, Hiszpanka; Niemiec, Niemka; Polak, Polka; Rosjanin, Rosjanka; Szwed, Szwedka; Węgier, Węgierka; Włoch (Italiener), Włoszka.

Ⓜ Bezeichnungen für Nationalitäten werden groß geschrieben.

6 Ergänzen Sie diese Dialoge!

a) – Kim jest- (du)?
– Jest- (ich) uczn-.
– A ty?
– Jest- (ich) już student-.

b) – Jest- (ich) Niem- i nazywa - się Peter Lehmann.
– Czy pan jest *tłumacz-*?
– Niestety nie. Jest- (ich) *pisarz-*.

c) – Jak ma- (du) na imię?
– Anna i jest- (ich) uczennic- *liceum*.
– A ty?
– Na imię mam Agnieszka i jest- (ich) też uczennic- ale *technikum*.

d) – Przepraszam, kto to jest?
– Pan Pietrzak? Jest dziennikarz-.
– A pani też jest dziennikar-?
– Nie, jest- (ich) nauczyciel-.
– A kim jest Barbara?
– Barbara jeszcze jest uczennic-.

Ⓜ Substantive, die im Nom. Sg. auf -(i)um enden, sind Neutra und werden im Sg. nicht dekliniert. (↗ S. 228)

7 Nach to (in der Funktion der Kopula) folgt der Nominativ.

Beispiele:

Ewa to uczennica. – Eva ist Schülerin.
Marcin to Polak. – Martin ist Pole.
Diese Struktur ist nur in der 3. Pers. Sg. bzw. Pl. zu verwenden.

8 Diese Aussagen sind gleichbedeutend!

● Pan Szydłowski jest nauczycielem.
Oder: Pan Szydłowski to (jest) nauczyciel.

Formulieren Sie jede Aussage nach obigem Muster auf zweierlei Weise!
Pan Janicki – pisarz, tłumacz, nauczyciel, elektryk
Ta pani – tłumaczka, nauczycielka, pisarka

9 Variieren Sie die Fragen und Antworten!

Kim jest pan Jóźwiak?	lekarz, lekarka – Arzt, Ärztin; dentysta, dentystka – Zahnarzt (-ärztin);
Kim jest pani Górska?	robotnik, robotnica – Arbeiter (-in); urzędnik, urzędniczka – Beamte(r), Beamtin, Angestellte(r);
Kim jest twój *ojciec*?	rolnik – Landwirt; kierowca – Kraftfahrer;
Kim jest twoja *matka*?	sprzedawca, sprzedawczyni – Verkäufer (-in)

10 Erschließen Sie die Bedeutung folgender Berufsbezeichnungen bzw. Funktionen oder Titel (ohne Wörterbuch)!

architekt, aptekarz (-arka), bibliotekarz (-arka), doktor, drukarz, dyrektor, elektryk, fotograf, fryzjer (-ka), inżynier, kapelmistrz, kapitan, kasjer (-ka), lektor (-ka), malarz (-arka), mechanik, meteorolog, policjant (-ka), muzyk, notariusz, pilot, profesor, reżyser, sekretarka, stolarz, szlifierz, tancerz (-erka), technik.

11 Prägen Sie sich ein!

ale	– aber	pisarz, -arka	– Schriftsteller, -in
jeszcze	– noch	technikum	– Technikum
liceum	– Gymnasium	tłumacz, -ka	– Übersetzer, -in, Dolmetscher, -in
matka	– Mutter		
ojciec	– Vater		

12 Schreiben Sie sinnvolle Satz-Varianten!

ten chłopak	jest	nauczyciel (-ka)
ta dziewczyna	już jest	uczeń, uczennica
mój kolega	jeszcze jest	student (-ka)
moja koleżanka		cudzoziemiec (-ka)
ten pan		tłumacz (-ka)
ta pani		lekarz (-arka)

Czym się interesujesz?

1

Joanna
Zainteresowania: muzyka, literatura, język niemiecki i *polski, tenis.*

Paweł
Zainteresowania: *sport*, *muzyka*, teatr, *fotografia*, *komputer*, *biologia*.

Czym się interesujesz?	*Interesuję się teatrem.*

2 Präsens der Verben auf *-ować*: – Typ: **interesować się**

Singular		
1. Pers.:	interesuję się	-uj-ę
2. Pers.:	interesujesz się	-uj-e-sz
3. Pers.:	interesuje się	-uj-e
Plural		
1. Pers.:	interesujemy się	-uj-e-my
2. Pers.:	interesujecie się	-uj-e-cie
3. Pers.:	interesują się	-uj-ą

3 Lesen Sie im Dialog!

a) – Czym się interesujesz?
– Teraz interesuję się teatrem.
– A Leszek, czym się interesuje?
– On? On się interesuje sportem!

b) – Czym się interesujesz?
– Interesuję się muzyką. A ty?
– Ja się interesuję literaturą i językiem polskim.
– A Ute?
– Ona? Ona się interesuje *tylko* szkołą.

c) – Czym się interesujecie?
– Tadeusz interesuje się fotografią, a Małgosia – biologią.
– A ty?
– Ja ...?
– Słucham.
– Teraz się interesuję Marysią.

d) – Jakie masz *hobby*?
– *Filatelistyka* to moje hobby.

4 Prägen Sie sich ein!

biologia	– Biologie
czym (Instr. von „co")	– wofür, woran
filatelistyka	– Philatelie
fotografia	– Fotografie
hobby *n.*	– Hobby
Jakie masz hobby?	Was für Hobbys hast du?
interesować się (+ Instr.)	– sich interessieren für, Interesse haben (zeigen) an
język niemiecki	– deutsche Sprache
język polski	– polnische Sprache
komputer	– Computer
literatura	– Literatur
muzyka	– Musik
niemiecki, -a, -ie	– deutsch
polski, -a, -ie	– polnisch
sport	– Sport
tenis	– Tennis
tylko	– nur, ausschließlich, lediglich, bloß
zainteresowania	– Interessen(gebiete), Hobbys

5 Instrumental der Adjektive und der adjektivisch deklinierten Wortklassen

	Maskulina	Neutra	Feminina
Nominativ	-y (-i)	-(i)e	-(i)a
Instrumental	-ym (-im)		-(i)ą

6 Bilden Sie sinnvolle Sätze!

Anka	interesować się,	tylko	ten teatr
Danuta	nie interesować się	teraz	ta muzyka
Jurek		też	literatura polska
Andrzej			język polski
Piotr			fotografia
Ola			język niemiecki
Krzysztof			biologia

7 Beantworten Sie die Frage „*Czym się interesujesz?*“ mit der folgenden Lexik!

nowoczesna technika	– moderne Technik
balet klasyczny	– klassisches Ballett
sztuka japońska	– japanische Kunst
lekka atletyka	– Leichtathletik
piłka nożna	– Fußball
literatura fantastyczna	– science fiction
muzyka elektronowa	– elektronische Musik
stare malarstwo	– alte Malerei

8 Sprechen Sie über die hier abgebildeten polnischen Literaturnobelpreisträger in deutscher Sprache! Nutzen Sie dazu Angaben im Lexikon!

Henryk Sienkiewicz (1846–1916)
prozaik, publicysta

Władysław Stanisław Reymont
(1867–1925) pisarz, publicysta

Czesław Miłosz (1911)
poeta, prozaik, tłumacz

Wisława Szymborska (1923)
poetka

Prüfen Sie sich selbst!

1 Strukturen

– Kim	jesteś? pan(i) jest?	– Was (wer)	bist du? sind Sie?
– Jestem …		– Ich bin …	
– Kim jest …?		– Was (wer) ist …?	
– … jest	uczniem. Polakiem.	– … ist	Schüler. Pole.
– Czym się	interesujesz? pan(i) interesuje?	– Wofür	interessierst du dich? interessieren Sie sich?
– Interesuję się literaturą.		– Ich interessiere mich für Literatur.	
– Jakie	masz zainteresowania? pan(i) ma zainteresowania?	– Was für Hobbys	hast du? haben Sie?

2 Bilden Sie zu den folgenden Verben die den beigefügten Personalpronomen entsprechenden Formen des Präsens!

wir	– akceptować,	ihr	– demonstrować,	ich	– korespondować,
wir	– rezerwować,	ihr	– fotografować,	sie (Pl.)	– konstruować,
ich	– dyskutować,	wir	– produkować,	er (sie, es)	– modelować.

3 Übersetzen Sie ins Polnische (schriftlich)!

Frau Górska ist Lehrerin. Joanna ist noch Schülerin und Paweł ist schon Student. Diese Dame ist Journalistin und ihr Ehemann Redakteur. Ist dieser junge Mann Ausländer? Ja, er ist Amerikaner. Was ist diese junge Dame? Sie ist eine bekannte Übersetzerin. Ewa ist Polin und Peter ist Deutscher. Ich interessiere mich für Musik und Literatur. Mein Schulfreund interessiert sich für Sport und Fotografie. Was für Hobbys hast du? Ich interessiere mich für polnische Sprache und Literatur.

Co robi ...?

1

Co *robisz?*	*Czytam* „Filipinkę".	*Tłumaczę tekst.*

2 Lesen Sie im Dialog!

a) – Co robisz?
– *Uczę się.*
– Uczysz się? A ta muzyka?
– Uczę się i *oglądam telewizję.*
– Och!!!

b) – Cześć! Co robisz?
– Tłumaczę tekst.
– I co?
– *Świetnie. Wszystko rozumiem.*
– Bardzo dobrze.

c) – Co robicie?
– Oglądamy *film.*
– A kto *gra?*
– Ten Polak. Jak on się nazywa?
... Zamachowski.
– Dobry film?
– *Świetny.*

d) – Co czytasz? *Ostatni* „Film"?
– Nie, *teraz* oglądam *czasopismo* „Cogito".
– Czy ten *numer* jest interesujący?
– Tak. Jest tu *ciekawy artykuł* – „Polski jazz".

3 Prägen Sie sich folgende Lexik ein!

artykuł	– Artikel	grać	– spielen
ciekawy, -a, -e	– interessant, spannend	numer	– Nummer
czasopismo	– Zeitschrift	oglądać	– ansehen, anschauen
Cześć!	– Tschüs! Grüß Dich!	oglądać telewizję	– fernsehen
czytać	– lesen	ostatni, -a, -e	– letzte(r)
film	– Film	robić	– machen, tun
		rozumieć	– verstehen

świetny, -a, -e	– ausgezeichnet,	tłumaczyć	– übersetzen
świetnie *Adv.*	– fein, prima	uczyć się (+ Gen.)	– lernen
tekst	– Text	wszystko	– alles
teraz	– jetzt		

4 Präsens der Verben: – Typ ***robić*** und ***uczyć się***

Singular

1. Pers.: robię	-i-ę	uczę się	-ę
2. Pers.: robisz	-i-sz	uczysz się	-y-sz
3. Pers.: robi	-i	uczy się	-y

Plural

1. Pers.: robimy	-i-my	uczymy się	-y-my
2. Pers.: robicie	-i-cie	uczycie się	-y-cie
3. Pers.: robią	-i-ą	uczą się	-ą

Ebenso: tłumaczyć

5 Setzen Sie die Präsensformen der Verben sinnentsprechend ein!

a) – Co teraz (robić)?
– Ja? (uczyć się). A ty?
– Też (się uczyć).
(Tłumaczyć) tekst.
– Czy wszystko rozumiesz?
– Tak, wszystko.
– To dobrze.

b) – Co (robić) Monika i Danka?
– Monika (się uczyć), a Danka (oglądać telewizję).
– A co Monika (robić)?
– (Tłumaczyć) tekst.
– A ty, co (robić)?
– Też oglądam telewizję.

c) – Danka, to ty?
– Tak.
– Co (robić)?
– My? Ojciec (czytać), matka (oglądać telewizję), a Adaś i ja (uczyć się).

d) – Co Marek (robić)?
– (Pracować).
– A co (robić) Joanna i Krysia?
– One (się uczyć) i (tłumaczyć) tekst.

6 Das Verb *„rozumieć“* (verstehen) wird ähnlich konjugiert wie „mieszkać“. Lesen Sie die folgenden Dialoge aufmerksam durch und stellen Sie sich das Konjugationsschema zusammen (Infinitiv, Verbformen im Präsens)!

– Rozumiesz ten tekst?
– Tak. Wszystko rozumiem.
– A czy Ewa też rozumie?

– Czy to rozumiecie?
– Tak. Rozumiemy wszystko.
– Czy oni też wszystko

– Nie, ona jeszcze tłumaczy.
– Dobrze.

rozumieją?
– Jeszcze nie.

7 Lesen Sie im Dialog!

a) – Kiedy się *spotkamy*?
– Teraz się uczę.
– A kiedy masz *czas*?
– *Wieczorem*.
– *Dobrze*. Spotkamy się wieczorem.

b) – Halo! Anka? – Co robisz?
– Oglądam film.
– Czy masz jutro czas?
– Tak, mam. Spotkamy się?
– Dobrze, ale wieczorem.
– Świetnie.

c) – Spotkamy się *dzisiaj*?
– Dziś też?
– No tak!
– Dobrze, ale nie teraz. Jeszcze *pracuję*.
– Co robisz?
– Tłumaczę tekst.

d) – Co robisz wieczorem?
– Pracuję.
– A kiedy masz czas?
– Jutro *po południu*. *Dlaczego pytasz*?
– Mam *bilety do* kina.
– Co grają?
– Dobry polski film.
– Świetnie. Spotkamy się *przed* kinem.

8 Lesen Sie und variieren Sie im Dialog!

a) – *Gdzie* się spotkamy?
– Przed kinem „Panorama".

– przed klubem, przed teatrem, przed muzeum

b) – Kiedy się spotkamy?
– Wieczorem.

– jutro, teraz, zaraz

c) – Kiedy masz czas?
– Dzisiaj.

– *zawsze*, wieczorem, dziś, po południu, *przed południem*

9 Lesen Sie und beantworten Sie (kurz) die Fragen!

1. Jurek ogląda film.	Co Jurek ogląda?
Marek tłumaczy tekst.	Co Marek robi?
2. Romana interesuje muzyka.	Kogo interesuje muzyka?
Irena *zna* redaktora Nowaka.	Kogo zna Irena?
3. Gośka przeprasza matkę.	Kogo Gośka przeprasza?
Anka ogląda Warszawę.	Co Anka ogląda?
4. Irena ma dobre miejsce.	Co ma?
Janek zna to kino.	Co Janek zna?

10 Prägen Sie sich ein!

bilet, *Pl.*: -y	– Eintritts-, Fahrkarte, -n	pracować	– arbeiten
chętnie	– gern	przed (+ Instr.)	– vor
czas	– Zeit	przed południem	– am Vormittag, vormittags
dlaczego	– warum, weshalb	pytać	– fragen
do (+ Gen.)	– in (hinein)	spotkać się *vo.*	– sich treffen, begegnen
dobrze	– gut	wieczorem	– am Abend, abends
dzisiaj, dziś	– heute	zawsze	– immer
gdzie	– wo	znać	– kennen
południe	– Süden, Mittag		
po południu	– am Nachmittag, nachmittags		

11 Akkusativ Singular der Substantive

	Maskulina		Neutra	Feminina
	belebt	unbel.		
Nominativ	∅	∅	-o, -(i)e	-(i)a
Akkusativ	-a	= Nominativ		-(i)ę

12 Bilden Sie sinnvolle Sätze: Verb + Akk.-Obj.!

Beata	mieć	czas, bilet, miejsce
pan Nowak	rozumieć	Irena, Justyna, Henryk
Robert	interesować (!)	literatura, muzyka, teatr
Marzena	tłumaczyć	tekst na język polski
pani Wanda	oglądać	telewizja, szkoła, Kraków
my	przepraszać	matka, pan Marczak, Irena
oni	znać	Warszawa, Ostrołęka, Zakopane

13 a) Lesen Sie im Dialog!

b) Gestalten Sie ähnliche Dialoge!

Rozmowa telefoniczna

D.: Słucham.
A.: Danuta? To ty?
D.: Tak, to ja.
A.: Co robisz?

D.: Czytam.
A.: Czy masz jutro wieczorem czas?
D.: Tak, mam. A co?
A.: Mam bilety do teatru.
D.: Co grają?
A.: „Hamleta".
D.: Spotkamy się przed teatrem?
A.: Dobrze. No to do jutra.
D.: Pa. Do jutra.

Czy masz czas?

A.: Co robisz? Uczysz się?
D.: Tłumaczę tekst niemiecki na język polski.
A.: Rozumiem. Ale wieczorem masz czas?
D.: Tak.
A.: Spotkamy się?
D.: Dobrze, gdzie?
A.: Przed klubem.
D.: Świetnie. No to cześć.
A.: Cześć.

Ⓜ Im Polnischen gibt es keine spezielle Entsprechung zum deutschen „Guten Morgen". Morgens wird man auch mit „Dzień dobry!" gegrüßt. Formeln wie „Cześć!", „Serwus!", „Hej!", „Pa!" tragen inoffiziellen Charakter.

Begrüßen	*Verabschieden*
Dzień dobry!	Do widzenia!
Dobry wieczór!	Dobranoc!
Cześć!	Cześć!
Serwus!	Serwus!
Hej!	Hej!
	Pa!

14 Lesen Sie den folgenden Text (still) mit Hilfe des nachfolgenden Lexikverzeichnisses. Geben Sie den jeweiligen Inhalt deutsch wieder!

Co to za czasopismo?

„Cogito" (jak i „Filipinka") jest czasopismem młodzieżowym. Po łacinie „cogito" znaczy „myślę". Młody czytelnik znajdzie tu ciekawe artykuły na takie tematy, jak szkoła, studia, praca, kultura, turystyka i rozrywka.
Innym czasopismem jest miesięcznik o Polsce „Poznaj swój kraj", co po niemiecku znaczy „Lerne dein Land kennen". Czasopismo zapoznaje czytelnika z historią, geografią, florą, fauną i turystyką Polski.

A jakie Wy chętnie czytacie czasopisma?

Lexik

Co to za ...?	– Was für ein/e ... ist das? Was für ... sind das?	o (+ Lok.) o Polsce	– über über Polen
		po niemiecku	– auf Deutsch
		po łacinie	– auf Latein, lateinisch
czytelnik	– Leser		
historia	– Geschichte	praca	– Arbeit
inny, -a, -e	– ein anderer	rozrywka	– Unterhaltung
jak i	– wie auch	studia *Pl.*	– Studium
miesięcznik	– Monatsschrift	szkoła	– Schule
młodzieżowy, -a, -e	– jugendlich, Jugend~(in Zus.)	zapoznawać z (+ Instr.)	– vertraut machen mit
myśleć	– denken	znaczyć	– heißen, bedeuten
na takie tematy, jak	– zu solchen Themen wie	znaleźć *vo.*	– finden

Jerzy pracuje jako technik

1

2 Lesen Sie im Dialog!

a) – Kto tu pracuje?
– Jerzy *jako technik*, a pan Czyżewski jako *inżynier*.
– Dziękuję. Do widzenia.

b) – Czy pani tu pracuje?
– Tak. Teraz ja tu pracuję jako *sekretarka*.
– A gdzie jest pani Wójcik?
– Pani Wójcik tu już nie (= nicht mehr) pracuje.
– Dziękuję. Do widzenia.

3 Lesen Sie im Dialog!

a) – Gdzie pracujesz?
– Pracuję w wydawnictwie jako redaktor. A ty?
– Ja pracuję w szkole jako nauczycielka.

b) – Gdzie pracuje Piotr?
– Pracuje jako inżynier w budownictwie.
– A Zosia?
– Zosia pracuje jako pielęgniarka w szpitalu.

c) – Czy Irena i Urszula tu pracują?
– Nie, tu pracuje tylko Irena.
– A Urszula?
– Urszula teraz *studiuje*.

d) – Czy już pracujecie?
– Ja już pracuję jako *fotograf*, a Ewa jeszcze się uczy.
– A Karol?
– Jest studentem.

4 Prägen Sie sich ein!

budownictwo	– Bauwesen
w budownictwie	im Bauwesen
fotograf	– Fotograf
inżynier	– Ingenieur
jako (+ Nom.)	– als
pielęgniarka	– Krankenschwester
sekretarka	– Sekretärin
studiować	– studieren
szkoła	– Schule
w szkole	in der Schule
szpital	– Krankenhaus
w szpitalu	im Krankenhaus
technik	– Techniker
wydawnictwo	– Verlag
w wydawnictwie	im Verlag

5 Bilden Sie sinnvolle Sätze!

Pani Szydłowska	pracuje jako (+ Nom.)	nauczyciel	w szpitalu
Pan Szydłowski		inżynier	w Berlinie
Pani Wolska		sekretarka	w szkole
Mój ojciec		redaktor	w budownictwie
Moja matka		pielęgniarka	w wydawnictwie

6 Erfragen Sie die folgenden Aussagen!

Pracuję w wydawnictwie.
Jestem redaktorem.
Anna jest nauczycielką.
Nie, Andrzej jest już inżynierem.

Marek już studiuje.
Anka studiuje biologię.
Mój ojciec już nie pracuje.
Tak, pracuję jeszcze w szkole.

7 Ordnen Sie den Fragen eine sinnentsprechende Antwort zu!

Czy pan Wolski jest nauczycielem? 5
Jak się nazywa ta pani? 4

Jest Polką. 1
Pracuje w szkole. 2

Czy Janek już pracuje?	Tak, jako sekretarka.
Gdzie pracuje Zosia?	Ta pani nazywa się Walczak.
Kim jest ta pani?	Nie, jest inżynierem.
Czy ona tu pracuje?	Nie, jeszcze studiuje.

8 Setzen Sie die Verben in der richtigen Form ein!

– Czy (du) (interesować się) jeszcze piłką nożną? – Owszem, (ich) (interesować się) piłką nożną i lekką atletyką. – Co twój kolega (studiować)? – Piotr (studiować) biologię. – Czy Janek już (pracować)? – On (uczyć się) i też (pracować). – Czy jeszcze tu (ihr) (pracować)? – Nie, tylko Ewa tu (pracować), a Jola teraz (studiować).

Prüfen Sie sich selbst!

1 Strukturen

– Co robisz? / pan (i) robi?	– Was machst du? / machen Sie?
– Tłumaczę polski tekst na język niemiecki.	– Ich übersetze einen polnischen Text ins Deutsche.
– Chętnie czytam.	– Ich lese gern.
– Czy wszystko rozumiesz? / pan (i) rozumie?	– Verstehst du alles? Verstehen Sie alles?
– Tak, rozumiem.	– Ja, ich verstehe.
– Kiedy się spotkamy?	– Wann treffen wir uns?
– Jutro wieczorem.	– Morgen Abend.
– … pracuje jako nauczycielka. / inżynier.	– … arbeitet als Lehrerin. / Ingenieur.

2 Sagen Sie polnisch, daß …

– Sie den polnischen Text schon verstehen;
– Norbert bereits gut Polnisch spricht;
– Monika alles versteht;
– Sie oft mit Monika und Jörg lernen;
– wir jetzt einen deutschen Text ins Polnische übersetzen;
– sich Ania und Tadek nicht für das Fernsehen interessieren;
– Sie sich für Sport und Musik interessieren;
– Ihr Vater Herrn Marczak kennt;
– Sie diesen polnischen Film schon kennen;
– Leszek als Fotograf arbeitet.

Rodzina

Rodzina Jurka

1

ojciec + matka = rodzice

syn + *córka* = *dzieci*
brat + *siostra* = *rodzeństwo*

2 Formulieren Sie Aussage- und Fragesätze!

To jest …	mój	ojciec.
Jak *wygląda* …?	twój	brat
Jaki jest …?	nasz	syn
Gdzie jest …?	wasz	
Tu jest …	moja	*rodzina.*
Kim jest …?	twoja	siostra
Czym się interesuje?	nasza	córka
Czy to …?	wasza	matka
Tam jest …	moje	dziecko.
Gdzie jest …?	twoje	rodzeństwo
Czy to …?	nasze	miejsce
	wasze	

To … Jak się nazywa …? Czym się interesuje …? Dlaczego tu jest …?	jego jej ich	brat (siostra, dziecko). syn (córka) ojciec (matka)
Tu są … Co robią …? Jak mają na imię …? Kim są …? Jak się nazywają …?	jego jej ich	rodzice. dzieci

3 Führen Sie mit Hilfe der obigen Fragen einen Dialog!

4 Das Possessivpronomen

Nom. Sing. Pers.-pr.	Maskulina	Feminina	Neutra
ja:	mój (mein)	moja (meine)	moje (mein)
ty:	twój (dein)	twoja (deine)	twoje (dein)
on, ona, ono:	jego (sein, -e)	jej (ihr, -e)	jego (sein, -e)

Nom. Pl. Pers.-pr.	Maskulina	Feminina	Neutra
my:	nasz (unser)	nasza (unsere)	nasze (unser)
wy:	wasz (euer)	wasza (eure)	wasze (euer)
oni, one:		ich (ihr, -e)	

Dt. Höflichkeitsform *„Ihr, -e"* = *pana* bzw. *pani.*

5 Lesen Sie im Dialog!

Czy znasz rodzinę Jurka?

Ona: Czy znasz rodzinę Jurka?
On: Znam. To mój *sąsiad.*
Ona: Czy ma rodzeństwo?
On: Tak, ma siostrę i brata.
Ona: Co robią?
On: Siostra *chodzi do szkoły*, a brat jest studentem.
Ona: A rodzice?

On: Jego rodzice pracują. Matka jest nauczycielką, a ojciec – inżynierem. Ale dlaczego *mnie* pytasz? Jurek jest tam.
Ona: *Wolę zapytać ciebie.*

6 Prägen Sie sich ein!

brat	– Bruder	rodzice	– Eltern
chodzić	– gehen	rodzina	– Familie
do szkoły	– zur Schule	sąsiad, -ka	– Nachbar, -in
ciebie	– dich	siostra	– Schwester
córka	– Tochter	woleć	– vorziehen, lieber mögen
dziecko, dzieci	– Kind, -er		
mnie	– mich	wyglądać	– aussehen
rodzeństwo (Sg.)	– Geschwister		

7 Stellen Sie (möglichst unter Nutzung eines Fotos) Ihre Familie vor!

Czyja to fotografia?

1

Czyja to *fotografia*?	Mojej matki.

2 Lesen Sie im Dialog!

– Czyja to fotografia?
– Mojej matki.
– Ale jesteś do niej *podobna*!
– Raczej nie. Jestem podobna do ojca. Tu mam jego *zdjęcie*.

– Masz *rację*. *Jak dwie krople wody.*
– Do matki podobny jest mój brat. Tu są *razem*.
– Aha. Jeszcze tylko siostra.
– Niestety, zdjęcia siostry nie mam. Danka nie *lubi się fotografować*.

3 Prägen Sie sich ein!

być podobny do (+ Gen.)	– ähnlich sein, ähneln	jak dwie krople wody	– wie ein Ei dem anderen (wie zwei Wassertropfen)
czyj, -a, -e	– wessen	lubić	– mögen, gern haben, gut leiden können
fotografia	– Foto, Photographie	mieć rację	– recht haben
fotografować (się)	– photographieren (sich photographieren lassen)	razem	– zusammen
		zdjęcie	– Foto

4 Erfragen Sie mit „*czyj, czyja, czyje*“ die Possessivpronomen!

To *nasz* sąsiad.
nasza sąsiadka.
jej miejsce.
jego dziecko.

To *jej* uczeń.
ich szkoła.
wasza nauczycielka.
jej uczennica.

5 Lesen Sie und beantworten Sie (kurz) die Fragen!

To jest fotografia *mojego syna*. Czyja to fotografia? …
Co robi syn *twojego brata*? Czyj syn? …
To jest dziecko *naszej sąsiadki*. Czyje to dziecko? …

6 Genitiv Singular der Substantive und der adjektivisch deklinierten Wortklassen

<table>
<tr><th colspan="2">Maskulina</th><th colspan="2">Feminina</th><th colspan="2">Neutra</th></tr>
<tr><td>Sub.</td><td>Adj.</td><td>Sub.</td><td>Adj.</td><td>Sub.</td><td>Adj.</td></tr>
<tr><td>a) bel.: -(i)a</td><td>-(i)ego</td><td rowspan="2">-y(i)</td><td rowspan="2">-(i)ej</td><td rowspan="2">-(i)a</td><td rowspan="2">-(i)ego</td></tr>
<tr><td>b) unb.: -(i)u, (-/i/a)</td><td>-(i)ego</td></tr>
</table>

7 Beantworten Sie die Fragen mit den angegebenen Wörtern!

a) Czyj to syn?	nasz sąsiad, pan Marczak, pan Andrzej Rogalski
Czyja to córka?	Danuta, Irena, pani Rogalska, siostra
Czyja to rodzina?	Jurek, nasza sąsiadka, pani Janicka
Czyje to czasopismo?	mój kolega, brat, Paweł
Czyja to opera?	Karol Szymanowski, Mozart, Krzysztof Penderecki
Czyja to muzyka?	Fryderyk Chopin, Jan Sebastian Bach
Czyj to film?	znany, polski reżyser
Czyje to zdjęcie?	mój brat, moja siostra, moje dziecko
b) Kogo | znasz? / pan/pani zna?	córkę (pani Wolska), siostrę (pan Nowak), dziecko (wasz sąsiad), matkę (to dziecko), ojca (siostra, pan Rogalski) rodzeństwo (nasz sąsiad, pan Nowak) rodzinę (nasza sąsiadka, pani Janina Wolska)
c) Co | lubisz? / pan(i) lubi?	muzykę (Mozart, Jan Sebastian Bach, Czajkowski)
d) Kim jest Marek?	syn – pan Tomasz Wolski; uczeń – szkoła, imię, Mikołaj Rej

Ⓜ Eigennamen auf -ski(-ska), -cki(-cka) und -dzki(-dzka) werden wie Adjektive dekliniert.

8 Beantworten Sie folgende Fragen:

Danka	Marek	matka	ojciec	Teresa
córka, siostra	syn, brat			córka, siostra

a) Czy	Danka	jest	podobna	do	matki	czy do	ojca?
	Marek		podobny		siostry		matki?
	dziecko		podobne		ojca		matki?
	Danka		podobna		Marka		Teresy?

b) Do kogo jest	podobny Marek?	syn, brat
	podobna Danka?	córka, siostra
	podobne dziecko?	matka, ojciec

c) Do kogo jesteś podobny (-a)?
Do kogo pan(i) jest podobny (-a)?
Do kogo jest podobny (-a) syn (córka) pana?
Do kogo jest podobny (-a) brat (siostra) pani?

9
Ⓜ Nach den Verben „*uczyć się*“ (lernen), „*słuchać*“ (zuhören) und „*szukać*“ (suchen) steht das Objekt im Genitiv.

Beispiele:

Uczę się	język*a* polsk*iego*.	Słucham	muzyk*i* (Mozart*a*).
	tekst*u*.		pan*a*.

Szukam numer*u* telefon*u* naszego sąsiada.

Ⓜ Bei Verneinung eines transitiven Verbs steht das direkte Objekt im Genitiv.

Beispiele:

	Verneinung
Mam *czas*. (= Akk.-Obj.)	Nie mam *czasu*. (= Gen.-Obj.)

Znam *Jurka*. (= Akk.-Obj.)	Nie znam *Jurka*. (= Gen.-Obj.)
Mam *siostrę*. (= Akk.-Obj.)	Nie mam *siostry*. (= Gen.-Obj.)
Oglądam *zdjęcie*. (= Akk.-Obj.)	Nie oglądam *zdjęcia*. (= Gen.-Obj.)

10 Verneinen Sie folgende Aussagen!

Dzisiaj wieczorem mam czas. Anka już ma bilet do teatru. Jurek ma brata. Mam rodzeństwo. Znam siostrę Grażyny. Znamy rodzinę Jurka. Lubię muzykę Czajkowskiego. Mam zdjęcie siostry. Rozumiem matkę Ireny. Rozumiem jego siostrę. Znam pana Leśnika. Znam ten film. Mamy już telefon.

11 Lesen Sie den Text mit Hilfe des Wörterbuches!

O naszej rodzinie

Do naszego rodzinnego grona należą dziadkowie, rodzice i my – moja siostra i ja. Niestety, dziadek ze strony matki już nie żyje, ale babcia jest jeszcze bardzo energiczna. Z dziadkiem – to znaczy z ojcem mojego ojca – rozumiem się świetnie. Jest to starszy, sympatyczny pan. Jeszcze pracuje. Moja druga babcia jest bardzo miła. Zawsze mi pomaga. Już nie pracuje, jest na emeryturze.
Moja matka jest laborantką w szpitalu. Jest młoda, zgrabna i zawsze wesoła. A ojciec to wysoki, przystojny mężczyzna. Pracuje jako inżynier w budownictwie. Interesuje się sportem. Mam też siostrę, ale to jeszcze dziecko. Jest kapryśna jak pogoda w marcu.

Wiederholung

Angaben zur Person

1 Stellen Sie eine Stichwortliste zusammen, nach der Sie sich/Ihre Familie etwas ausführlicher vorstellen!
In Ihrer Darstellung sollten unbedingt enthalten sein:
Name, Vorname, Tätigkeit (Beruf, Schule), Interessengebiete, Erscheinungsbild.
Ergänzen Sie diese Liste ggf. durch notwendige Lexik aus dem Wörterbuch!
Nutzen Sie bei Ihrer Vorstellung solche Adverbien wie:
już, teraz, zaraz, zawsze, bardzo, dobrze, tam, tu, też, jeszcze.

2 Stellen Sie eine Ihnen bekannte Person vor, z. B. Vater, Mutter, Freund (-in)!
(Bringen Sie ggf. ein Foto oder Fotos in den Unterricht mit.)

3 Führen Sie mit einem (-er) Gesprächspartner (-in) einen Dialog zum obigen Thema.

Präsens-Konjugation der Verben

1 a) Fertigen Sie eine zusammenfassende Übersicht zu den bisher behandelten Konjugationstypen an!
Muster:

-ać	-ować	-ić	-yć
czytać ...	pracować ...	robić ...	tłumaczyć ...

b) Tragen Sie in diese Tabelle alle bisher behandelten Verben der obigen Typen ein (Infinitiv)!

c) Schreiben Sie alle Verben heraus, die nicht nach den genannten Verbtypen konjugiert werden!

d) Überprüfen Sie, ob Sie die Konjugation dieser Verbtypen beherrschen!
Wenden Sie diese Verben in Sätzen an!

2 a) Fragen Sie polnisch (eine Freundin/einen Freund bzw. beide):

- was sie abends machen,
- wo sie sich heute treffen,
- wofür sie sich interessieren,
- ob sie sich für Musik interessieren,
- ob sie sich nicht für Literatur und Theater interessieren,
- wer sich für Sport interessiert,
- wann sie heute Zeit haben,
- ob sie/er den polnischen Text versteht,
- ob sie gut Polnisch sprechen,
- ob sie/er alles versteht,
- wer am Abend immer fernsieht,
- was sie heute abend im Fernsehen spielen,
- ob sie sich alles ansehen.

b) Beantworten Sie die so formulierten Fragen!

3 Sagen Sie polnisch!

Wir lernen Polnisch. – Wer übersetzt den Text? – Ania und Tadek sehen fern. – Herr Nowaks Bruder ist auch Lehrer. – Wer hat einen guten Platz? – Ich bin meiner Mutter ähnlich. – Wessen Text ist das? – Marek geht jetzt schon zur Schule. – Habt Ihr schon einen Platz? – Wir verstehen diesen Text schon. – Wofür interessiert Ihr Euch? – Frau Kowalska ist unsere Lehrerin. – Wer versteht das nicht? – Wir übersetzen gern. – Was macht Ihr dort? – Sie verstehen schon alles. – Wie ist euer (eure) Polnischlehrer (-in)?

4 Übersetzen Sie ins Deutsche (ohne Wörterbuch)!

To są Barbara i Ralf. Barbara to Polka. Jest uczennicą. W szkole uczy się języka niemieckiego. Bardzo lubi ten język. Dobrze już mówi. Interesuje się też literaturą niemiecką i bardzo dużo czyta. Ralf jest Niemcem. Już pracuje. Jest dziennikarzem. Interesuje się historią Polski i polityką. Lubi też polskie kino. Chętnie ogląda filmy K. Kieślowskiego i A. Wajdy.

Prüfen Sie sich selbst!

1 Strukturen

– Czy znasz rodzinę Jurka?	– Kennst du Jureks Familie?
– Znam.	– Ich kenne (sie).
– Czy masz rodzeństwo?	– Hast du Geschwister?
– Tak, mam siostrę i brata.	– Ja, ich habe eine Schwester und einen Bruder.
– Czyj to nauczyciel?	– Wessen Lehrer ist das?
– Mój.	– Mein (Lehrer).
– Czyja to fotografia?	– Wessen Foto ist das?
– Mojej matki.	– Das meiner Mutter.
– Do kogo podobny jest Marek?	– Wem sieht Marek ähnlich?
– Do ojca.	– Dem Vater.
Redewendung:	
jak dwie krople wody	– Wie ein Ei dem anderen (wörtl.: wie zwei Wassertropfen)

2 Zum Genitiv Singular

a) Bilden Sie Frage- und Aussagesätze!

Beispiel: Haus	Bruder	unser
Czyj to dom?	To (jest) dom brata.	To (jest) dom naszego brata.
Lehrer	Schwester	meine
Foto/Aufnahme	Vater	euer
Schülerin	Mutter	deine
Lehrer	Sohn	mein
Lehrerin	Tochter	unsere

Nachbar	Lehrer Nowak	unser
Kind	Herr Marczak	
Schüler	Schwester	
Mutter	Monika	

b) Bilden Sie Sätze mit „*podobny (-a, -e) do*“!

Beispiel: Irena/Piotr: Irena jest podobna do Piotra.
Gert/Danuta; siostra/brat; nasz syn/dziadek; córka/mama; twoja siostra/matka; twój ojciec/nasz sąsiad; siostra pani Ireny/pan Andrzej; brat/nasza matka; jego matka/moja; (ty)/jej siostra; (ja)/ojciec; ta uczennica/moja siostra.

c) Übersetzen Sie die folgenden Aussagen ins Polnische (schriftlich)!

Wir kennen Jureks Familie. – Danuta hat Geschwister. – Wir haben eine Schwester. – Du sagst die Wahrheit. – Ich mag diese Musik. – Ewa und Tadek haben schon einen Platz. – Wir fragen die Lehrerin. – Ich verstehe Danka. – Peter mag dieses Foto. – Wir interessieren uns für das Fernsehen. – Tadeks Familie ist sehr nett. – Anias Vater ist Ingenieur. – Du bist ihr ähnlich. – Das ist meine Lehrerin. – Monika ist meine Schwester.

d) Verneinen Sie die Aussagen der Üb. c)!

Czy lubisz ...?

Jak ci się podoba?

1 

K. Kieślowski. „Trzy kolory – Czerwony“

Czy ten film *ci* się podoba?	Tak, bardzo *mi* się podoba.

2 Lesen Sie im Dialog!

a) – Jak ci się podoba ostatni film Krzysztofa Kieślowskiego?
– „*Czerwony*“ to *wspaniały* film.
– Też tak *uważam*. Interesująca *problematyka*, świetna *gra aktorska* i *piękna* muzyka.

b) – Czy panu (pani) się podoba muzyka Krzysztofa Pendereckiego?
– Interesuję się *współczesną* muzyką już *od dawna*.
– To *się cieszę*, bo mam bilety na „Te deum“.

3 Dativ der Personalpronomen und der Substantive „pan, pani“!

Personalpronomen

Singular

N.	ja	ty	on	ona	ono
D.	mnie, mi (mir)	tobie, ci (dir)	jemu, mu (ihm)	jej (ihr)	jemu, mu (ihm)

Die Langformen (mnie, tobie, jemu) sind zu verwenden, wenn das Personalpronomen in dem betreffenden Zusammenhang hervorgehoben werden soll und wenn es in Verbindung mit einer Präposition auftritt.
In allen anderen Situationen sind die Kurzformen zu gebrauchen.

Plural

N.	my	wy	oni/one
D.	nam (uns)	wam (euch)	im (ihnen)

pan, pani

N.	pan	pani
D.	panu (Ihnen, dem Herrn)	pani (Ihnen, der Dame)

4 Lesen Sie im Dialog!

Jurek i Piotr

P.: Tam są Anka i Danuta.
J.: Anka to twoja sąsiadka, a ta *druga*?
P.: To jej koleżanka, Danuta. Zgrabna dziewczyna, prawda?
J.: Owszem, ładna.
P.: Mnie też się podoba.

Anka i Danuta

A.: Kto tam *stoi*?
D.: Jurek i Piotr.
A.: *Skąd* ich znasz?
D.: Jurek to mój *szkolny* kolega, a Piotr to nasz sąsiad.
A.: Podobają mi się.
D.: Mnie też.

Nie wszystko złoto, co się świeci.

D.: Czy *długo* znasz Jurka? Jaki on jest?
A.: Bardzo sympatyczny.
D.: Jak to rozumiesz?
A.: Jest bardzo miły, inteligentny …
D.: I co jeszcze?
A.: Interesuje się sportem, muzyką, literaturą i …
D.: Rozumiem, ale … nie wszystko *złoto*, co *się świeci*.

5 Prägen Sie sich ein!

cieszyć się	– sich (er) freuen
długo *Adv.*	– lange
drugi, -a, -ie	– der (die, das) zweite, der (die, das) andere
gra aktorska	– schauspielerische Leistung
od (+ Gen.)	– von
od dawna	seit langem, seit langer Zeit
piękny, -a, -e	– schön
problematyka	– Problematik
skąd	– woher
stać	– stehen
stoję, stoisz … stoją	
szkolny, -a, -e	– Schul- (in Zus.)
świecić się	– glänzen, strahlen, leuchten
„Trzy kolory“	– „Drei Farben“ – Trilogie von K. Kieślowski (1941–1996), die aus den Filmen „Blau“ („Niebieski“ – 1993), „Weiß“ („Biały“ – 1993), „Rot“ („Czerwony“ – 1994) besteht.
uważać	– meinen
Uważam, że …	Ich bin der Meinung, daß …
wspaniały, -a, -e	– ausgezeichnet, hervorragend
współczesny, -a, -e	– zeitgenössisch, modern
złoto	– Gold

Czy lubisz ...?

1 Lesen Sie im Dialog!

a) – Czy lubicie *sztukę* współczesną?
– Podoba nam się. *Czasami* jest bardzo interesująca.
– Dlaczego czasami?
– Nie zawsze wszystko rozumiemy.

b) – Moja koleżanka lubi muzykę *rockową*.
– Mnie się podoba bardzo *jazz*. A tobie?
– Wolę muzykę *poważną*.

2 Prägen Sie sich ein!

czasami, czasem – von Zeit zu Zeit, manchmal, mitunter, ab und zu, hin und wieder

jazz – Jazz
poważny, -a, -e – ernst
rockowy, -a, -e – Rock- (in Zus.)
sztuka – Kunst

3 Instrumental Singular der Adjektive und Pronomen

Adjektive

	Maskulina	Feminina	Neutra
Nom.	-y(-i)	-(i)a	-(i)e
Instr.	-ym, -im	-(i)ą	-ym, -im

Adjektivisch deklinierte Pronomen

	Maskulina	Feminina	Neutra
Nom.	∅	-a	-e
Instr.	-ym, -im	-ą	-ym, -im

4 Vergleichen Sie die obige Regel!

Jesteś *dobrym uczniem*.
Anka jest *mądrą dziewczyną*.
Kasia jest *miłym dzieckiem*.
Oglądam *z moim bratem* telewizję.
Dzisiaj spotkam się *z twoim ojcem*.

Marek studiuje *z moją siostrą* biologię.
Pan Kubicki pracuje razem *z naszą koleżanką*.

5 Lesen und variieren Sie im Dialog! Wenden Sie den Instrumental Sg. der Adjektive bzw. Pronomen an!

a) – Czym się interesujesz? – Interesuję się (dobra muzyka).	to zdjęcie
b) – Jaka ona jest? – Anka jest bardzo (pracowita dziewczyna).	mądra uczennica
c) – Co teraz robicie? – Tłumaczymy z (nasz nauczyciel) tekst na język polski.	nasza nauczycielka
d) – Z kim chodzisz do kina? – Z (moja koleżanka).	dobry kolega
e) – Z kim się uczysz matematyki? – Z (mój ojciec).	moja siostra
f) – Z kim się spotykasz? – Z (kolega szkolny).	sympatyczny pan
g) – Z kim pan(i) pracuje? – Pracuję z bardzo (inteligentny kolega).	interesująca koleżanka miła koleżanka

6 Variieren Sie die Fragen und Antworten!

Czy lubisz ...?	literatura fantastyczna?	Bardzo lubię.	
	sztuka współczesna	Uwielbiam (+ Akk.) ...	– Ich liebe ... über alles.
	muzyka rockowa	Oczywiście.	– Selbstverständlich.
	jazz	Tak sobie.	– Ja, ganz gut.
	muzyka elektronowa	Niezbyt.	– Nicht sehr, nicht besonders.
	lekka atletyka	I tak i nie.	
	piłka nożna	Chyba tak.	
	sport	Czasami.	

7 Beschreiben Sie eine Ihnen bekannte Person (Aussehen, Charaktereigenschaften, Interessengebiete, was Ihnen an ihr gefällt bzw. nicht gefällt, wo sie beschäftigt ist u. a.)!

8 Lesen Sie die folgenden Texte (still) mit Hilfe des Wörterbuches und geben Sie den Inhalt deutsch wieder!

Mój przyjaciel Jurek

Jurek jest dobrym przyjacielem. Znamy się już bardzo długo, dlatego wiem (Inf.: wiedzieć) o nim prawie wszystko: czym się interesuje i jaki jest.
Przede wszystkim podoba mi się to, że jest to człowiek z głową i z charakterem.
Jest szczery i niezawodny. Zawsze można na nim polegać.
Bardzo go interesują lekkoatletyka i pływanie. Chodzi dwa lub trzy razy w tygodniu (Nom.: tydzień) na treningi.

Trzy kolory

Ideą filmu „Trzy kolory“ są wolność, równość i braterstwo.
„Niebieski“ to wolność. Julie, bohaterka filmu, traci męża, znanego kompozytora, i córkę. Jest całkiem wolna. Julie próbuje uwolnić się od przeszłości, rozpocząć nowe życie, jednak wspomnienia (Erinnerungen) stale powracają.
„Biały“ to równość. Karola, bohatera filmu, opuszcza żona. Nagle traci on wszystko, co miał (hatte). Czuje się poniżony i nieszczęśliwy, chce więc pokazać żonie i nie tylko jej, że jest lepszy (besser). Udaje mu się to.
„Czerwony“ to braterstwo. Młoda dziewczyna, Valentine, poznaje starszego mężczyznę. Jego zachowanie odpycha Valentine, jednak powoli rodzi się przyjaźń.

Danuta mieszka obok szkoły.

1	Gdzie mieszka Danuta?	*Obok* szkoły.

2 Lesen Sie im Dialog!

– Gdzie się spotkamy?
– *Naprzeciwko* uniwersytetu, zaraz obok kina.
– No to obok kina, *blisko* kawiarni.
– Dobrze. Czekam. Cześć.
– Cześć.

– Dzień dobry. Przepraszam, szukam *mieszkania* pana doktora Jurkowskiego.
– Doktor Jurkowski już tu nie mieszka.
– A czy zna pani jego *nowy adres*?
– Niestety, adresu nie znam, ale wiem, że mieszka *koło* parku Chopina. Proszę tam poszukać.
– Dziękuję.

Ⓜ **Die Präpositionen: *koło*** (in der Nähe von, um ... herum), ***niedaleko (od)*** (unweit von), ***naprzeciwko*** (gegenüber), ***obok*** (neben), ***blisko*** (nahe bei) regieren den Genitiv.

Beispiele:

koło parku Chopina	– in der Nähe des Chopin-Parks,
niedaleko od hotelu	– unweit (in der Nähe) des Hotels,
naprzeciwko uniwersytetu	– gegenüber der Universität,
obok kina	– neben dem Kino,
blisko kawiarni	– nahe am Café

3 Ergänzen Sie die Sätze durch die obigen Präpositionen!

Hotel jest ... teatru.
Teatr jest ... hotelu.

Uniwersytet jest ... opery.
Opera jest ... uniwersytetu.

4 Schreiben Sie mit jedem Verb 2 Sätze auf! Variieren Sie die Anwendung der Präpositionen!

mieszkać	koło, obok	szkoła, muzeum, Piotr, Danuta
pracować	niedaleko (od)	hotel, ten plac, pan
spotkać się	naprzeciwko	kino, teatr, opera
czekać	blisko	klub, wydawnictwo

5 Prägen Sie sich ein!

adres	– Adresse	niedaleko (od)	– unweit von
blisko	– nahe bei	nowy, -a, -e	– neu
już nie	– nicht mehr	obok	– neben
koło	– in der Nähe, um … herum	wiedzieć wiem, wiesz … wiedzą	– wissen
mieszkanie	– Wohnung		
naprzeciwko	– gegenüber		

6 Lesen Sie im Dialog!

Czy znasz Piotra?

Danka i Ania rozmawiają.
– Co robisz?
– Słucham muzyki i tłumaczę tekst.
– Czy znasz Piotra?
– Piotra? … Dlaczego pytasz?
– Mam nowego chłopaka, na imię ma Piotr.
– Tak? A jaki jest?
– Bardzo fajny. Jest wysoki, mądry i bardzo miły.
– Tak? A gdzie mieszka?
– Niedaleko, zaraz obok szkoły.
– Znasz jego rodzinę? Kim jest jego ojciec? Gdzie pracuje?
– Jest inżynierem. To bardzo sympatyczny i dowcipny pan. Gdzie pracuje? … zaraz, aha – w budownictwie. Jego matka też jest bardzo miła i zgrabna.
– Czy ma brata?
– Nie, Piotr nie ma rodzeństwa.
– Czy twój Piotr jest podobny do ojca, czy do matki?
– Do matki. Jest wysoki jak ojciec … ale to już chyba wiesz.
– Czy Piotr interesuje się teatrem?
– Tak, nawet (sogar) gra w teatrze amatorskim.
– Masz jego zdjęcie?
– Jeszcze nie.
– Ale ja mam.

Prüfen Sie sich selbst!

1 Strukturen

– Czy ten film ci się podoba?	– Gefällt dir der Film?
– Tak, podoba mi się bardzo.	– Ja, er gefällt mir sehr (gut).
– Czy lubisz piłkę nożną?	– Magst du Fußball?
– Czasami.	– Manchmal.
– Jakim uczniem jest Marek?	– Was für Schüler ist Marek?
– Dobrym i pilnym.	– Ein guter und fleißiger (Schüler)
– Gdzie mieszka Danuta?	– Wo wohnt Danuta?
– Obok szkoły.	– Neben der Schule.

2 Sagen Sie polnisch!

a) – Gefällt dir diese Musik?
– Nein, sie gefällt mir nicht. Und dir?
– Mir gefällt sie.

– Gefällt Ihnen (= Herr) das neue Buch?
– Ja, es gefällt mir sehr.
– Und Ihnen (= Dame)?
– Nein, mir gefällt es nicht. Ich mag diese Literatur nicht.

– Magst Du zeitgenössische Kunst?
– Sie ist sehr interessant.

– Warum seht ihr euch den Film nicht an?
– Wir sehen nicht gern fern.

– Ist das Ihr (= Herr) Foto?
– Nein, das ist das Foto meines Sohnes.

b) – Ich weiß nicht, ob Danuta Geschwister hat. Wir kennen uns nur wenig.
– Aber ich weiß es, sie hat Geschwister. Einen Bruder und eine Schwester.

– Ist der Platz neben Monika noch frei?
– Nein, leider nicht mehr.

– Mit wem lernst du?
– Mit Danuta.
– Ist sie eine gute Schülerin?
– Ja, sie ist intelligent, fleißig und weiß sehr viel.
– Kennt ihr euch gut?
– Ja, wir kennen uns schon lange. Wir spielen zusammen Schach (w szachy) und gehen oft zusammen zum Training.

Kim chcesz być?

Darek musi pracować

1

Czy Darek będzie w klubie?	Nie. *Musi* pracować.

2 Präsens-Konjugation: *musieć* (müssen)

	Singular	Plural
1. Pers.:	muszę	musimy
2. Pers.:	musisz	musicie
3. Pers.:	musi	muszą

Die verneinten Formen von „musieć“ sind auch durch „(nicht) brauchen“ zu übersetzen.

3 Lesen Sie im Dialog!

Mariola i Irka

– Halo, Mariola!
– Cześć, Irka! Słucham.
– Czy jest Darek?
– Niestety, nie.
– A będzie w klubie?
– Dziś musi pracować.
– Dlaczego?
– Wiesz *przecież, że* pracuje w szpitalu.Czasem musi *zostać dłużej.*
– To nic! Ale ty będziesz. Prawda?

Siostra i brat

– Co ty tu robisz?
– Nie *widzisz*?
– Widzę, że *siedzisz* i oglądasz telewizję.
– Jaka ty mądra jesteś!
– Czy nie musisz się uczyć?
– Muszę, muszę.
– A kiedy to zrobisz?
– Na wszystko musi być czas. Teraz oglądam film, a wieczorem …
– Wieczorem? Przecież, wiesz, że *idziemy* do teatru.

– Tak.
– No to *na razie*.
– Cześć!

– Dziś? Czy to nie pomyłka?
– Niestety, nie!
– Jak dobrze, że mam *taką* mądrą i sympatyczną siostrę!

4 Prägen Sie sich ein!

dłużej	– länger
iść	– gehen
idę, idziesz … idą	
pójść *vo.*	
musieć	– müssen
na razie	– bis später, bis dann
przecież	– doch, ja (doch)
siedzieć	– sitzen
siedzę, siedzisz … siedzą	
taki	– so ein, solcher
To nic!	– Macht nichts!
widzieć	– sehen
widzę, widzisz … widzą	
zobaczyć *vo.*	
zostać *vo.*	– bleiben
zostanę, zostaniesz … zostaną	
że	– daß

5 Bilden Sie sinnvolle Sätze!

dziś	Janek i Marek	musieć	jeszcze czekać
jutro	Mariola		dłużej pracować
teraz	(ja, ty, wy)		na razie zostać w szkole
przecież			iść/pójść do teatru

6 Formen Sie diese Aussagen zu Fragesätzen um!

Musimy dziś dłużej pracować.
Jarek i Darek muszą tu zostać.
Muszę wszystko widzieć.
Muszę wiedzieć, co robi Piotr.

7 Sagen Sie polnisch, daß

– Sie manchmal länger lernen müssen,
– Sie manchmal länger in der Schule bleiben müssen,
– Sie heute abend ins Theater gehen müssen,
– der Herr noch länger warten muß,
– die Dame vorläufig hier bleiben muß.

8 Fragen Sie polnisch,

– warum Sie länger bleiben müssen,
– ob Sie alles wissen müssen,

– ob … weiß, daß Sie hier länger bleiben müssen,
– ob … weiß, daß Sie abends … sein müssen,
– warum Sie heute länger arbeiten müssen.

Kim chcesz być?

1

Kim chcesz być?	Chcę być inżynierem.

2 Lesen Sie (im Dialog)!

Monika

Monika uczy się grać na *fortepianie*. Rozmawia z koleżanką.
– Czy będziesz dziś *u* Krysi?
– Niestety nie. Muszę *ćwiczyć*.
– Musisz, czy chcesz?
– Muszę. Jutro mam *zdawać egzamin* do szkoły *muzycznej*.
– Chcesz zostać pianistką?
– Bardzo, ale nie wiem, czy mi *się uda, bo* rodzice tego nie chcą.
– Dlaczego? Przecież umiesz już tak dobrze grać.
– Rodzice mówią, że muzyka może być hobby, a nie *zawodem człowieka*.
– No to, co chcesz zrobić?
– Chcę jutro zdać egzamin do szkoły muzycznej, a co będzie *dalej, zobaczymy*.
– No to trzymam kciuki!

3 **Präsens-Konjugation: *chcieć, móc, umieć, mieć***

Ergänzen Sie die fehlenden Verbformen!

Singular

Inf.:	chcieć (wollen)	móc (können, dürfen)	umieć (können)	mieć (haben, sollen)
1. Pers.:	chcę	mogę	umiem	mam
2. Pers.:	chcesz	możesz	umiesz	masz
3. Pers.:	…	…	…	…

Plural

1. Pers.:	…	…	…	…
2. Pers.:	…	…	…	…
3. Pers.:	chcą	mogą	umieją	mają

4 Lesen Sie den Text!

Trudna decyzja

Jestem uczennicą ostatniej *klasy* liceum, *przede mną matura i trudna decyzja*: *wybór* zawodu. *Marzy mi* się archeologia, ale mój ojciec uważa, że *powinnam* studiować stomatologię. „*Ktoś* musi *przejąć po mnie* warsztat", mówi (*tata* jest dentystą). Niestety jestem jedynaczką. „Jeżeli chcesz studiować archeologię, mówi tata, to będziesz *klepać biedę*. Wiem, że ojciec nie *żartuje*, ale ja nie chcę *przez całe życie* pracować jako dentystka.
Nie wiem, co robić: pójść na stomatologię *czy jednak* zdawać na archeologię? A *może* Wy mi *doradzicie*?

5 Prägen Sie sich ein!

bo	– weil, denn	muzyczny	– Musik- (in Zus.)
człowiek	– Mensch	powinnam	– ich soll/muß
ćwiczyć	– üben	*1. Pers. Sing. f.*	*Konj. Präs.*
dalej	– weiter	przede mną	– vor mir
decyzja	– Entscheidung	przejąć *vo.*	– übernehmen
doradzić *vo.*	– (an)raten	przejąć po mnie	nach mir übernehmen
egzamin	– Prüfung		
fortepian	– Klavier	przez całe życie	– das ganze Leben lang
grać na fortepianie	Klavier spielen	tata	– Papa, Vati
jednak	– doch, dennoch	trudny, -a, -e	– schwierig
jedynaczka	– einzige Tochter, Einzelkind	trzymać kciuki	– die Daumen drücken
jedynak	einziger Sohn, Einzelkind	u (+ Gen.)	– bei (in der Sphäre e. Pers.)
jeżeli	– wenn, falls	udać się *vo.* (+ Dat.)	– gelingen
kim (Instr. von „kto")	– hier: was	wybór	– Wahl
klasa	– Klasse	zawód	– Beruf
klepać biedę	– am Hungertuch nagen	zdawać, zdać *vo.*	– ablegen
ktoś	– jemand	zobaczyć *vo.*	– sehen
marzyć (o + Lok.)	– träumen von	żartować	– scherzen, Spaß machen
Marzy mi się …	Mein Traum ist …		
może	– vielleicht		

6

móc	→	von den äußeren Umständen (objektive Möglichkeit, Erlaubnis usw.) oder von der körperlichen Verfassung her **in der Lage sein, die Möglichkeit haben**;
↑ können ↓		
umieć	→	etwas durch Ausbildung, Unterricht, Unterweisung oder durch Erfahrung und Übung **erlernt haben**.

7 Lesen Sie im Dialog! Achten Sie auf die Anwendung von „*móc*“ und „*umieć*“!

a) – Czy umiesz grać na fortepianie?
– Jeszcze nie, ale się uczę.
– No to możemy się uczyć razem, bo ja już gram, ale jeszcze niedobrze.

b) – Czy umiecie już czytać ten tekst?
– Nie, jeszcze nie umiemy. Tylko Zosia umie. Ona wszystko umie. My się jeszcze uczymy czytać.
– Ja też jeszcze nie umiem. Czy możemy czytać ten tekst razem?
– Możemy się razem uczyć, bo musimy to umieć.

8 Setzen Sie „*móc*“ oder „*umieć*“ ein!

1. Teraz już nie … czekać. 2. Jeszcze nie … tak dobrze mówić jak Irena. 3. Darek … grać na fortepianie, ale dziś nie …, bo nie ma czasu. 4. Czy … pracować razem? 5. … być w klubie, jeżeli chcesz. 6. Czy nie … się spotkać jutro? 7. Ja tego jeszcze nie … 8. To dziecko nie … czytać. 9. … obejrzeć film. 10. … zapytać nauczyciela. 11. Wieczorem … być w domu. 12. Interesuję się fizyką, ale nie … matematyki. 13. … to zrobić jutro. 14. Oni nie … wiedzieć, gdzie mieszkam. 15. Zosia i Tadek już wszystko … 16. … grać, ale teraz nie …, bo nie mam czasu. 17. Czy … być jutro wieczorem? 18. Nie … tego tekstu. 19. Czy … to tak napisać? 20. Nie … zostać dłużej. 21. Ty tego wiedzieć nie … 22. … ćwiczyć z Markiem. 23. Czy … to zobaczyć?

9 Setzen Sie die Modalverben in die entsprechende Präsensform (schriftlich)!

1. Jeżeli (du) (chcieć), to (wir) (móc) teraz oglądać telewizję.
2. Jeżeli (ihr) (chcieć), (ihr) (móc) to zrobić jutro.
3. (ich) (móc) też czekać, jeżeli (du) (musieć) się jeszcze uczyć.
4. Nie (ihr) (musieć) tu siedzieć i czekać, jeżeli nie (ihr) (chcieć).
5. Jeżeli (du) (woleć) oglądać nowy film, to (wir) (móc) też pójść do kina.
6. (wir) (móc) nie iść do kina, jeżeli (du) (woleć) zostać w domu.
7. (ich) (móc) to zrobić, jeżeli tak bardzo tego (du) (chcieć).
8. (du) (móc) już iść, jeżeli (du) (chcieć).

9. Nie (ihr) (móc) iść do kina, jeżeli (du) (musieć) jeszcze pracować.
10. Jeżeli (du) (musieć) się jeszcze uczyć, nie (du) (móc) pójść do klubu.
11. Jeżeli (sie – Pl.) (chcieć), to (ich) (móc) jeszcze zostać.
12. (wer) (chcieć) dobrze umieć, ten (musieć) się pilnie uczyć i ćwiczyć.
13. Jeżeli nie (ihr) (móc) już czekać, to (ihr) (musieć) iść.
14. Jeżeli (du) (chcieć) zobaczyć wszystko, to (wir) (musieć) jeszcze zostać.
15. Jeżeli (ihr) (chcieć), to (wir) (móc) też zapytać Anię.
16. Jeżeli (du) (woleć) słuchać muzyki lub oglądać telewizję, to (wir) (móc) też zostać w domu.

10 Sagen Sie polnisch, daß Sie (oder eine andere Person)

– … werden wollen;
– … sehr mögen und … studieren werden;
– noch lernen müssen, weil Sie die Prüfung bestehen wollen;
– noch nicht wissen, ob Sie … oder … studieren sollen;
– noch mit … sprechen müssen;
– nicht … werden können, weil Sie nicht … können.

11 Führen Sie ein Gespräch zum Thema: Kim chcesz być?

12 Lesen Sie (mit Wörterbuch)!

Fachowiec?

– Widzę, że pan pracuje.
– Chcę naprawić telewizor.
– Czy pan to umie?
– Wszystkiego można się nauczyć.
– Przecież pan może poprosić mechanika.
– Wolę to zrobić sam.
– Ale naprawić telewizor, to nie jest takie łatwe.
– Muszę spróbować.
– Pan przecież zepsuje telewizor, jeżeli pan nie wie, jak go naprawić.
– Proszę pana, chcieć – to móc!

Prüfen Sie sich selbst!

1 Strukturen

– Kim chcesz być?	– Was willst du werden?
– Chcę być inżynierem.	– Ich will Ingenieur werden.
– Czy musisz to robić teraz?	– Mußt du das jetzt machen?

– Niestety, muszę.
– Kiedy możemy się spotkać?
– Jutro.
– Czy umiesz grać na fortepianie?
– Tak, umiem.
– Co wolisz – kino czy teatr?

– Wolę teatr.
– Co mam robić?
– Masz czytać.

– Leider muß ich.
– Wann können wir uns treffen?
– Morgen.
– Kannst du Klavier spielen?
– Ja, ich kann.
– Was magst du lieber – Kino oder Theater?
– Ich ziehe das Theater vor.
– Was soll ich tun?
– Du sollst lesen.

2 Übersetzen Sie ins Deutsche (Anwendung von „*iść*", „*pójść*" und „*chodzić*")!

1. – Co tu robisz?
   – Idę do kina.
2. – Czy już pracujesz?
   – Nie, chodzę jeszcze do szkoły.
3. – Czy jutro się zobaczymy w klubie?
   – Nie, pójdę z Anią na koncert.
4. – Często chodzisz do teatru?
   – Tak, bardzo lubię teatr. Dziś wieczorem też pójdę.
5. – Dlaczego jutro nie pójdziesz do szkoły?
   – Pójdę do lekarza.
6. – Czy ty też idziesz do biblioteki?
   – Nie, idę na trening, a wieczorem pójdę do kina.
7. – Czy chodzisz jeszcze na trening?
   – Tak! Dwa razy w tygodniu!
8. – Co zrobisz jutro wieczorem?
   – Pójdę na trening.
9. – Czy pójdziemy do kina?
   – Ja nie pójdę, bo już znam ten film.

3 Übersetzen Sie (schriftlich)!

1. – Du weißt doch, daß wir noch zu Tadek gehen müssen.
   – Ja, ja. Wir gehen ja noch hin.
2. – Zosia sagt, daß sie weiter zur Schule gehen will.
   – Ich weiß; sie will Lehrerin werden.
3. – Tadek soll Ania fragen, ob wir morgen ins Theater gehen können.
   – Ich gehe gerade zu Ania. Soll ich sie fragen?
4. – Ich sehe, daß du gern ins Kino gehst. Können wir morgen nicht mal zusammen gehen?
   – Ja, warum nicht?
5. – Könnt ihr schon alles?
   – Nein, wir müssen noch üben.
6. – Wir wollen dein neues Foto auch mal sehen!
   – Bitte, könnt ihr.
7. – Den Film müßt ihr sehen!
   – Aber wir können jetzt leider nicht ins Kino gehen.

Gdzie jest ...?

Gdzie jest Ewa?

① Warszawa
② Gdańsk
③ Szczecin
④ Białystok
⑤ Bydgoszcz
⑥ Poznań
⑦ Łódź
⑧ Lublin
⑨ Wrocław
⑩ Częstochowa
⑪ Katowice
⑫ Kraków
⑬ Rzeszów

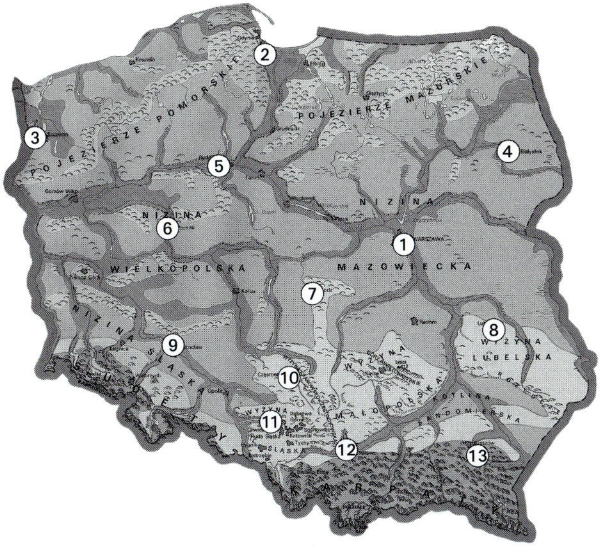

1 Gdzie jest Ewa? | Ewa jest na *wycieczce* w Krakowie.

2 Lesen Sie im Dialog!

Gdzie ta Ewa?

Darek *dzwoni* do Ewy, bo chce się z *nią* spotkać. *Przy telefonie* jest jej brat.
– Słucham.
– Cześć, Michał! *Jak się masz*?
– Dziękuję, *nieźle*. A ty?
– Świetnie. Co robisz?
– Czytam.
– Coś ciekawego?
– Tak, *„Doskonałą próżnię"* Stanisława Lema.
– Też lubię tego pisarza. Czy Ewa jest *w domu*?
– *Nie ma jej.*
– Nie wiesz, gdzie jest?
– Ewa jest z klasą na wycieczce w Krakowie.
– A kiedy *wróci*?
– Jutro po południu.
– *Szkoda*, że jej nie ma. No to cześć!
– Cześć!

3 Prägen Sie sich ein!

dom	– Haus, Heim, Zuhause	nieźle *Adv.*	– nicht schlecht, ganz gut
doskonały, -a, -e	– sehr gut, hervorragend	przy (+ Lok.)	– an, bei (wo? räuml. Nähe)
„Doskonała próżnia“	„Das absolute Vakuum“	szkoda	– schade
dzwonić, zadzwonić *vo.*	– anrufen, klingeln, läuten	telefon	– Telefon; Anruf
Jak się masz?	– Wie geht's (dir)?	wrócić *vo.*	– zurückkommen, -kehren
nią (I. von „ona“)	– ihr	wycieczka	– Exkursion, Ausflug
Nie ma jej.	– Sie ist nicht da.		

4 Beantworten Sie die Fragen (zum Text)!

a) Dlaczego Darek dzwoni do Ewy?
   – weil er sich mit Ewa treffen will;
   – weil er nicht weiß, wo Ewa ist;
   – weil er wissen will, ob Ewa zu Hause ist.

b) Co Darek chce wiedzieć od brata Ewy?
   – wie es ihm geht;
   – was er macht;
   – ob das, was er liest, interessant ist;
   – ob Michał weiß, wo Ewa ist;
   – ob Michał weiß, wann Ewa zu Haus sein wird.

5 Formen Sie den Dialog (Üb. 2) in einen Monolog um! Sagen Sie, daß

– sich Darek mit Ewa treffen will,
– Darek Ewa anruft,
– ihr Bruder am Telefon ist,
– Darek Michał fragt, wie es ihm geht und ob (czy) alles in Ordnung ist,
– Darek wissen will, was Michał macht,
– Michał gefällt, was er liest, weil es interessant ist,
– Darek Ewas Bruder fragt, wo Ewa ist,
– Ewa auf Exkursion mit der Klasse in Kraków ist,
– Darek noch einmal anrufen wird.

6 Gestalten Sie einen ähnlichen Dialog, in dem Sie

– sich nach dem Wohlergehen des Gesprächspartners erkundigen,
– nach der Tätigkeit fragen,

– ein Anliegen vortragen,
– eine Verabredung treffen,
– Ihr Bedauern ausdrücken,
– sich verabschieden.

7 Beantworten Sie die Fragen!

a) Gdzie są?

Ewa	w klubie	na dyskotece
Darek	w operze	na balecie
Krysia	w teatrze	na koncercie

b) Gdzie się spotykają?

Robert z Haliną	w kawiarni	na kawie
Henryk z Dorotą	w szkole	na korytarzu
Piotr z Jolą	w kinie	na filmie

c) Gdzie studiują?

Jurek	w Gdańsku	na politechnice
Beata	w Opolu	na akademii medycznej
Artur	w Toruniu	na uniwersytecie

d) O kim/czym rozmawiają?

Jola z Darkiem	o rodzeństwie, o rodzinie Joli, o astronomie Mikołaju Koperniku;
Jarek z Beatą	o polskiej literaturze, o francuskim filmie, o Mikołaju Reju, o Henryku Sienkiewiczu;
Andrzej z Romanem	o sporcie, o miłej dziewczynie, o nowej uczennicy, o Fryderyku Chopinie;
Pan Górski z panem Wolskim	o polityce, o ostatnim koncercie, o córce pana Górskiego, o młodzieży (Jugend), o fotografii, o mieszkaniu, o wycieczce do Gdańska.

8 Ordnen Sie die Substantive im Lokativ (Üb. 7) nach folgendem Schema:

	Nominativ	Lokativ
a) Endung -(i)e:	klub _ _ _ _ _	w klubie _ _ _ _ _
b) Endung -e:	szkoła _ _ _ _ _	w szkole _ _ _ _ _
c) Endung -u:	Gdańsk _ _ _ _ _	w Gdańsku _ _ _ _ _
d) Endung -(i)u:	Toruń _ _ _ _ _	w Toruniu _ _ _ _ _
e) Endung -i/-y:	kawiarnia _ _ _ _ _	w kawiarni _ _ _ _ _

9 Lokativ Singular der Substantive und der adjektivisch deklinierten Wörter

Substantive

Letzter Konsonant	Mask. Neutr.	Fem.	Kons.-Wechsel
10 Harte Kons.: b – p[1], w – f[1], z – s, m[1], n, d – t	-(i)e	-(i)e	-d (-da, -do) → dzie -t (-ta, -to) → cie
ł, r	-e	-e	-ł (-ła, -ło) → le -r (-ra, -ro) → rze
g, k, ch, h	-u	-e	-ga → dze -ka → ce -cha, -ha → sze
Hist. weiche Kons.: rz/ż – sz, dż – cz, dz – c	-u	-y	
Weiche Kons.: ź (zi-), ś (si-), dź (dzi-), ć (ci-), ń (ni-); l, j	-(i)u	-i[2]	

Adjektive

und andere adj. dekl. Wörter

M., N.	F.
-ym	-ej
(-im)	(-iej)

Ursprüngliches -j- fällt vor -i- weg, z. B. Nom.: mój, Instr./Lok.: moj + im = moim

Ⓜ Die wichtigsten Ausnahmen sind: dom – (w) domu, pan – (o) panu, syn – (o) synu. (Stammauslautkonsonant ist hart und dennoch Endung: -u).

Wenn ein feminines Substantiv orthographisch mit *-ia* endet, kann es sich – grammatisch gesehen – um zwei verschiedene Endungen handeln!
Bei Wörtern slawischer Herkunft (vgl.: kawiarnia, próżnia) bedeutet *-i-* vor *-a* nur, daß der vorangehende Konsonant weich ist, also: -nia = ń + a. Hier ist die grammatische Endung des Nom. Sing. nur *-a*.

[1] Bei Substantiven, die auf *-b*, *-p*, *-w*, *-f* oder *-m* auslauten, ist die Zuordnung zur richtigen Deklinationsklasse nach der Gestalt des Nom. Sing. nicht möglich. Es ist daher ratsam, im Wörterbuch nachzuschlagen, welche Deklinationsklasse für das betreffende Substantiv gilt.

[2] Fremdwörter auf *-cja*, *-sja*, *-zja* haben die Endung *-cji*, *-sji*, *-zji*, z B. restauracja – w restaura*cji*, dyskusja – w dysku*sji*, telewizja – w telewi*zji*.

Bei Fremdwörtern (vgl.: akademia, melodia) besteht die Endung des Nom. Sing. aus zwei Vokalen: -i-a. Das darin enthaltende -i- bleibt bei der Deklination in allen Kasus unverändert erhalten, z. B. im Lok. Sing.:

Wörter slawischer Herkunft		*Fremdwörter auf -i-a*
Nom.:	próżnia	akademia
Lok.:	(w) próżni	(w) akademii
Nom.:	kawiarnia	melodia
Lok.:	(w) kawiarni	(w) melodii

Gdzie mieszka Halina?

1 Gdzie mieszka Halina? — W nowej *dzielnicy*.

2 Beantworten Sie die Fragen und erschließen Sie die unbekannte Lexik (falls nötig) mit dem Wörterbuch!

a) Gdzie mieszkają?

Zosia	w Szklarskiej Porębie	*w starym (nowym) budownictwie*
Maryla	w Zabrzu	*przy* stadionie
Państwo Górscy	w *centrum miasta*	przy *ulicy* Spacerowej
Andrzej	w nowym mieszkaniu	przy placu Chopina

b) Gdzie pan(i) mieszka?
w Berlinie, we Frankfurcie, w Bremie, w Dreźnie, w Weimarze, w Lipsku, w Brunszwiku, w Magdeburgu, w Monachium, w Kolonii, w Moguncji, w Hanowerze, w Cottbus, w Görlitz, w Wernigerode, w Bochum, w Bonn.
w nowej dzielnicy, w dzielnicy ..., przy parku ..., w ładnym *osiedlu*, na peryferiach miasta, *na wsi, daleko* od centrum, przy ogrodzie zoologicznym (botanicznym).

3 Lesen Sie im Dialog!

– Cześć, Andrzej!
– Cześć! Co *słychać*?
– Dziękuję, wszystko *w porządku. Właśnie* oglądam *plan miasta i szukam* ulicy, przy *której* będziemy mieszkać.
– Co? Plan miasta? *Przeprowadzacie się*?
– Tak, *już niedługo otrzymamy* nowe mieszkanie przy ulicy ... .

– Gdzie?
– Przy ulicy Ogrodowej, w nowej dzielnicy na południu miasta.
– Wiesz, jeżeli to nowa dzielnica, to *na pewno* nie ma tej ulicy na planie.
– Masz rację. Muszę więc zapytać się w informacji.
– No to cześć!
– Hej!

Gdzie mieszka Andrzej?

– Halo, Anka! Cześć! Dobrze, że *cię* spotykam.
– Dzień dobry. A to dlaczego?
– Czy nie wiesz, gdzie teraz mieszka Andrzej?
– Na nowym osiedlu w Piotrkowie.
– Tak *daleko*? Czy ma telefon?
– W tym mieszkaniu jeszcze nie.
– A to *pech*! Czy znasz jego nowy adres?
– Niestety nie. Wiem tylko, że mieszka na ulicy Ogrodowej, przy placu Chopina.
– Szkoda, że nie znasz jego *dokładnego* adresu.
– *Trudno*, musisz poszukać.
– Dziękuję. Cześć!
– Do widzenia.

4 Prägen Sie sich ein!

centrum	– Zentrum	plan miasta	– Stadtplan
cię (Akk. von „ty“)	– dich	porządek	– Ordnung
Co słychać?	– Was gibt es Neues?	przeprowadzać się	– umziehen
daleko	– weit	przy (+ Lok.)	– an (bei Sachen)
dokładny, -a, -e	– genau	słychać (def. Verb)	– man hört, (etwas) ist zu hören
dzielnica	– Stadtteil		
już niedługo	– schon, bald, demnächst	stary, -a, -e	– alt
		szukać	– suchen
który, -a, -e	– der, die, das (Relativpr.)	trudno	– hier: Was hilft's!; schwierig
miasto	– Stadt	ulica	– Straße
mieszkać	– wohnen	w (+ Lok.)	– in
na pewno	– sicher(lich), ganz bestimmt, gewiß	w starym (nowym) budownictwie	– im Alt(Neu-)bau
osiedle	– (Wohn-) Siedlung	wieś *f.*	– Dorf
otrzymać *vo.*	– erhalten, bekommen	na wsi	auf dem Lande
pech	– Pech	właśnie	– gerade (jetzt), (so)eben

5 Gdzie mieszkają?

	w	przy
pan Kowalski	Częstochowa	plac Adama Mickiewicza
jego syn	Jelenia Góra	park Marii Skłodowskiej
pani Skąpska	Łodź (f.)	zakład poligraficzny
jej córka	Opole	szkoła
Dorota	Legnica	stadion
Magdalena	Toruń	uniwersytet

6 Gdzie studiują?

	w	na
Robert	Kraków	akademia górnicza
Halina	Gdańsk	politechnika
Beata	Poznań	uniwersytet
Darek	Warszawa	

7 Kiedy i gdzie się spotykają?

	po (nach; zeitl.)	w	na
Robert z Halina	egzamin	kawiarnia	kawa
Henryk z Dorotą	teatr	restauracja	kolacja
Andrzej z Jurkiem	mecz	klub	dyskoteka
		przy	
		ogród zoologiczny	
		ulica Adama Mickiewicza	

8 Gdzie może być Irena?

a) w – szkoła, klasa, biblioteka, pracownia, gabinet, hala sportowa, internat;
b) na – basen, dyskoteka, film, stadion, konferencja, koncert.

9 O czym rozmawiają?

	o	w
Irena z Martą	pobyt	Szklarska Poręba, Gniezno, Częstochowa
Beata z Jarkiem	urlop	Giżycko, Koszalin, Krynica
Artur z Romanem	konferencja	Łódź, Szczecin, Poznań, Wrocław
Jurek z Markiem	mecz	Zabrze, Chorzów, Gdańsk, Bytom
Michał z Asią	klub sportowy	Łowicz, Nowy Sącz, Płock

10 Erschließen Sie die Bedeutung folgender Wortverbindungen ohne Wörterbuch!

znać się na architekturze, czytać w gazecie, być w dobrym humorze, stać przy kasie, mieć coś na końcu języka, mieszkać na parterze, znać język w mowie i piśmie, mieć coś w planie, czytać coś w prasie, być na praktyce, być w programie telewizyjnym (radiowym), mieszkać na prowincji, być na rencie, być na rewii mody, malować w stylu baroku, w teorii i w praktyce, film w wersji oryginalnej.

Gdzie pracują?

1

w szpitalu

w szkole

Gdzie pracuje twój ojciec?	W bibliotece.

2 Erschließen Sie die neue Lexik ohne Wörterbuch und beantworten Sie die Fragen!

a) Gdzie pracują?

Pani Górska	w szpitalu (na poczcie, w fabryce)
elektryk	w warsztacie samochodowym
inżynier	w budownictwie mieszkaniowym
redaktor (-ka)	w wydawnictwie (w redakcji)
laborant (-ka)	w inspekcji higieny (w zakładzie chemicznym)

b) Gdzie pracują?

ojciec Darka	w instytucie fizyki we Wrocławiu,
mój brat	w szpitalu w nowym osiedlu,
syn pana Górskiego	na uniwersytecie w Lublinie,
córka pani Ireny	w akademii medycznej w Opolu

3 Lesen Sie (still) und erschließen Sie den Inhalt des Dialogs mit Hilfe des Wörterbuches!

Na obozie harcerskim

Anka i Darek rozmawiają przy ognisku o sobie, o swoich zainteresowaniach, o szkole i o życiu rodzinnym.

– Kim jest twój ojciec?
– Zgadnij (Na, rat mal!)!
– Czy pracuje w naszym mieście?
– Tak.
– W naszej dzielnicy?
– Tak.
– W administracji?
– Nie.
– W jakimś zakładzie?
– Nie.
– W handlu?
– Nie.
– Na uczelni lub w szkole?
– Ani na uczelni, ani w szkole.
– Czy pracuje fizycznie?
– Tak.
– W budynku?
– Nie.
– Na świeżym powietrzu?
– Tak, bardzo często.
– W jakiejś spółdzielni?
– Tak, w rzemieślniczej spółdzielni.
– W bardzo tradycyjnym zawodzie?
– Można powiedzieć, że tak.
– Pracuje sam?
– Czasem sam, czasem z moim bratem.
– Hm. A więc – twój ojciec pracuje fizycznie, w tradycyjnym zawodzie, często sam, na świeżym powietrzu, nie pracuje w budynku. Może pracuje na dachu?
– Tak.
– W czarnym ubraniu?
– Tak. Teraz już wiesz, kim jest mój ojciec.

4 Sprechen Sie zu diesem Thema!

Kto mieszka w tym domu?

Pierwsze piętro: Państwo Kozłowscy (↗ S. 231)

– pan Kozłowski, Jan:	lekarz, szpital
Czym się interesuje?	literatura fantastyczna, sport
Jaki jest?	inteligentny, dowcipny, miły
– pani Kozłowska, Edyta:	nauczycielka, szkoła
Czym się interesuje:	muzyka klasyczna, teatr
Jaka jest?	pracowita, mądra, zgrabna
– Marcin Kozłowski, syn:	uczeń, liceum
Czym się interesuje?	fotografia, język niemiecki
Jaki jest?	przystojny, poważny, zarozumiały

Drugie piętro: Państwo Nowaccy

– pan Nowacki, Marian:	emeryt
Czym się interesuje?	polityka, ogród

Jaki jest?	kulturalny, energiczny, sympatyczny
– pani Nowacka, Teresa:	sekretarka, centrala handlowa
Czym się interesuje?	geografia, historia
Jaka jest?	nerwowa, ciekawa, elegancka

Trzecie piętro: Klaus Kowalski

– pan Kowalski, Klaus:	cudzoziemiec, Niemiec, student
Czym się interesuje?	Polska, jazz, pantomima, kino
Jaki jest?	inteligentny, pracowity, wesoły

Prüfen Sie sich selbst!

1 Strukturen

– Cześć! Co słychać? – Wszystko w porządku.	– Grüß' dich! Was gibt es Neues? – Alles in Ordnung.
– Cześć! Jak się masz? – Dziękuję, nieźle.	– Grüß' dich. Wie geht's (dir)? – Danke, nicht schlecht (ganz gut).
– Gdzie jest Ewa? – Ewa jest na wycieczce.	– Wo ist Eva? – Eva ist auf Exkursion.
– Gdzie mieszka Halina? – W nowej dzielnicy.	– Wo wohnt Halina? – Im einem neuen Stadtteil.
– Gdzie pracuje twój ojciec? – W bibliotece.	– Wo arbeitet dein Vater? – In einer Bibliothek.

2 Beantworten Sie die Fragen mit der angegebenen Lexik (Nutzen Sie – falls nötig – die Tabelle, 2. Umschlagseite)!

1. Kto to jest?	nasz nowy uczeń, moja dobra koleżanka
Co to jest?	nasze nowe osiedle
2. Kogo szukasz?	nasz nowy uczeń, moja dobra koleżanka
Czego nie znasz?	nasze nowe osiedle, to miejsce
Czyj to syn?	nasz sąsiad, moja siostra
Czyja to córka?	pan Roman Jaskólski, pani Janina Górska
Czyje to zdjęcie?	moja matka, mój ojciec, ten pan
3. Komu pomagają?	ich sąsiad, wasze dziecko, moja matka

4. Kogo znasz?	ten sympatyczny pan, zgrabna dziewczyna
Co znasz?	nowa kawiarnia, ten film, to miasto
5. Z kim się spotykasz?	twój brat, interesujący pan, moja koleżanka
Czym się interesujesz?	nowa technika, ten zawód, twoje miasto
6. O kim rozmawiasz?	nasz dyrektor, nasza rodzina, syn pana Górskiego
O czym mówisz?	ciekawy film, nasza szkoła, pobyt w Polsce

3 Die bisher behandelten Präpositionen

Präp.	Bedeutungen	Frage	Beispiele
Genitiv			
blisko	nahe, an, bei, in der Nähe von	gdzie?	blisko uniwersytetu, blisko szkoły
do	zu	do kogo?	do Ewy, do Jurka, do pana
	zu … (hin)	dokąd?	iść do szkoły, iść do domu
	in … (hinein)	dokąd?	pójść do teatru
koło	um … (herum), nahe bei/an	gdzie?	koło parku, koło placu Mickiewicza, koło kina
naprzeciwko	gegenüber	gdzie?	naprzeciwko klubu, naprzeciwko teatru
niedaleko (od)	unweit (von), in der Nähe (von)	gdzie?	niedaleko (od) opery, niedaleko (od) hotelu
obok	neben	gdzie?	obok kina
Instrumental			
z	mit	z kim?	z Danutą, z Jurkiem
przed	vor	gdzie?	przed domem
Lokativ			
na	auf	na czym?	grać na fortepianie
	zu, in	na czym?	być na balecie
	an	gdzic?	studiować na uniwersytecie
	auf, in	gdzie?	na świecie

Präp.	Bedeutungen	Frage	Beispiele
o	über, von	o kim? o czym?	mówić o naszym ojcu rozmawiać o pobycie w Polsce
po	nach, anschließend an	po czym?	spotkać się po meczu w klubie
przy	(dicht, nahe) bei, an	gdzie?	mieszkać przy placu ... (przy parku ...)
w	in	gdzie?	być w teatrze, pracować w szkole

4 Übersetzen Sie (schriftlich)!

Jadzia i Agnieszka

– Weißt du nicht, was es heute abend im Fernsehen gibt?
– Nein, ich weiß es nicht.
– Siehst du nicht fern?
– Doch, nur heute interessiert mich das Programm nicht.
– Und was machst du abends?
– Ich gehe zu meiner Freundin.
– Wohnt sie weit (weg)?
– Nein, gleich am Park, in der Nähe des Mieckiewiczplatzes.
– Und was werdet ihr machen?
– Das weiß ich noch nicht. Vielleicht gehen wir ins Café.
– Willst du nicht Tadek anrufen? Hast du seine Telefonnummer?
– Ja, aber Tadek ist nicht zu Hause. Er geht mit Marek zum Training.
– Und du? Du spielst zu Hause Klavier, liest und siehst fern. Hab' ich recht?
– Na ja, wir müssen doch nicht immer zusammen sein.

5 Übersetzen Sie (schriftlich)!

1. Gisela muß morgen nicht in den Klub gehen.
2. Tadek geht oft ins Kino.
3. Heute will ich mir im Fernsehen einen alten Film ansehen.
4. Ania spielt gern Klavier.
5. Heute bleiben wir zu Hause, und morgen gehen wir ins Theater.
6. Wir müssen Monika noch anrufen! Vielleicht gehen wir ins Kino.
7. Wir können auch Radio hören, wenn dich der Film nicht interessiert.
8. Schade, daß du heute keine Zeit hast!

Piszemy list

Piszę do Ciebie list.

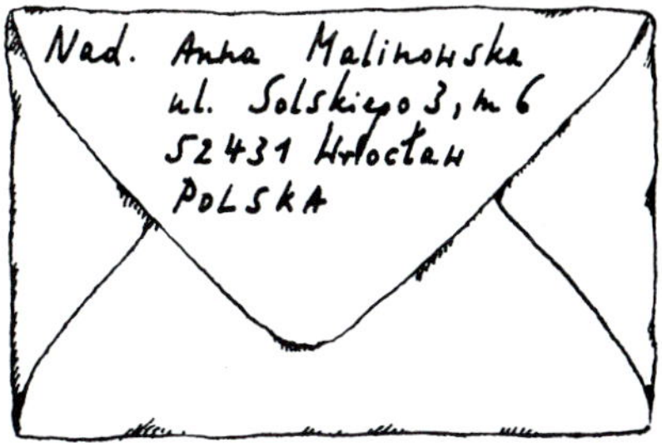

1 Lesen Sie!

Barbara *pisze list do* Moniki.	pisać do	– schreiben an
(ona) Pisze list do niej.	(+ Gen.)	
Monika będzie w *maju u* Barbary.	być u	– sein bei
(ona) Będzie w maju u niej.	(+ Gen.)	(Person)
Monika *cieszy się z* listu koleżanki.	cieszyć się z	– sich freuen über
(ona) Cieszy się z niego.	(+ Gen.)	
Barbara mieszka daleko *od* Moniki.	daleko od	– weit von
(ona) Mieszka daleko od niej.	(+ Gen.)	(entfernt)
To jest *prezent dla* Moniki.	prezent dla	– ein Geschenk für
To jest prezent dla niej.	(+ Gen.)	

2 Lesen und variieren Sie im Dialog!

a) – Kto to jest?		
– Mój kolega.	moja koleżanka	nasz sąsiad
– Jak mu na imię?	jej	mu
– Jurek.	Ewa	Robert
b) – Jak się nazywasz?	pan(i) się nazywa	
– Meyer.	…	
– Jak ci na imię?	panu, pani	
– Na imię mi Jan.	…	
c) – Znasz go długo?	ją	ich
– Od pierwszej klasy.		
– *Czy często* się z nim spotykasz?	z nią	z nimi
– Chodzimy razem *na basen* i na dyskotekę.	do klubu do kina	na kurs języka polskiego

d) – Na kogo tu czekasz?	
– Na Gośkę.	Roberta
– Kto to jest?	
– Nie znasz jej?	go
– A ty długo się z nią znasz?	z nim
– Nie bardzo.	

3 Lesen Sie den Dialog! Schreiben Sie die Konjugationsformen von „*pisać*" in der üblichen Reihenfolge heraus!

– Co robisz?
– Piszę list do koleżanki w Lipsku.
– W jakim języku do niej piszesz?
– Po polsku.
– Czy ona też pisze do ciebie po polsku?
– Nie zawsze. Na razie piszemy do siebie po polsku i po niemiecku.
– Czy z waszej klasy *wszyscy* piszą do Lipska?
– Nie, *także* do Berlina, do Heidelbergu, do …
– Czy często tam piszecie?
– Od czasu do czasu.

4 Lesen Sie und variieren Sie im Dialog!

– Mój sąsiad zawsze słucha radia.	mój brat – ogląda telewizję
– Mój także. Bardzo mi to *przeszkadza*, a tobie?	mój – to się nie podoba
– Mnie także.	

– Agnieszka tak długo rozmawia *przez* telefon.	jest u koleżanki
Czy to ci się podoba?	cię nie denerwuje
– Nie, to mi się nie podoba.	mnie nie denerwuje
– A mnie to denerwuje.	mnie się to podoba

5 Lesen Sie und variieren Sie die Sätze!

a) Barbara pyta koleżankę.	nauczyciel	– ucznia
Koleżanka jej odpowiada.	uczeń	– mu
b) Helena *przesyła* koleżance fotografie.	Henryk	– ojcu
Koleżanka jej dziękuję.	ojciec	– mu
c) Agnieszka dzwoni do Pawła.	Darek	– Ireny
(ona) Przeszkadza mu.		– jej

d) Elwira spotyka Darka. Darek zaprasza ją do kina.	Michał Jadzia	– Jadzię – go
e) Jurek dzwoni do Haliny. (Halina) Długo z nim rozmawia.	Kasia (Andrzej)	– Andrzeja – z nią

6 Prägen Sie sich ein!

basen	– Schwimmbad, Schwimmhalle	prezent	– Geschenk
często	– oft, häufig	przesyłać, przesłać *vo.* prześlę, prześlesz, … prześlą	– (über)senden, schicken
dla (+ Gen.)	– für		
list	– Brief		
maj	– Mai		
na (+ Akk.)	– in, zu	przeszkadzać (+ Dat.)	– stören
od (+ Gen.)	– von		
pisać, napisać *vo.* do (+ Gen.)	– schreiben an (nach)	przez (+ Akk.)	– durch, über
		także	– auch, ebenfalls
		wszyscy (Pf.)	– alle

7 Deklination der Personalpronomen

Singular

N.	ja	ty	on / ono	ona
G.	mnie, mię[1]	ciebie, cię[1]	jego, go[1]	jej
D.	mnie, mi	tobie, ci	jemu, mu	jej
A.	mnie, mię	ciebie, cię	jego, go / je	ją
I.	(ze) mną	(z) tobą	(z) nim	(z) nią
L.	(o) mnie	(o) tobie	(o) nim	(o) niej

Plural

N.	my	wy	oni/one
G.	nas	was	ich
D.	nam	wam	im
A.	nas	was	ich/je
I.	(z) nami	(z) wami	(z) nimi
L.	(o) nas	(o) was	(o) nich

[1] Kurzformen

8 Zum Gebrauch der Kasus der Personalpronomen

1. Der Nom. wird nur gebraucht, wenn das Pronomen in dem betreffenden Zusammenhang hervorgehoben werden soll. In allen anderen Situationen wird das Personalpronomen weggelassen, und das Subjekt wird durch die Form des Prädikats signalisiert.
2. Die Langformen werden gebraucht,
   – wenn das betreffende Wort hervorgehoben werden soll und
   – wenn das Personalpronomen in Verbindung mit einer Präposition gebraucht wird.

   In allen anderen Situationen sind die Kurzformen zu gebrauchen. (In bezug auf *„mnie/mię“* kann diese Regel vernachlässigt werden, da sich diese Wortformen phonetisch nur sehr wenig unterscheiden.)
3. Die mit *j-* oder *i-* anlautenden Kasusformen erhalten bei ihrem Gebrauch in Verbindung mit einer Präposition einen n-Vorschlag, wobei *j-* orthographisch durch *-i-* ersetzt wird: do + jej = do **n**iej; dla + ich = dla **n**ich.
4. Einsilbige Kasusformen verschmelzen mit vorangehenden einsilbigen Wörtern zu einer artikulatorischen Einheit, innerhalb derer das vorangehende einsilbige Wort (quasi als vorletzte Silbe dieser Einheit) die Wortbetonung auf sich zieht: *dla*‿mnie; *do*‿nas; *u*‿mnie.
5. Wenn *„mnie“* und *„mną“* in Verbindung mit einer konsonantisch auslautenden Präposition gebraucht werden, löst man die dabei entstehende Konsonantenhäufung durch Anfügen eines *-e* an die Präposition auf, wobei dieses *-e* die Wortbetonung auf sich zieht: od + mnie (Gen.) – od*e* mnie; z + mną (Instr.) – z*e* mną.

9 Beantworten Sie die Fragen!

Kogo Irka szuka?	ty, oni, wy, ja, on
Komu Helena dziękuje?	one, ona, my, ty
Kogo Elwira zaprasza?	on, ja, ona, one, oni
Z kim się spotyka Artur?	ty, oni, my, ona, ja
O kim rozmawiają?	on, oni, ty, my

10 Setzen Sie die eingeklammerten Pronomen in der richtigen Form ein!

zadzwonić do (+ Gen.)
Kiedy zadzwonisz do (ja, my)? Zadzwonię do (ty, wy) wieczorem. Czy zadzwonisz jutro do (ona, on)? Zadzwonimy do (oni). Czy zadzwonicie do (my)? Zadzwonimy do (pan, pani). Czy możesz do (ja, on) zadzwonić?

z/rozumieć (+ Akk.)
Czy (ja) rozumiesz? Nie rozumiem (ty). Czy możesz (on) zrozumieć? Dlaczego nie chcesz (ja) zrozumieć? Czy nie możecie (to) zrozumieć? Czy rozumiecie (ono)? Ja (to) nie rozumiem. Nie rozumiemy (wy). Czy rozumiecie (my)?

za/czekać na (+ Akk.)
Czy zaczekasz na (ja)? Tak, zaczekam na (ty). Czy już długo czekasz na (ja, ona, on)? Dlaczego nie czekasz na (my, oni)? Czy możesz tu na (ja, my, oni) zaczekać? Nie czekam na (ona, oni).

przeszkadzać (+ Dat.)
Przeszkadzam (ty, wy)? Nie chcę (on, ona, ty) przeszkadzać. Czy to (ty, pan) przeszkadza? Teraz nie mogę (on, ona) przeszkadzać. To (ja) nie przeszkadza. Czy muzyka (wy) przeszkadza? (My) to nie przeszkadza. Dlaczego (ja) teraz przeszkadzacie? Dzieci (ja, my) często przeszkadzają.

11 Lesen Sie!

Pierwszy list

Droga koleżanko,
piszę tak do Ciebie, bo jeszcze nie wiem, jak Ci na imię. Ja się nazywam Anna Malinowska, mieszkam we Wrocławiu i chodzę do drugiej klasy liceum. Mój dom i szkoła *znajdują się dość* daleko od centrum. Wiem, że w maju w naszej szkole będzie Twoja klasa. Cieszę się z tego, bo *się wtedy poznamy.*
Jeszcze nie wiem, gdzie będziesz mieszkać, może u mnie? Już teraz *zapraszam* Cię *serdecznie* do siebie. Rodzice też chcą Cię *poznać.* Nie mam rodzeństwa, ale sympatyczne koleżanki. Często się z nimi spotykam. Wtedy *wybieramy się* do kina lub na *koncert.* Czasem spotykamy się u mnie, słuchamy muzyki i rozmawiamy o tym, co nas interesuje. A czym Ty się interesujesz? Czy chętnie słuchasz muzyki? Ja często *nagrywam* muzykę z radia. Gram też na *gitarze.* To moje hobby. Lubię też czytać. Czy *mówi* Ci *coś* nazwisko Ryszarda Kapuścińskiego? Właśnie czytam jego „Cesarza". *Książka* ta u nas jest bardzo znana.
Przesyłam Ci zdjęcie. Jestem na nim razem ze swoją koleżanką Agnieszką. Poznasz ją u nas.
Czekam na list od Ciebie i *pozdrawiam* Cię serdecznie. Anna

12 Prägen Sie sich ein!

coś	– etwas	pozdrawiać, pozdrowić *vo.*	– grüßen
dość, dosyć	– ziemlich, ganz schön	poznać (się) *vo.*	– (sich) kennenlernen
drogi	– lieb, teuer	serdecznie	– herzlich
gitara	– Gitarre	wtedy	– dann, damals
koncert	– Konzert	wybierać się, wybrać się *vo.*	– hier: sich aufmachen
książka	– Buch	zapraszać, zaprosić *vo.*	– einladen
mówić	– sagen	znajdować się	– sich befinden
nagrywać, nagrać *vo.*	– aufnehmen, überspielen (auf Band)		

13 Äußern Sie sich (polnisch) zu den folgenden Sachverhalten!

a) Anna pisze do Ciebie list i przedstawia się (sich vorstellen). Proszę się też przedstawić!
b) Jej dom i szkoła znajdują się dość daleko od centrum miasta. Czy jesteś w podobnej sytuacji?
c) Anna się cieszy. Z czego?
d) Anna nie ma rodzeństwa. A ty?
e) Anna ma różne (unterschiedliche) zainteresowania. A czym ty się interesujesz?
f) Ryszard Kapuściński jest w Polsce bardzo znany. Czy znasz jeszcze innego polskiego pisarza?

Przyjdę wieczorem.

1

Dokąd idziesz?	Idę do kina.
Kiedy *przyjdziesz* do nas?	Przyjdę wieczorem.

2 Zum Gebrauch imperfektiver und perfektiver Aspekte

Fast jedes polnische Verb hat zwei Aspekte (Handlungsarten): einen imperfektiven und einen perfektiven Aspekt.
Imp. Aspekt bedeutet: Die Handlung wird mitten im Ablauf (Vollzug) gesehen/vom Sprecher dargestellt.
Perf. Aspekt bedeutet: Die Handlung ist auf Vollendung gerichtet und wird durch ein Resultat bzw. Grad (Maß) begrenzt dargestellt.
Für den praktischen Gebrauch ergibt sich daraus, daß
– mit dem imperf. Aspekt Handlungen (Tätigkeiten) im Präsens, Futur und Präteritum wiedergegeben werden können,
– mit dem perf. Aspekt nur die Wiedergabe von Handlungen (Tätigkeiten) im Futur bzw. Präteritum möglich ist.
Modalverben haben nur eine Form in der Funktion beider Aspekte.

Imperfektiver A. (Unvollendeter A.) Piszę list. (Ich bin (jetzt) dabei, einen Brief zu schreiben.)	*Perfektiver A.* (Vollendeter A.) Napiszę list. (Ich werde einen Brief (ganz zuende) schreiben/ geschrieben haben.)
– andauernde Tätigkeit	– Vollendung, ein Resultat einer Tätigkeit

Idę do kina.
(Ich bin dabei, ins Kino zu gehen.)
Darek dzwoni do Ewy.
(Darek ist dabei, Eva anzurufen.)

Pójdę do kina.
(Ich werde ins Kino gehen.)
Kiedy zadzwonisz do mnie?
(Wann wirst du mich anrufen?)
Przyjdę wieczorem.
(Ich werde abends kommen.)

3 Schreiben Sie die Aspektpaare der Verben mit ihren deutschen Bedeutungen heraus!

Beispiel: iść – pójść: (hin-, los-)gehen

Zapraszam cię do Warszawy.
Piszę do ciebie list.
Czekam na ciebie.
Często spotykamy się w klubie.
Darek dzwoni do Ewy.
Szukam ulicy Ogrodowej.
Często nagrywam muzykę z radia.

Jutro zaproszę Ewę do kina.
Do Anki napiszę jutro.
Zaczekam na pana.
Czy spotkamy się jutro?
Kiedy zadzwonisz do mnie?
Poszukam jej jutro.
Nagram to dla ciebie.

4 Lesen Sie im Dialog und machen Sie sich den zeitlichen Ablauf der Handlungen bewußt, die durch die Verbalaspekte ausgedrückt werden!

a) – *Dokąd* idziesz?
– Idę do klubu.
– Kiedy przyjdziesz do nas?
– Przyjdę jutro.

b) – Kiedy przyjdziecie do nas?
– Przyjdziemy wieczorem.
– Co robicie teraz?
– Uczymy się.

c) – Dokąd idziecie?
– Na basen.
Pójdziesz z nami?

d) – Do kogo dzwonisz?
– Do Jurka.
– Po co?
– Chcę się zapytać, kiedy przyjdą.
… Ale pech! Zajęty.
– No to zadzwonisz jeszcze raz.

e) – Czy masz jutro czas?
– Dlaczego pytasz?
– Chcemy jutro pójść z Jurkiem do teatru. Pójdziesz z nami?
– Mogę pójść.
– Świetnie. Pójdziemy razem.
– Gdzie się spotkamy?
– Ja się spotkam z Jurkiem u siebie w domu. Jeżeli chcesz, możesz też do mnie przyjść.
– Dobrze. Spotkamy się u ciebie.
– Cześć!
– Cześć!

Prüfen Sie sich selbst!

1 Strukturen

– Dokąd idziesz?	– Wohin gehst du?
– Idę do kina.	– Ich gehe ins Kino.
– Kiedy przyjdziesz do nas?	– Wann wirst du zu uns kommen?
– Przyjdę wieczorem.	– Ich werde abends kommen.
– Chcemy jutro pójść do teatru. Czy pójdziesz z nami?	– Wir wollen morgen ins Theater gehen. Wirst du mit (uns) kommen?
– Mogę pójść z wami.	– Ich kann mitkommen.

2 Setzen Sie die Präpositionen und die richtigen Kasusformen der Personalpronomen ein!

1. To pani Milewska. Mama pracuje razem (mit ihr) w szpitalu.
2. Czy to jest (für Eva)? – Nie, to (für dich).
3. Czy często się (mit ihm) spotykasz?
4. Nowy tekst jest trudny, prawda? Czy (du) (ihn) rozumiesz?
5. Marek jest bardzo sympatyczny i mądry. Lubię (mit ihm) rozmawiać.
6. Dziękujemy (dir) serdecznie za wszystko. A (dir) też.
7. Gdzie jest Ewa? – Nie wiem, (ich) też (auf sie) czekam.
8. Wolę się uczyć (mit dir).
9. Czy nie chcesz pracować (mit mir)? – Mogę, ale wolę (mit ihnen).
10. To dzieci brata. Bardzo (sie) lubię.
11. A to twoja mama, prawda? Jesteś bardzo do (ihr) podobna!
12. Ania i Tadek są jeszcze w szkole. – No to musimy (auf sie) zaczekać.
13. Co tu robisz? – Czekam (auf euch)!
14. Tekst Ani bardzo (mir) się podoba! A (dir)?
15. Nowy kolega bardzo się (uns) podoba. Wszyscy o (über ihn) mówią.

3 Sagen Sie polnisch!

1. Wann kommt ihr morgen zu uns? Kannst du mich anrufen?
2. Ich werde Jurek zu uns einladen. Soll ich Eva auch einladen?
3. Wir treffen uns heute im Klub. Kommst du mit uns?
4. Gehen wir heute zu Herrn Jankowski? Wenn du willst, können wir gehen.
5. Wirst du den Brief an Jurek noch heute schreiben?

Jak spędzasz wolny czas?

Po nauce

1

Jak *spędzasz* wolny czas?	Bardzo *różnie*.

2 Lesen Sie!

Co robi Krzysztof?

Po południu *zwykle odpoczywa*. A jak odpoczywa? Słucha radia lub coś czyta. *Potem przeważnie odrabia lekcje* i się uczy. Wieczorem często chodzi do kina, bo lubi oglądać filmy. W ten *sposób* odpoczywa po *nauce*.

3 Prägen Sie sich ein!

lub – oder aber, beziehungsweise

nauka – hier: Lernen, Unterricht; Wissenschaft, Lehre

odpoczywać, odpocząć *vo.* odpocznę, odpoczniesz, ... odpoczną – sich erholen, ausruhen

odrabiać, odrobić *vo.* lekcje – Hausaufgaben machen

potem – danach, dann, nachher

przeważnie – über-/vorwiegend, meistens, vorzugsweise

różnie *Adv.* – verschieden, unterschiedlich

spędzać, – verbringen;

spędzić *vo.*	– zubringen, verleben	zwykle	– gewöhnlich, (zu-)meist, im allgemeinen
sposób	– Art, Weise		

4 Sagen Sie, wie Krzysztof sich seine Freizeit einteilt!

5 Treffen Sie mit der angegebenen Lexik möglichst viele Aussagen!

po nauce	różnie	spędzać	wolny czas
po południu	zwykle	odpoczywać	w domu, przy muzyce
wieczorem	przeważnie	czytać	coś ciekawego
potem	często	spotykać się	
	zawsze	z ... w ...	kawiarnia,
		odrabiać lekcje	dyskoteka,
		uczyć się	klub
		chodzić do (na)	teatr, kino,
		...	trening

6 Lesen Sie!

Co robię w wolnym czasie?

Wolny czas spędzam bardzo różnie. Po południu zwykle jestem w domu i odpoczywam po nauce. Często przy dobrej muzyce. Jeżeli mi się podoba, nagrywam ją. Lekcje odrabiam przeważnie wieczorem. Potem oglądam telewizję, jeżeli jest dobry program, lub spotykam się z koleżanką w kawiarni. Od czasu do czasu chodzę także do kina. Lubię ciekawe filmy. *Raz w tygodniu* gram w naszej szkole w *siatkówkę*.

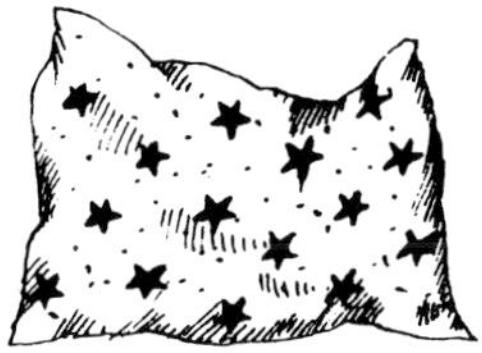

7 Üben Sie nach dem vorgegebenen Muster!

● Po południu *najpierw* odpoczywam, a potem odrabiam lekcje.

po południu	najpierw	słuchać radia	potem	iść do klubu
po lekcjach		iść do domu		spotykać się z kolegą
wieczorem		uczyć się		oglądać telewizję
		czytać coś ciekawego		często chodzić do kina
		odrabiać lekcje		zwykle odpoczywać

8 Sagen Sie polnisch, daß Susanne

– die Freizeit auf unterschiedliche Weise verbringt,
– sich am Nachmittag gewöhnlich zuerst ausruht,
– zumeist erst etwas liest und dann Hausaufgaben erledigt,
– häufig Musik hört und sich auf diese Weise nach dem Unterricht ausruht,
– sich fürs Kino interessiert und sich von Zeit zu Zeit interessante Filme ansieht,
– gewöhnlich am Nachmittag zu Hause ist und sich abends mit ihrer Freundin trifft,
– und ihre Freundin vorzugsweise in den Klub zur Disco gehen.

9 Lesen Sie!

Anka ma bardzo mało czasu

Moja koleżanka Anka ma bardzo *mało* wolnego czasu. Często *pomaga* matce w domu. Tylko *w soboty* wieczorem może się wybrać na dyskotekę lub do kina. Czasem dzwonię do niej, ale ona zawsze coś robi. *Mało kiedy* odpoczywa. Zwykle spotykamy się u niej. Wtedy słuchamy radia lub rozmawiamy o swoich *sprawach*.

10 Prägen Sie sich ein!

mało (+ Gen.)	– wenig	raz	– (ein-) mal
mało kiedy	– (nur) selten	różny *Adj.*	– verschieden(-artig), unterschiedlich
najpierw	– zuerst, zunächst		
pomagać, pomóc *vo.*	– helfen	siatkówka	– Volleyball
		sobota;	– Sonnabend;

w soboty	an Sonnabenden, sonnabends	tydzień w tygodniu	– Woche in der Woche
sprawa	– Angelegenheit, Problem, Sache		

11 Sagen Sie polnisch:

– tylko, mało kiedy, móc, wybrać się, do, teatr, lub, do, kino;
– przeważnie, spędzać, wolny czas, w, dom; czytać, coś ciekawego;
– czasem, spotykać się, z, koleżanka, w, kawiarnia, lub, oglądać telewizję;
– zwykle, po południu, pracować, lub, pomagać, w, dom;
– tylko, w soboty, móc, wybrać się, do, teatr, lub, spotkać się, z, kolega.

12 Lesen Sie!

Chcieć to móc!

Rozmawiają: Staś, Danka, Piotr, Janina, Leszek

S.: Wolny czas spędzam bardzo różnie. Po południu najpierw odpoczywam. Słucham radia lub czytam coś ciekawego. Potem przeważnie odrabiam lekcje i uczę się języka. Wieczorem często chodzę do kina, bo lubię oglądać filmy. W ten sposób odpoczywam po nauce.

D.: Nie wiem, jak ty to robisz. Ja mam bardzo mało wolnego czasu. Tylko w soboty wieczorem mogę się wybrać na dyskotekę lub do kina. Czasem spotykamy się z koleżanką u mnie lub u niej. Słuchamy wtedy muzyki i rozmawiamy.

P.: Ale *na* wszystko musi być czas! *Trzeba* pracować, trzeba *trochę* pomagać w domu, ale też trzeba chodzić do kina, do teatru, na koncerty, czytać ciekawe książki, oglądać telewizję, słuchać radia i spotykać się z kolegami w klubie.

J.: Kiedy ty to wszystko robisz, ciekawa jestem. Ja *należę do* klubu *sportowego* i chodzę raz lub *dwa razy w* tygodniu na *trening*. Muszę pomagać matce, *robić zakupy* i odrabiać lekcje. Chcę też trochę odpocząć. Czasem nie wiem, kiedy to wszystko zrobić! Ja nie mam czasu na kino, na *pływalnię* lub na dyskotekę. Cieszę się, jeżeli mogę obejrzeć dobry film w telewizji lub przeczytać dobrą książkę.

L.: Piotr ma rację. Na wszystko musi być czas, tylko trzeba się trochę zastanowić. Chcieć to móc!

13 Prägen Sie sich ein!

dwa razy	– zweimal	pływalnia	– Schwimmhalle
na (+ Akk.)	– für, zu (Veranstaltung, Anlaß, Termin)	robić, zrobić *vo.* zakupy	– einkaufen, Einkäufe tätigen
należeć do	– angehören, gehören (zu)	sportowy	– Sport- (in Zus.)

trening	– Training	trzeba	– man muß, es ist erforderlich
trochę	– etwas, ein wenig/bißchen	zastanawiać się, zastanowić się *vo.*	– überlegen, nachdenken

14 Bilden Sie Sätze!

wieczorem	zwykle	być w/u ...	dom, kolega
po kolacji	przeważnie	wybierać się do/na ...	kino, koncert
w soboty	często	dzwonić do ...	koleżanka
	mało kiedy	chodzić do/na ...	klub, dyskoteka
	czasami	spotykać się z/w	kolega, kawiarnia
	czasem	czytać ciekawe książki	
	zawsze	odpoczywać przy dobrej muzyce	

15 Berichten Sie über Ihre Freizeitbeschäftigung!

Stellen Sie die erforderliche Lexik nach den Lexikverzeichnissen zusammen!

16 Lesen Sie (still) mit Wörterbuch und geben Sie den jeweiligen Inhalt deutsch wieder!

Krystyna
Moja koleżanka Krystyna chodzi do tej samej klasy, co ja. Znamy się dobrze, bo zwykle spędzamy wspólnie sobotnie wieczory. W pozostałe dni tygodnia Krystyna nie ma czasu. Należy do klubu sportowego i chodzi dwa lub trzy razy w tygodniu na trening. Dlatego właśnie ma mało czasu na naukę. Często nie odrabia lekcji i potem ma trudności w szkole. Ale sport to jej pasja!

Jurek
Każdą wolną chwilę spędzam przy ekranie komputerowym. Nie interesują mnie już tak jak dawniej gry komputerowe. Na zajęciach informatyki poznaję różne nowe programy, a w domu próbuję sam programować. Może kiedyś nauczę się grafiki komputerowej? Komputer całkowicie mnie pochłania. Myślę, że już niedługo może stać się głównym powodem konfliktów w domu. „Przecież nie możesz siedzieć przed nim godzinami. Masz jeszcze inne obowiązki“ – mówią rodzice.

17 Was ergaben statistische Untersuchungen in Polen zum Thema: „Wie verbringt die Jugend ihre Freizeit“?

Lesen Sie! Erschließen Sie den Text mit Hilfe des Wörterbuches!
– Tylko 1 (jeden) procent młodzieży spędza pozaszkolny czas w domach kultury czy na przykład w osiedlowym klubie. Za to 13 (trzynaście) procent – na podwórku lub

na klatce schodowej. A jednak milszym miejscem jest dyskoteka (38 – trzydzieści osiem – procent), natomiast jeszcze milszym – dom (48 – czterdzieści osiem – procent).

– Dziewczęta wolą dyskoteki, płeć męska – kluby sportowe, boisko i treningi. Wszyscy zaś wolą dyskotekę od prywatki – podobno popularność tej ostatniej spada!

– Jeśli chodzi o zajęcia pozalekcyjne, które organizują szkoły, największą popularnością cieszy się sport, ale też przyznaje się do niego tylko 35 (trzydzieści pięć) procent badanych. I tylko 8 (osiem) procent uczestniczy w zajęciach artystycznych!

(„Cogito" Nr. 9, 1997)

Gdzie byłeś wczoraj?

1

– Co robiłaś wczoraj?
– Byłam u Aliny.
– Co robiłyście?
– Słuchałyśmy radia i rozmawiałyśmy, a potem spotkałam się z Danką.
– Gdzie byłyście?
– Wybrałyśmy się do teatru.
– Co grali?
– „Kartotekę" T. Różewicza.

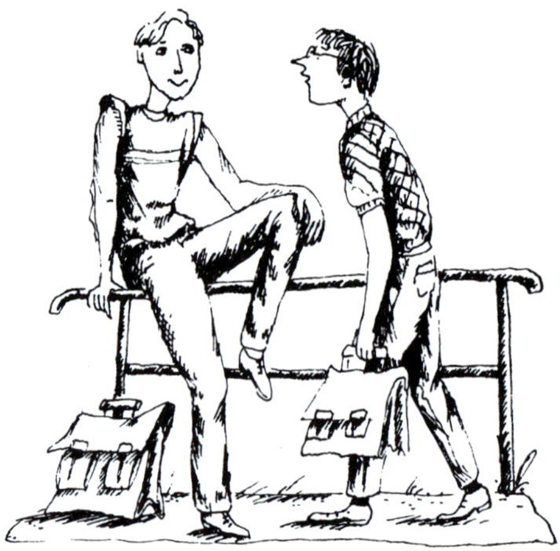

– Gdzie byłeś wczoraj?
– Po południu byłem w kinie. A ty?
– Spotkałem się z Robertem i byliśmy na pływalni.
– Czy Andrzej był z wami?
– Nie, Andrzej i Janek byli na treningu.
– A gdzie byliście wieczorem?
– W kawiarni.

2 Das Präteritum (Grundmuster)

Das Präteritum wird vom Infinitivstamm gebildet.

	Singular			*Plural*	
	Mask.	Fem.	Neutra	Pers.-form	Sachform
1. Pers.:	-ł-e-m	-ł-a-m	–	-l-i-śmy	-ł-y-śmy
2. Pers.:	-ł-e-ś	-ł-a-ś	–	-l-i-ście	-ł-y-ście
3. Pers.:	-ł	-ł-a	-ł-o	-l-i	-ł-y

3 Interpretieren Sie die in den Dialogen (Üb. 1) vorkommenden präteritalen Verbformen und fertigen Sie eine Übersicht über das Präteritum von „być" an!

4 Lesen Sie!

Co robiłaś wczoraj?
Wczoraj po południu byłam w domu. Najpierw słuchałam radia i odpoczywałam. Potem odrabiałam lekcje i uczyłam się. Dzwoniłam do Andrzeja, ale nie było go w domu. Spotkałam się więc z koleżankami.

Co robił Zygmunt?
Zygmunt pracował do wieczora. Kiedy był w domu, najpierw czytał gazetę, a potem oglądał telewizję. Trochę opowiadał o pracy.

Co robiliście wczoraj?
Wieczorem byliśmy w kinie, ale film nie był ciekawy. Po filmie zadzwoniliśmy do kolegi i spotkaliśmy się u niego w domu. Rozmawialiśmy długo. Spędziliśmy przyjemny wieczór.

5 Lesen Sie das Gedicht mit Wörterbuch! Schreiben Sie die im Präteritum stehenden Verbformen heraus und bestimmen Sie Person, Numerus und Genus!

Kłamliwe zwierzęta
Był czarniutki baran, co kłamał jak z nut.
– Gdzie byłeś baranie? – W karczmie piłem miód.
Była też kaczka, też kłamała co dzień.
– Gdzie byłaś? – Tańczyłam w gospodzie przy drodze.
Było też cielę, chwaliło się wiele.
– Gdzieś było? – Ja? Grałem do tańca w niedzielę.
Był, była, było. Pił, tańczyła, grało,
Lecz jedno drugiego jakoś nie widziało.
My byliśmy także, lecz nikt nie pamięta,
Żeby były w karczmie owe trzy zwierzęta.

Prüfen Sie sich selbst!

1 Strukturen

– Jak spędzasz wolny czas?	– Wie verbringst du die Freizeit?
– Bardzo różnie.	– Sehr unterschiedlich.
– Gdzie byłeś wczoraj?	– Wo warst du gestern?
– Byłem w kinie.	– Ich war im Kino.

2 Verwandeln Sie das Präsens ins Präteritum!

1. Chodzimy razem do szkoły i często wspólnie (gemeinsam) spędzamy wolny czas.
2. Jestem u Andrzeja i pomagam mu.
3. Dzwonię do Moniki i zapraszam ją do kina.
4. Kiedy odrabiam lekcje, nie słucham radia.
5. Muzyka mi przeszkadza, kiedy pracuję.
6. Kiedy jesteśmy w klubie, rozmawiamy o naszych sprawach.
7. Kiedy jestem u niego, odrabiamy razem lekcje.
8. Nie znam jeszcze polskiego i dlatego piszemy do siebie po niemiecku.
9. Lubią muzykę i nieźle grają na fortepianie.
10. Nie oglądamy filmu, bo go już znamy.

3 Übersetzen Sie ins Deutsche!

Wählen Sie für jeden Satz eine Übersetzung, die das Wort „uns“ enthält, und machen Sie sich dann bewußt, wie dieses Wort in den polnischen Sätzen wiedergegeben ist!

1. Koleżanka nam pomaga.
2. Antek nas zaprasza.
3. Często rozmawiamy o tobie.
4. Monika i Torsten mówią o nas.
5. Przepraszamy nauczycielkę.
6. Oglądamy w telewizji interesującą audycję.
7. Rozumiemy się bardzo dobrze.
8. Interesujemy się tą książką.
9. Janek mieszka nad nami.
10. Ula nie chce z nami rozmawiać.
11. Tadek często do nas dzwoni.

4 Formulieren Sie die Sätze so um, daß statt „uns“ Kasusformen von „ihr“ an den entsprechenden Stellen stehen.

Wiederholen Sie die Übung mit den entsprechenden Kasus von „sie“ (3. P. Pl.) oder „Sie“ (Höflichkeitsform)!

Jaką miałeś podróż?

Kiedy przyjedziesz?

1

Opłata za telegram zł .... dodatkowa zł .... razem zł .... podpis	Uwagi służbowe **TELEGRAM**	Odtelegrafowano dn. .... g.m. .... do .... podpis ....

.... nr .... sł. .... dn. .... g., m ....

(wskazówki służbowe) — adresat (imię i nazwisko albo nazwa instytucji): Andrzej Czerwiński

(wieś i nr domu, albo ulicę, nr domu i mieszkania, nr telefonu): ulica Klonowa 5, m. 3 — (poczta): 02-788 WARSZAWA

PRZYJEDZIEMY W SOBOTĘ PO POŁUDNIU POCIĄGIEM WAWEL,
DWORZEC WARSZAWA CENTRALNA.
SERDECZNIE POZDRAWIAM. PIOTR

Kiedy przyjedziesz?	Przyjadę w sobotę.

2 Lesen Sie im Dialog!

Na ulicy

Darek spotyka Andrzeja.

D.: Cześć, Andrzej!

A.: Cześć, Darek! Co słychać?

D.: Wszystko w porządku. A co u ciebie?

A.: Właśnie idę na *dworzec*. Przyjeżdżają do nas *goście* z Krakowa.

D.: Na długo?

A.: Nie, tylko na *weekend*.

D.: Wiesz, mam do ciebie sprawę, ale teraz na pewno *się spieszysz*.

A.: Tak, nie chcę *się spóźnić* na dworzec. Ale możesz do mnie zadzwonić dzisiaj wieczorem.

D.: Dobrze. No to na razie!

A.: Cześć!

3 Prägen Sie sich ein!

dworzec *m.*	– Bahnhof	spieszyć się	– sich beeilen
gość *m.*, goście	– Gast, Gäste	spóźniać się, spóźnić się *vo.*	– sich verspäten
pociąg	– Zug	weekend	– Wochenende
przyjeżdżać, przyjechać *vo.*	– (an-)kommen, eintreffen, anreisen		

4 a) Lesen Sie im Dialog!

b) Prägen Sie sich die Konjugation der Verben „przyjeżdżać“ und „przyjechać“ ein!

– Jak często przyjeżdżasz do domu?
– Zawsze przyjeżdżam w soboty.
– Czy twoja koleżanka przyjeżdża z tobą?
– Czasem przyjeżdżamy razem.
– Czym przyjeżdżacie?
– Zwykle przyjeżdżamy autobusem.

– Kiedy przyjedziesz do nas?
– Przyjadę w maju.
– Czy twoja siostra przyjedzie z tobą?
– Jeszcze nie wiem.
– Dlaczego nie przyjedziecie razem?
– Może przyjedziemy razem.
– A dlaczego rodzice nie przyjadą?
– Nie mają czasu.

5 Lesen Sie im Dialog!

Na dworcu

– Halo, Andrzej!
– Serdecznie *witam*! Cieszę się, że jesteście!
– *Pozwól*, że *przedstawię* ci moją dziewczynę. To Maria.
– Bardzo mi *przyjemnie*.
– Jaką mieliście *podróż*?
– Świetną.
– Co *nowego* w Krakowie?
– Wszystko w porządku.
– No to *jedziemy* do domu.

6 Prägen Sie sich ein!

Co nowego?	– Was gibt es Neues?	pozwalać, pozwolić *vo.*	– gestatten, erlauben
jechać, jadę, jedziesz … jadą; pojechać *vo.*	– fahren	Pozwól (-cie)! (Imp. von „pozwolić“)	– Gestatte (-t)!
podróż *f.*	– Reise		

przedstawiać, przedstawić *vo.*	– (jmdn.) vorstellen	witać (się), przywitać (się) *vo.* (persönl., privat)	– begrüßen (sich/einander), willkommen heißen
przyjemnie *Adv.*	– angenehm, freundlich		

7 Erzählen Sie den Handlungsablauf der Dialoge *„Na ulicy"* und *„Na dworcu"* im Präteritum! Benutzen Sie dazu die folgende Lexik!

– do, rodzina, Andrzej, przyjechać, goście, z (aus + Gen.), Kraków;
– Andrzej, pojechać, na (+ Akk.), dworzec;
– po (+ Lok.), droga, Andrzej, spotkać, Darek;
– Andrzej, przywitać się, z, Darek;
– goście, Andrzej, przyjechać, na (+ Akk.), dworzec;
– Andrzej, serdecznie, oni, przywitać;
– potem, pojechać, do, dom.

8 Lesen Sie (im Dialog)!

Do Pawła dzwoni kolega.
– Słucham.
– Tu Andreas. Czy jest Paweł?
– Cześć, Andreas! Co się *stało*?
– Proszę? Czy możesz *mówić* trochę *wolniej*?
– O przepraszam, pytam, co się stało?
– Bardzo mi *przykro*, ale nie mogę przyjechać do ciebie w tym tygodniu.
– Dlaczego nie? A ja się tak cieszyłem, że się zobaczymy!
– Ja też. Ale mam *kłopoty* w domu i muszę być na miejscu.
– Szkoda. Może przyjedziesz więc *później*?
– Bardzo chętnie.
– No to *trzymaj się*! Cześć!
– Cześć!

9 Prägen Sie sich ein!

kłopot; Pl.; -y	– Sorge, -n; Kummer	stać się	– passieren, geschehen
mówić	– sprechen, reden	Trzymaj się! (Imp. von „trzymać się")	– Halte die Ohren steif!; Mach's gut!
później (Komp. von „późno")	– später	wolniej (Komp. von „wolno")	– langsamer
przykro mi	– tut mir leid		

10 Gestalten Sie Dialoge, in denen Sie

- kurz eine Situation kennzeichnen,
- sich begrüßen,
- sich nach dem Wohlbefinden erkundigen,
- sich oder jemanden vorstellen,
- sich nach Reiseeindrücken erkundigen,
- Redewendungen für Verstehen bzw. Nicht-Verstehen einbauen,
- den Partner bitten, langsamer zu sprechen, oder ihn veranlassen, einen Satz zu wiederholen,
- das Gespräch mit einer Aufforderung höflich beenden.

Czy widziałeś Ewę?

1

2 Lesen Sie im Dialog!

a) – Czy widziałeś Ewę?
– Tak, wieczorem. Szła do kina.
– Rozmawiałeś z nią?
– Tak, ale niedługo. Nie miała czasu.
– Nie mówiła, czy przyjedzie na trening?
– Nie.

b) – Czy Marek już przyszedł?
– Przyszedł, jest już w klasie.
– A Jurek i Zbyszek?
– Przyszli, przyszli. Czekają na nas.
– Czy są już Zosia i Jadzia?
– Jeszcze nie przyszły.

c) – Gdzie są Ania i Jadzia?
– Już poszły.
– Dlaczego? Miały czekać!
– Czekały, ale chciały jeszcze pójść na pływalnię.

3 Präteritalformen von *„iść"* bzw. *„pójść, przyjść"*

	Singular			*Plural*	
	Mask.	Fem.	Neutra	Pers.-form	Sachform
1. Pers.:	szedłem	szłam	–	szliśmy	szłyśmy
2. Pers.:	szedłeś	szłaś	–	szliście	szłyście
3. Pers.:	szedł	szła	szło	szli	szły

Ebenso: pójść – poszedłem bzw. poszłam usw.
przyjść – przyszedłem bzw. przyszłam usw.

4 Wiederholen Sie Ihre Kenntnisse über die Anwendung imperfektiver und perfektiver Verbformen (S. 88) und beachten Sie die Anwendung der Präteritalformen von *„iść"* bzw. *„pójść"*, *„przyjść"* in den folgenden Beispielen!

Imperfektiv	*Perfektiv*
Darek szedł na dworzec. (Darek ging /war unterwegs/ zum Bahnhof.)	Darek poszedł na dworzec. (Darek ist/war zum Bahnhof gegangen.)
	Darek już przyszedł. (Darek ist/war bereits gekommen.)
Kiedy szłam do klubu, (Als ich zum Klub ging,	spotkałam Ewę. habe/hatte ich Eva getroffen.)
Szliśmy długo przez las. (Wir gingen lange durch den Wald.)	Przyszliśmy bardzo późno do domu. (Wir sind/waren sehr spät nach Hause gekommen.)

5 Sagen Sie im Präteritum!

Czy pójdziesz na balet? Nie, pójdę do kina. Dokąd pójdzie Jurek? Pójdzie do klubu. Czy pójdziecie na pływalnię? Jurek i Zbyszek pójdą na pływalnię, ale Zosia i Marek nie pójdą. Kiedy przyjdziesz? Przyjdę wieczorem. Czy Zosia też przyjdzie? Zosia i Jadzia przyjdą razem. Czy Andrzej i Jurek też przyjdą? Nie, przyjdą tylko Andrzej i Ania. Kiedy przyjdziecie do klubu? Przyjdziemy już po południu.

6 Lesen Sie im Dialog! Beachten Sie das Präteritum der Verben *„chcieć, mieć, musieć, wiedzieć, woleć, rozumieć, umieć, móc"*!

a) – Gdzie byłeś *wczoraj*?
– Wiem, że mieliśmy się spotkać. Ja też chciałem z wami pojść do kina, ale musiałem pomagać w domu. Wiedziałem, że będziesz na mnie czekał. Ale co miałem zrobić?
– Czy nie mogłeś zadzwonić?
– Nie mogłem, bo nie miałem czasu.

b) – Andreas chciał rozmawiać ze mną po niemiecku, ale wolałem mówić z nim po polsku.
– Czy Andreas cię rozumiał?
– Świetnie mnie rozumiał. Nie spodziewałem się, że tak dobrze zna język polski.

7 Die Präteritalformen der Verben auf *-(i)eć* und des Hilfsverbs *„móc"*.

Beispiele: chcieć, woleć

Singular

	Mask.	Fem.	Neutra	Mask.	Fem	Neutra
1. Pers.:	chciałem	chciałam	–	wolałem	wolałam	–
2. Pers.:	chciałeś	chciałaś	–	wolałeś	wolałaś	–
3. Pers.:	chciał	chciała	chciało	wolał	wolała	wolało

Plural

	Pers.-form	Sachform	Pers.-form	Sachform
1. Pers.:	chcieliśmy	chciałyśmy	woleliśmy	wolałyśmy
2. Pers.:	chcieliście	chciałyście	woleliście	wolałyście
3. Pers.:	chcieli	chciały	woleli	wolały

Beispiel: móc

Singular *Plural*

	Mask.	Fem.	Neutra	Pers.-form	Sachform
1. Pers.:	mogłem	mogłam	–	mogliśmy	mogłyśmy
2. Pers.:	mogłeś	mogłaś	–	mogliście	mogłyście
3. Pers.:	mógł	mogła	mogło	mogli	mogły

8 Sagen Sie im Präteritum!

Czy musisz pojechać do Krakowa? Muszę. Janek musi pracować po południu. Andrzej i Jurek muszą pójść na dworzec. Anka nie musi tego zrobić. Nie musimy czekać.
Czy chcesz zrobić zdjęcie? Chcę. Kto chce przyjść? Anka i Dorota chcą przyjść. Czy Janek nie chce pójść z nami? Chce, ale nie może. Kiedy chcecie przyjść? Chcemy być u was wieczorem.
Czy umiesz to zrobić? Umiem, ale nie chcę. Czy pani umie przetłumaczyć ten tekst? Umiem, ale nie mogę, bo nie mam czasu. Czy pan mnie rozumie? Rozumiem. Muszę mówić wolniej. Chcę mówić po polsku, ale jeszcze dobrze nie umiem.

9 Lesen Sie im Dialog!

W autokarze

– Dzień dobry. Monika jestem.
– Bardzo mi przyjemnie. Roman.
– Jaką miałeś podróż?
– *Znakomitą*. Dużośmy rozmawiali, a czas ...
– Proszę? Nie zrozumiałam. Czy możesz mówić trochę wolniej?
– O, przepraszam. Podróż była bardzo przyjemna. W czasie podróży dużo rozmawialiśmy. Zrozumiałaś?
– Tak, teraz wszystko zrozumiałam.
– Dobrze. Dokąd jedziemy?
– Do hotelu.
– Co to za hotel?
– *Turystyczny*.
– A jaki jest program na dzisiaj?
– Najpierw odpoczniecie trochę w hotelu, a wieczorem pójdziemy do opery na balet Czajkowskiego.
– Czy ty też tam będziesz?
– *Oczywiście*.
– *Doskonale*.

Ⓜ Die Personalendungen des Präteritums sind beweglich; sie können mit vielen der dem Verb vorangehenden Wörter verbunden werden, z. B. dużo*śmy* rozmawiali oder: dużo rozmawiali*śmy*; Nie wiedziałam, że*ś* był w teatrze oder: Nie wiedziałam, że byłe*ś* w teatrze.

10 Prägen Sie sich ein!

autokar	– Reisebus	turystyczny	– Touristen- (in Zus.), touristisch
doskonale	– hervorragend, fein, ausgezeichnet, prima	znakomity	– ausgezeichnet
oczywiście	– selbstverständlich, gewiß doch, natürlich		

11 Gestalten (Inszenieren) Sie einen Dialog!

– Begrüßung, Vorstellung, Fragen stellen, Auskunft erteilen, Erklärungen geben.

12 Formulieren Sie den Dialog in einen Monolog um!

13 Lesen Sie und erschließen Sie den Inhalt des Dialogs mit Hilfe des Wörterbuches!

Legenda o Lechu, Czechu i Rusie

Dawno, dawno temu żyli sobie trzej bracia: Lech, Czech i Rus. Ojciec ich był władcą bogatej krainy, ale synowie nie chcieli zostać w domu. Postanowili pójść w świat. Wyruszyli razem w drogę. Wędrowali przez pola, lasy, mijali rzeki i jeziora, aż wreszcie któregoś dnia Rus postanowił:
– Tu was, bracia moi, pożegnam i pójdę dalej sam z moją drużyną.
I ruszył w stronę, gdzie wschodzi słońce.
Lech i Czech wędrowali jeszcze przez jakiś czas razem, aż doszli do miejsca, w którym Czech odłączył się od brata Lecha i poszedł tam, gdzie słońce zachodzi.
Lech ze swoją drużyną wędrował dalej. Pewnego dnia zobaczył polanę, na której rósł wielki stary dąb.
– Tu będziemy nocowali – postanowił.
Rankiem obudził ich wielki ptak. Nad polaną i nad dębem krążył ogromny, biały orzeł.
– To jest znak dla nas – powiedział Lech. – On musi gdzieś mieć swoje gniazdo.
Rzeczywiście na dębie znajdowało się jego gniazdo.
– Orzeł wskazał nam, gdzie mamy się osiedlić – powiedział Lech.
– Tu będzie nasza siedziba.
Tak też uczynili. Założyli gród nazwany Gnieznem, a biały orzeł stał się godłem państwa, którym rządził Lech i jego następcy.

Prüfen Sie sich selbst!

1 Strukturen

– Pozwólcie, że przedstawię wam mojego kolegę Andrzeja.	– Gestattet, daß ich euch meinen Kollegen Andrzej vorstelle.

– Andrzej jestem. – Ich bin (heiße) Andrzej.
– Bardzo mi miło. – (Es ist mir) sehr angenehm.
– Co słychać? – Was gibt es Neues?
– W porządku. A co u ciebie? – (Alles) In Ordnung. Und bei dir?
– Jaką miałeś podróż? – Wie war die Reise?
– Bardzo przyjemną. – Sehr angenehm.
– Janecki jestem. – Ich bin Janecki.
– Miło mi pana poznać. – Es ist mir angenehm, Sie kennenzulernen.

– Co się stało? – Was ist passiert?
– Bardzo mi przykro. – Es tut mir sehr leid.
– Trzymaj się! – Halte die Ohren steif!
– Pan wszystko świetnie rozumie. – Sie verstehen alles ausgezeichnet.
– Proszę mówić trochę wolniej! – Sprechen Sie, bitte, etwas langsamer.
– Czy mnie rozumiesz? – Verstehst du mich?
– Tak, wszystko zrozumiałam. – Ja, ich habe alles verstanden.
– Dokąd jedziemy? – Wohin fahren wir?
– Do hotelu. – Ins Hotel.
– Co to za hotel? – Was für ein Hotel ist das?
– Turystyczny. – Ein Touristen-Hotel.
– Jaki jest program na dzisiaj? – Was für ein Programm ist für heute vorgesehen?

– Najpierw odpoczniecie trochę w hotelu, a potem spotkamy się w operze. – Zunächst ruht ihr euch im Hotel ein wenig aus, und danach treffen wir uns in der Oper.

2 Sagen Sie polnisch, daß

– Sie in Poznań gewesen sind,
– Sie während (in der Zeit) der Reise einen Polen kennengelernt haben,
– Sie sich lange mit ihm unterhalten haben,
– Sie über sich und Ihre Familie gesprochen haben,
– Sie mit ihm nur polnisch gesprochen haben,
– Sie, wenn er langsamer sprach, sehr viel verstanden haben,
– das Gespräch (rozmowa) für Sie sehr interessant war,
– Sie in Poznań in einem Touristen-Hotel gewohnt haben,
– Sie sich mit Ihrer polnischen Freundin (Kollegin) getroffen haben,
– Sie gemeinsam ins Theater gegangen sind,
– Ihnen der Aufenthalt in Poznań gefallen hat.

Z którego wieku jest ...?

W centrum Warszawy

1 | Co *zwiedzimy* jutro? | Będziemy zwiedzać *Stare Miasto*.

2 Lesen Sie im Dialog!

– Co zwiedzimy jutro?
– Najpierw pojedziemy do Pałacu Kultury i Nauki, a potem będziemy zwiedzali Stare Miasto. Po południu pojedziemy do Wilanowa.
– A co będziemy robić wieczorem?
– Pójdziemy do Teatru Wielkiego na „Halkę" Stanisława Moniuszki.

3 Prägen Sie sich ein!

„Halka"	– die erste poln. Nationaloper von St. Moniuszko (1819–1872)	Wilanów	– Park und Schloß, das für den polnischen König Jan III. Sobieski (1624–1696) errichtet wurde
pałac *m.*	– Palast	zwiedzać, zwiedzić *vo.*	– besichtigen
Stare Miasto	– Altstadt		

4 Das Futur

a) **Einfaches Futur** (= perfektive Verben)

Zwiedzimy centrum Warszawy.	Wir werden das Zentrum Warschaus besichtigen.
Pójdziemy na koncert.	Wir werden ins Konzert gehen.

Falsch wäre es, diese Formen mit „będę, będziesz“ usw. zu gebrauchen.

b) **Zusammengesetztes Futur** (= imperfektive Verben)

1. Typ (Hilfsverb + 3. Pers. Prät. imperfektiver Verben)

Singular

	Mask.		Fem.		Neutr.
1. Pers.:	będę	zwiedzał	będę	zwiedzała	–
2. Pers.:	będziesz		będziesz		–
3. Pers.:	będzie		będzie		będzie zwiedzało

Plural

	Pers.-Form		Sachform	
1. Pers.:	będziemy	zwiedzali	będziemy	zwiedzały
2. Pers.:	będziecie		będziecie	
3. Pers.:	będą		będą	

2. Typ (nur imperfektive Verben)

	Singular		*Plural*	
1. Pers.:	będę	zwiedzać	będziemy	zwiedzać
2. Pers.:	będziesz		będziecie	
3. Pers.:	będzie		będą	

Der Infinitiv darf vor und nach *„będę, będziesz“* usw. stehen.

5 Lesen Sie im Dialog! Vergleichen Sie die Wiedergabe der Zeiten durch imperfektive und perfektive Aspekte!

– Co będziesz robił wieczorem?
– Będę musiał zadzwonić do domu. Danka czeka na telefon. A ty co?
– Jeszcze nie wiem.
– Jeżeli zaczekasz, możemy pójść do kina.
– Dobrze. Zaczekam.

6 Lesen Sie im Dialog!

Gdzie się spotkamy?	*Pod pomnikiem* Fryderyka Chopina.

– Gdzie się spotkamy?
– Pod pomnikiem Chopina.
– Co zwiedzimy?
– Stare Miasto.
– Czy będziemy na Zamku Królewskim?
– Oczywiście.
– Czy możemy się spotkać *przed bramą* Uniwersytetu Warszawskiego, a nie pod pomnikiem Chopina?
– Jeżeli wszyscy będą chcieli, to tak.

7 Prägen Sie sich ein!

brama	– Tor	pomnik	– Denkmal
pod (+ Instr.)	– (dicht) an, unter, unterhalb (von)	przed (+ Instr.)	– vor

8 Variieren Sie die Fragen und Antworten!

– Gdzie mieliśmy się spotkać? Przed hotelem czy pod pomnikiem Chopina?

klub – szkoła, szkoła – dom, dworzec – zegar (Uhr);

– Gdzie czeka Janek? Przed teatrem czy przed operą?

hotel – restauracja, kawiarnia – kino, klasa – szkoła;

– Kiedy zadzwonisz do mnie? Przed podróżą czy po podróży?

południe – trening; teatr – kino.

Na tarasie Pałacu Kultury

1

W *którym wieku powstała* Warszawa?

W czternastym (XIV) wieku.

2 Lesen Sie im Dialog!

Przed Pałacem Kultury

– Co *mieści się* w Pałacu Kultury i Nauki?

– Tu swoją *siedzibę* mają różne *firmy*, *działają* kina, bardzo dobry Teatr Dramatyczny i teatr *lalkowy*. Znajduje się tu też Pałac *Młodzieży*, Muzeum Techniki, *duża księgarnia* i Instytut Goethego.

– Czy pojedziemy *windą* na ostatnie *piętro*?

– Tak, ale najpierw *obejrzymy* Salę Kongresową. W niej *odbywa* się znany festiwal Jazz Jamboree.

Na tarasie Pałacu

– *Co to za budynek* przed nami?
– To Dworzec „Warszawa Centralna".
– A tamten z *lewej strony*?
– Muzeum Narodowe. Znajduje się tam duża *kolekcja malarstwa* polskiego *z okresu* od szesnastego (XVI) do dwudziestego (XX) wieku.
– A gdzie jest Stare Miasto?
– O tam, niedaleko Wisły. Stąd dobrze *widać* Zamek Królewski, *rynek*, *kościoły* i katedrę, która *pochodzi z końca* czternastego (XIV) i *początku* piętnastego wieku (XV).

3 Prägen Sie sich ein!

budynek	– Gebäude
co to za (+ Akk.)	– was für ein … ist das?
duży *Adj.*	– groß
działać	– wirken, funktionieren
firma, Pl.: -y	– Firma, -en
kolekcja	– Sammlung
koniec	– Ende
kościół, Pl.: kościoły	– Kirche, -n
w kościele	in der Kirche
księgarnia	– Buchhandlung
który	– welcher (Interrogativpron.)
lalkowy *Adj.*	– Puppen- (in Zus.)
lewy *Adj.*	– linke(r)
młodzież *f.*	– Jugend
malarstwo	– Malerei
mieścić się 3. Pers. Sg.: mieści się 3. Pers. Pl.: mieszczą się	– sich befinden, seinen Sitz haben
narodowy *Adj.*	– national, National- (in Zus.)
odbywać się, odbyć się *vo.*	– stattfinden
oglądać, obejrzeć *vo.*	– besichtigen, anschauen
okres	– Zeitraum
piętro	– Stock(werk), Etage
pochodzić z (+ Gen.)	– stammen, kommen aus
początek	– Anfang
powstawać, 3. Pers.: powstaje, -ą powstać *vo.* 3. Pers.: powstanie, -ną	– entstehen, sich herausbilden
rynek	– Markt(platz)
siedziba	– Sitz
strona	– Seite
taras	– Terrasse
widać (+ Akk.)	– man sieht, es ist zu sehen
wiek	– Jahrhundert; (Lebens-)Alter
winda	– Fahrstuhl, Aufzug
Wisła	– Weichsel

4 Beantworten Sie die Fragen!

Co goście zwiedzają w Warszawie?
Czy cały dzień będą zwiedzali miasto?
Dokąd pójdą wieczorem?

Z którego wieku pochodzi Warszawa?
Co mieści się w Pałacu Kultury?
Co można zobaczyć z tarasu Pałacu?
Z którego wieku pochodzi katedra?
Jakie znasz budynki w centrum Warszawy?

5 Geben Sie Ihren Gästen eine kurze Auskunft über Ihre Stadt bzw. einzelne Sehenswürdigkeiten!

nasze miasto	pochodzić z	*dziesiąty* (10.) wiek
stare miasto …	(+ Gen.)	*jedenasty* (11.)
centrum	powstać w	*dwunasty* (12.)
ten budynek	(+ Lok.)	*trzynasty* (13.)
ten kościół		*czternasty* (14.)
kościół …		*piętnasty* (15.)
uniwersytet …		*szesnasty* (16.)
nasza opera		*siedemnasty* (17.)
dom …		*osiemnasty* (18.)
ten teatr		*dziewiętnasty* (19.)
teatr imienia …		*dwudziesty* (20.)

6 Informieren Sie Ihre Gäste über einen Tagesablauf!

dzisiaj	przed południem	spotykać się/	przed …, pod …
jutro	po południu	spotkać się	w …
	wieczorem	zwiedzać/zwiedzić	centrum naszego miasta
		oglądać/obejrzeć	stare centrum …
		pojechać do …	zoo
		iść/pójść do …	teatr, kino, opera
		na …	dyskoteka, koncert

7 Geben Sie Auskunft über die Lage eines Objekts!

uniwersytet	znajdować się	niedaleko od	plac …, dworzec
teatr	być	naprzeciwko	park …, hotel
opera		blisko	ulica …, ratusz
kino		koło	centrum …, szkoła
ten budynek		przy	stare miasto
dom …		na	kościół
restauracja		w	pałac …
kawiarnia		za	nowe osiedle
klub		przed	dzielnica …

8 Gestalten Sie einen Dialog (Gast – Gastgeber), in dem Sie

- Tageszeit und Ort einer Begegnung vereinbaren,
- einen zeitlichen Ablauf für eine (kurze) Stadtbesichtigung besprechen,
- Auskunft über ausgewählte Objekte geben,
- Möglichkeiten der Freizeitgestaltung besprechen, und erklären, wo sich bestimmte Objekte befinden.

9 Lesen Sie (still) und geben Sie den wesentlichen Inhalt wieder!

Kto dużo widział, (ten) dużo wie.

Goście przebywają dzisiaj drugi dzień w Warszawie. Przed obiadem chcą obejrzeć miasto z tarasu Pałacu Kultury, a potem pójdą z przewodnikiem po Krakowskim Przedmieściu w stronę Starego Miasta. Goście mają dużo pytań. Przewodnik odpowiada.

– Dlaczego ulica ta nazywa się Krakowskie Przedmieście?
– Droga na południe od Starego Miasta już w średniowieczu nosiła nazwę Traktu Królewskiego i prowadziła do Krakowa.
– Co mieści się w budynku za pomnikiem Kopernika?
– Pałac Staszica od ostatniej wojny jest siedzibą Polskiej Akademii Nauk.
– A co to za kościół?
– To kościół Św. (świętego) Krzyża. Pochodzi on z drugiej połowy XVII wieku i jest przykładem barokowej architektury warszawskiej. Znajdują się w nim urny z sercem Fryderyka Chopina i Władysława Reymonta.
– Co jest za tą bramą?
– Tutaj mieści się Uniwersytet Warszawski, największa polska uczelnia.
– A gdzie znajduje się Zamek Królewski?
– Niedaleko stąd, po prawej stronie. Zaraz będziemy na Placu Zamkowym.
– Kiedy powstał Zamek?
– Na początku XVII wieku, gdy król Zygmunt III (trzeci) Waza postanowił przenieść stolicę z Krakowa do Warszawy.
– Bardzo ładny jest ten Zamek.
– Tak, po wojnie został odbudowany z wielkim pietyzmem. Proponuję teraz zwiedzić Zamek Królewski, a potem obejrzymy Stare Miasto i wystawę w Muzeum Historycznym.
– Bardzo chętnie!

Wiederholung

1 Deklination der Substantive und Adjektive im Singular.

Beantworten Sie die folgenden Fragen mit der angegebenen Lexik!

Kto to jest?
Kogo szukasz?
Komu podoba się opera?
Kogo pytasz?
Z kim się spotykasz?
O kim mówisz?

a) Robert, Dagmara
b) nasz sąsiad, pan Rogalski
c) moja siostra, nasza matka
d) nasze dziecko

Co to jest?
Czego tu nie ma?
Co tu powstaje?
Czym się interesujesz?
O czym rozmawiacie?

a) hotel, szkoła, boisko
b) nowy park, nowa ulica, nowe osiedle

2 Präsens und Präteritum schwieriger Verbformen

Fertigen Sie eine Übersicht mit schwierigeren bzw. unregelmäßigen Verbformen an! Setzen Sie jeweils die 3. Pers. Sg. bzw. Pl. ein!
Verben: iść, pójść, chcieć, mieć, umieć, rozumieć, móc, pomóc, wiedzieć, widzieć, stać, powstawać, powstać, wybrać się, obejrzeć

Infinitiv	Präsens	Präteritum
iść pójść usw.	Sg.: idzie; Pl.: idą	Sg.: szedł, szła, szło; Pl.: szli, szły

Prüfen Sie sich selbst!

1 Strukturen

– Co zwiedzimy jutro?	– Was werden wir morgen besichtigen?
– Będziemy zwiedzać miasto.	– Wir werden die Stadt besichtigen.
– Gdzie się spotkamy?	– Wo werden wir uns treffen?
– Pod pomnikiem.	– Am Denkmal.
– W którym wieku powstała Warszawa?	– In welchem Jahrhundert ist Warschau entstanden?
– W czternastym.	– Im 14. (Jahrhundert).

– Z którego wieku pochodzi ten budynek?
– Z osiemnastego.

– Aus welchem Jahrhundert stammt dieses Gebäude?
– Aus dem 18. (Jahrhundert).

2 Gebrauch der Aspekte

Bestimmen Sie, welchem Aspekt die Verben der folgenden Sätze angehören, und begründen Sie die Verwendung des betreffenden Aspektes!

1. Jutro pójdziemy na koncert.
2. Kiedy przyjechał Tadek, goście właśnie się nam przedstawiali.
3. Janka już znam. Już mi się przedstawił.
4. Kiedy będziesz w Warszawie, często będziemy się spotykać.
5. Spotkałam ją wczoraj przed operą, kiedy tam czekałam na Andrzeja.
6. Czy spotkamy się pod pomnikiem Chopina?
7. Kiedy przyjedziecie do Warszawy?
8. Dobrze, zaczekam na ciebie. Pójdziemy razem.
9. Czekałam bardzo długo, ale Ewa nie przyszła.
10. Zadzwonimy jutro wieczorem.
11. Dobrze, że zaczekałaś na nas.
12. Kiedy Monika jeszcze mieszkała w Warszawie, czasem dzwoniła wieczorem i zapraszała nas.

3 Verbformen

Setzen Sie die richtige polnische Verbform ein!

1. Pojechaliśmy do centrum, bo wszyscy chcieli (besichtigen) Muzeum Narodowe.
2. Często (trafen uns) na dyskotece.
3. Jutro (gehen wir) razem na koncert.
4. (Ihr seid gekommen) wczoraj?
5. Wczoraj (haben wir uns getroffen) z nimi przed operą.
6. Z tarasu Pałacu Kultury (sehen wir) całe miasto.
7. Często (kommen) do nas goście.
8. Goście (stellen sich vor) nam.
9. Tu (entsteht) nowa dzielnica mieszkaniowa.
10. Dzisiaj wieczorem (fahren wir) do teatru.
11. Nie wiem, kiedy (ist entstanden) ten budynek.
12. Dziś (treffen wir uns) w klubie.

Gdzie znajduje się ...?

Gdzie znajduje się dworzec?

1

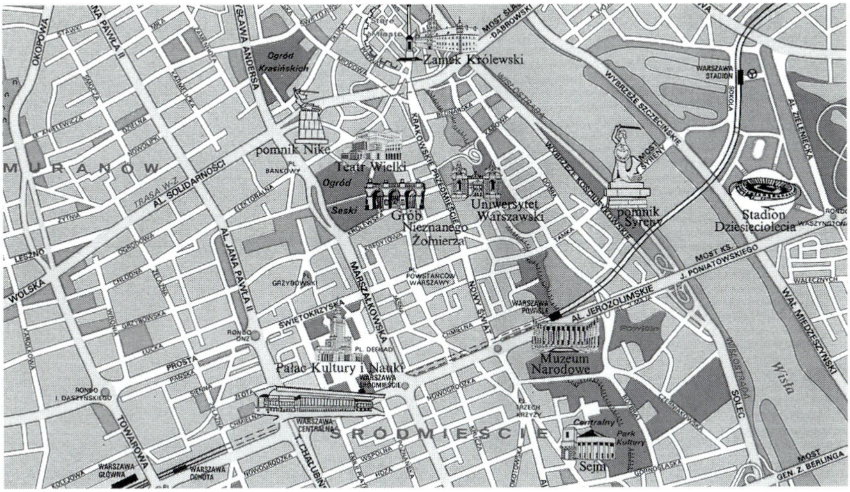

Przepraszam, gdzie znajduje się dworzec?	Trzeba najpierw iść *prosto*, a potem *skręcić w prawo*.

2 Lesen Sie und variieren Sie im Dialog!

– Przepraszam, gdzie znajduje się dworzec?	jest muzeum, *postój taksówek, przystanek*, kawiarnia
– Trzeba najpierw iść prosto *aż* do *następnej przecznicy*,	do *skrzyżowania*, do *rogu*
a potem skręcić w prawo.	*w lewo*
Tam dworzec już widać.	muzeum, postój taksówek, przystanek, kawiarnia

3 Prägen Sie sich ein!

aż	– bis	przystanek	– Haltestelle
następny	– nächste(r)	róg	– Ecke
postój taksówek	– Taxistand	skręcić	– ein-, abbiegen
prosto	– gerade(-aus); direkt	skrzyżowanie	– Kreuzung
		w lewo	– (nach) links
przecznica	– Querstraße	w prawo	– (nach) rechts

4 Inszenieren Sie einen Dialog, in dem Sie die Lage eines Objektes Ihrer Stadt und den Weg dorthin erfragen!

5 Lesen Sie im Dialog!

Na ulicy

– Przepraszam, czy może mi pan(i) powiedzieć, gdzie jest restauracja …?
– Już panu(i) mówię. Teraz znajdujemy się obok kina. Trzeba *przejść* na prawą stronę ulicy, a potem cały czas iść prosto w tym *kierunku* aż do następnego skrzyżowania. Na tym skrzyżowaniu, *po drugiej stronie ulicy* jest na rogu restauracja …
– Czy tu *wolno* przejść ulicę?
– Nie, nie wolno. Trzeba przejść pod ulicą. O, tam!
– Czy to blisko, czy daleko?
– Raczej blisko.
– A czy *można* tam pojechać *tramwajem*?
– Oczywiście że można, ale nie trzeba, bo to niedaleko. *Pieszo stąd* dziesięć (10) minut.
– Ma pan(i) rację. Pójdę pieszo. Dziękuję.
– Proszę bardzo.

6 Prägen Sie sich die folgende Lexik ein:

druga strona ulicy	– die andere Straßenseite	prawy *Adj.*	– rechte(r)
kierunek	– Richtung	przechodzić, przejść *vo.*	– überqueren, hindurchgehen
można (+ Inf.)	– man kann, man darf	stąd	– von hier (aus)
		tramwaj	– Straßenbahn
pieszo	– zu Fuß	wolno (+ Inf.)	– es ist erlaubt, gestattet; man darf
po (+ Lok.)	– auf (wo?)		
powiedzieć *vo.*	– sagen		

7

wejść	– hineingehen, hereinkommen
wyjść	– hinausgehen, herauskommen

przejść	– überqueren hinübergehen, hindurchgehen
zejść	– hinuntergehen herunterkommen

Fragen Sie polnisch! Geben Sie eine positive und eine negative Antwort!

– Darf man hier	die Straße überqueren?
	auf die andere Straßenseite gehen?
	hineingehen?
– Muß man	geradeaus gehen?
	bis zur Kreuzung gehen?
	in diese Richtung gehen?
	auf der linken oder auf der rechten Seite gehen?
	rechts oder links gehen?
– Kann man	dort links abbiegen?
	von hier aus zu Fuß gehen?
	dort mit dem Bus fahren?
	hier hinuntergehen?
	dort hinausgehen?
	dort auf die andere Straßenseite gehen?
	in dieser Richtung zum Theater gehen?

8 Sytuacja: Pan/Pani stoi na skrzyżowaniu i nie wie, jak iść dalej do teatru (do ...).

Pan/Pani pyta: – Przepraszam, czy pan/pani może mi powiedzieć,

- wo sich das Theater (...) befindet,
- ob man hier geradeaus gehen kann,
- ob man nach rechts oder links gehen muß,
- ob das Theater weit weg oder in der Nähe ist,
- wo der nächste Taxistand ist,
- ob der Taxistand in dieser Richtung ist,
- wo die Haltestelle (Bus, Straßenbahn) ist,
- wie die nächste Querstraße heißt,
- ob um die Ecke (hinter der Ecke) ein Café ist,
- ob man von hier zu Fuß ins Theater (...) gehen kann oder mit dem Bus fahren muß.

9 Lesen Sie (still) mit Hilfe des Wörterbuches und geben Sie den Inhalt deutsch wieder!

Trzeci dzień w Warszawie

Goście są już trzeci dzień w Warszawie. Wczoraj zwiedzaliśmy z nimi śródmieście. Pokazywaliśmy im najbardziej znane budowle dawnej i nowej Warszawy. Niektórzy z nich już zaczynają się orientować w mieście. Wieczorem siedzą nad jego planem i przypominają sobie, gdzie byli i co widzieli. Wysyłają widokówki do domu. Umówiliśmy się na jutro przed Muzeum Narodowym. Marek nie wiedział, jak tam trafić. Pokazałem mu drogę na planie miasta.

Czym można dojechać do teatru?

1

Czym można *dojechać* do teatru?	*Metrem.*

2 Lesen Sie im Dialog!

W mieście

Marek nie wie, jak *trafić* do kina „Femina".

M.: Gdzie jest to kino?

Ja: Zaraz ci *pokażę* na planie miasta. Tu widzisz budynek Politechniki a *stacja*, na której musisz *wysiąść*, też się nazywa Politechnika.

M.: Byliśmy tam wczoraj, prawda?

Ja: Tak, ale „Femina" znajduje się na alei Solidarności. Musisz więc *przesiąść się* na tramwaj, który jedzie w kierunku placu Bankowego i *wysiąść* przed skrzyżowaniem alei Solidarności z ulicą Generała Władysława Andersa. Po lewej stronie widać już kino.

M.: Aha. Teraz ja *powtórzę*, czy *wszystko* dobrze zrozumiałem. *Zgoda?*

Ja: Dobrze, słucham.

M.: Więc *wsiadam* do metra koło naszego hotelu, jadę metrem do Politechniki, tam przesiadam się na tramwaj i *dojeżdżam* do skrzyżowania alei Solidarności z ulicą Generała Władysława Andersa.

Ja: Doskonale. Bardzo dobrze już się *orientujesz*. Ale jak będziesz się przesiadać musisz wyjść z metra w kierunku *jazdy*.

M.: Widzę, że do kina można też dojechać tramwajem.

Ja: Można, ale *popatrz*, jak długo będziesz musiał jechać. To przecież bardzo daleko!

M.: *Zgadza się*. A jeżeli nie trafię, to zapytam.

Ja: Masz rację. Kto pyta, nie *błądzi*.

3 Prägen Sie sich ein!

aleja	– Allee
błądzić, zabłądzić *vo.*	– irren, sich verirren, verlaufen, verfahren, vom Weg abkommen
dojeżdżać (do) dojechać *vo.*	– (fahrend) hingelangen, hinkommen
jazda	– Fahrt
metro	– U-Bahn
orientować się zorientować się *vo.*	– sich orientieren, sich zurechtfinden
pokazywać, pokazać *vo.* pokażę, pokażesz … pokażą	– zeigen
Popatrz!	– Sieh! Schau hin!
powtarzać, powtórzyć *vo.*	– wiederholen
przesiadać się, przesiąść się *vo.*	– umsteigen
stacja	– Station
trafić	– (hin-)finden, den Weg finden
Władysław Anders (1892–1970)	– poln. General, stellte 1941/42 poln. Verbände in der UdSSR auf, die über Iran nach N-Afrika und Italien kamen
wsiadać, wsiąść *vo.*	– einsteigen
wysiadać, wysiąść *vo.* wysiądę, wysiądziesz … wysiądą	– aussteigen
zgadzać się, zgodzić się *vo.*	– stimmen, zutreffen, einverstanden sein, sich einverstanden erklären
Zgoda?	– hier: Einverstanden?; (Einverständnis, Eintracht, Übereinstimmung)

4 Beantworten und varrieren Sie die Fragen!

– Czym dojeżdżasz do szkoły? Autobusem?	pan(i) dojeżdża do pracy; metrem, tramwajem
– Na którym przystanku wsiadasz, a na którym wysiadasz?	której stacji – pan(i) wsiada wysiada
– W którym kierunku musisz iść potem?	pan(i) musi
– Czy twój gość trafi ze szkoły do waszego domu?	pana(i) z ... do pana(i)
(Proszę opisać drogę!)	

5 Lesen Sie im Dialog!

Czy ja tam trafię?

– Ten hotel znajduje się na ulicy Belwederskiej. To niedaleko. Z Dworca „Warszawa Centralna" można dojechać autobusem.
– Ale czy ja tam trafię?
– Trafi pan. Musi pan jechać autobusem do ulicy J. Gagarina i wysiąść tam na pierwszym przystanku.
– A potem?
– Przejdzie pan na drugą stronę ulicy i pójdzie w lewo. Po prawej stronie zobaczy pan wejście do Parku Łazienkowskiego, potem trzeba przejść przez ulicę Parkową. Sto metrów dalej po prawej stronie na rogu ulicy Belwederskiej i Gagarina już zobaczy pan hotel.
– Nie tak prosto tam trafić!
– To się tak wydaje. Może pan tam przecież jeszcze zapytać kogoś o hotel.
– Zobaczę. Nie lubię się pytać. Czy tam nie można dojechać taksówką.
– Oczywiście że można. Wszędzie można dojechać taksówką! Ale dojazd autobusem z dworca jest naprawdę dobry.
– Ma pan rację. Dziękuję serdecznie. Pojadę autobusem. Mam przecież dużo czasu.

6 Indefinitpronomen

Durch Anfügen des Suffixes *-ś* werden Interrogativpronomen (Fragefürwörter) zu Indefinitpronomen (unbestimmten Fürwörtern), z. B.:

co?	– was?	→	co*ś* – (irgend) etwas, o czym*ś* – über etwas;
kto?	– wer?		kto*ś* – jemand, z kim*ś* – mit jemandem;

gdzie? – wo?	gdzie*ś* – irgendwo, gdzie*ś* za stadionem – irgendwo hinterm Stadion;
kiedy? – wann?	kiedy*ś* – einst, irgendwann, (irgendwann) einmal kiedy*ś* na urlopie – irgendwann im Urlaub.

7 Lesen Sie im Dialog! Sagen Sie, wie die Indefinitpronomen zu übersetzen sind!

1. – Czy tu ktoś mówi po polsku?
   – Tak, ja mówię!
2. – Czy znasz tam kogoś?
   – Tak, w tym zakładzie pracuje mój ojciec.
3. – Czy masz adres Doroty?
   – Nie, nie mam. Wiem tylko, że mieszka gdzieś niedaleko poczty.
4. – Czy jeszcze na kogoś czekacie?
   – Tak. Tadka jeszcze nie ma.
5. – A co robi Ania?
   – Rozmawia z kimś.
6. – A Haliny i Darka nie ma?
   – Nie. Są jeszcze na politechnice. Zajmują się tam jakimś nowym komputerem.
7. – A gdzie możemy się spotkać?
   – Może w czyimś mieszkaniu.
8. – Czy czegoś szukasz?
   – Tak. Telefonu Magdaleny.
9. – Czy nie możemy się kiedyś spotkać?
   – Proszę bardzo! Wieczorem zawsze mam czas.
10. – Czy znasz jakiś język bardzo dobrze?
    – Tak. – Niemiecki!

8 Prägen Sie sich die Konjugation der Grundformen von *„(–)siadać"* und *„(–)siąść"* ein!

Präsens bzw. Futur

	Imp. Aspekt	Perf. Aspekt
1. Pers. Sg.:	(-)siadam	(-)siądę
2. Pers. Sg.:	(-)siadasz	(-)siądziesz
. . . .	. . . .	. . . .
3. Pers. Pl.:	(-)siadają	(-)siądą

Präteritum

3. Pers. Sg.: 3. Pers. Pl.:	(-)siadał, -a, -o (-)siadali, siadały	(-)siadł, -a, -o (-)siedli, siadły

9 Schreiben Sie die Sätze ab und gebrauchen Sie die eingeklammerten Verben in der richtigen Form!

Präsens bzw. Futur

1. Tu zawsze (ich, wysiadać), kiedy jadę do szkoły.
2. Dziś (wir, wysiąść) na przystanku przy parku Kasprzaka.
3. Na którym przystanku (du, wysiąść)?
4. Czy (ihr, przesiąść się) z nami, czy będziecie jechać dalej?
5. (ich, wysiąść) przed twoim domem, proszę tam na mnie zaczekać.
6. Jeżeli pani z nami (wysiąść), to pokażemy pani, jak można dojść do Politechniki.
7. (ich, przesiąść się) z wami.
8. Kiedy jadę do Tadka, przy ulicy Mickiewicza zawsze (ich, przesiadać się) na autobus.
9. Nie (ich, wsiąść) z wami; zaczekam na Anię i pojadę z nią.
10. Czy (wir, wysiąść) na twoim przystanku, czy dopiero na moim?

Präteritum

1. (ich, fem., wysiąść) już tam, bo chciałam jeszcze coś kupić.
2. (wir = Ania + Darek, wysiąść) przy kinie, bo tam czekała na nas Zosia.
3. Monika i Angelika już (wsiąść).
4. Ewa i Ralf nie (wsiąść) jeszcze.
5. Na którym przystanku (ihr = Basia + Krysia, wysiąść)?
6. Gośka i Tadek nie (przesiąść się) z nami.
7. Czy ktoś tu (wysiąść)?
8. (ich, mask., wysiąść) już przy skrzyżowaniu.
9. Dlaczego nie (du, mask., wsiąść) z nami?
10. (wir = Baśka + Gośka, wysiąść) razem z Ewą i Tadkiem.

10 Übersetzen Sie und beachten Sie die Verwendung des perfektiven und des imperfektiven Aspektes (*powiedzieć – mówić*) in den verschiedenen Tempora!

1. Jutro powiem Tadkowi, że tym razem spotkamy się u ciebie.
2. Ania mówi, że dziś nie przyjdzie.
3. Wczoraj z Zosią długo mówiłem o tobie.
4. Nie powiem ci, od kogo to mam.

5. Mówię ci! Ten film musisz zobaczyć!
6. Roman nie mówił, gdzie był.
7. Już mu powiedziałam, że nie pójdziemy dziś do kina.
8. Ewa nie chce nam powiedzieć, z kim przyjdzie na dyskotekę.
9. Proszę mi powiedzieć, gdzie jest postój taksówek.
10. Wczoraj powiedzieli Jankowi, że przyjdą.
11. Kiedy wychodziła z domu, zawsze mówiła, dokąd idzie.
12. Powiem ci, kiedy wysiądziemy.
13. Jest, jak mówię! – Nie było jej.
14. Nie wiem już, kto mi to powiedział, ale wiem, że tak jest.
15. Wszyscy mówią, że podróż była bardzo przyjemna.

11 Lesen Sie den Text (still) mit Wörterbuch und beantworten Sie deutsch die darunter befindlichen Fragen! Als Hilfe nutzen Sie das folgende Wörterverzeichnis!

Wars i Sawa

Dawno, bardzo dawno temu nad brzegiem Wisły mieszkał młody odważny rybak Wars. Któregoś dnia, gdy szedł nad rzekę, usłyszał piękny śpiew. Piosenkę śpiewała dziewczyna, a jej głos był tak czysty i kryształowy jak śpiew skowronka.
Wars popłynął łodzią w stronę śpiewającej dziewczyny. Kiedy był już na środku rzeki, rozpętała się groźna burza.
– Nie boję się niczego! – zawołał Wars.
Wśród wzburzonych fal zobaczył dziwną postać: półrybę – półdziewczynę. Była to syrena.
Zdziwił się Wars. Zbliżył się i wyciągnął do niej rękę. I nagle... syrena zmieniła się w piękną dziewczynę.
– Na imię mam Sawa – powiedziała i podała Warsowi tarczę i miecz. – Teraz ty broń mnie, rzeki i wioski.
A potem było jak w bajce. Wars i Sawa żyli długo i szczęśliwie. Na miejscu wioski powstało ludne i bogate miasto – Warszawa. A na pamiątkę tej dziwnej przygody herbem Warszawy została Syrenka.

Lexik

broń mnie (Imp. von „bronić“)	– verteidige mich, (be-)schütze mich	półryba, półdziewczyna	– halb Fisch, halb Mädchen
dawno temu	– vor langer Zeit	popłynąć *vo.* łodzią	– mit dem Boot fahren
jak śpiew skowronka	– wie der Gesang einer Lerche	rozpętać się	– losbrechen, toben, wüten
któregoś dnia	– eines Tages	syrena	– Seejungfrau
nie bać się niczego	– sich vor nichts fürchten	usłyszeć *vo.*	– hören, vernehmen
śpiewający	– singend	wśród wzburzonych fal	– in den aufgewühlten Wellen

Fragen:

1. Wer war Wars?
2. Was geschah eines Tages?
3. Wen hat Wars im Fluß gesehen?
4. Wie endet die Legende?
5. Was für ein Wappen hat Warschau?

Prüfen Sie sich selbst!

1 Strukturen

– Przepraszam, gdzie znajduje się dworzec?	– Entschuldigung, wo befindet sich der Bahnhof?
– Trzeba najpierw iść prosto, a potem skręcić w prawo.	– Man muß zuerst geradeaus gehen und dann nach rechts einbiegen.
– Czy można tam pojechać autobusem?	– Kann man mit dem Bus dorthin fahren?
– Oczywiście, można, ale nie trzeba.	– Selbstverständlich kann man, aber man muß nicht.
– Czy tu wolno przejść ulicę?	– Darf man hier die Straße überqueren?
– Nie, nie wolno.	– Nein, es ist nicht gestattet.
– Przepraszam, czy może mi pan(i) powiedzieć, gdzie jest teatr …?	– Entschuldigen Sie, können Sie mir sagen, wo das Theater … ist?
– Proszę iść w tym kierunku do skrzyżowania, a potem w prawo.	– Gehen Sie in dieser Richtung bis zur Kreuzung und dann rechts.
– Czym można dojechać do teatru?	– Womit kann man zum Theater fahren?
– Autobusem.	– Mit dem Bus.

– Co tam dojeżdża?	– Was fährt (bis) dorthin?
– Metro.	– Die U-Bahn.
– Gdzie trzeba wysiąść?	– Wo muß man aussteigen?
– Na drugiej stacji.	– An der zweiten Station.
– Czy musimy się przesiadać?	– Müssen wir umsteigen?
– Tak, na Racławickiej.	– Ja, auf der Station Racławicka.

2 Verben

Ergänzen Sie die jeweils fehlenden Aspekte!

Imperf. Aspekt	*Perf. Aspekt*
skręcać	. . . . . .
. . . . . .	powiedzieć
przechodzić	. . . . . .
trafiać	. . . . . .
. . . . . .	pokazać
wsiadać	. . . . . .
. . . . . .	wysiąść
przesiadać się	. . . . . .
dojeżdżać	. . . . . .
. . . . . .	powtórzyć
zgadzać się	. . . . . .
orientować się	. . . . . .
błądzić	. . . . . .

3 Sagen Sie polnisch!

1. an der Haltestelle warten,
2. sich an der Kreuzung … Straße und … Straße treffen,
3. bis zur Ecke gehen und dann rechts einbiegen,
4. an der nächsten Haltestelle aussteigen,
5. die Straße überqueren,
6. in dieser Richtung weitergehen bis zur nächsten Querstraße,
7. auf der Station … umsteigen,
8. mit dem Bus (der Straßenbahn, der U-Bahn) fahren,
9. den Weg zeigen,
10. auf die andere Straßenseite gehen,
11. einverstanden sein,
12. sich verlaufen,
13. nicht Bescheid wissen, sich nicht orientieren,
14. Man kann von hier zu Fuß gehen.
15. Hier ist es nicht gestattet, nach links einzubiegen.

4 Tragen Sie in die Tabelle die Grundformen folgender Verben ein:

	Präsens/Futur			Präteritum	
Infinitiv	1. Pers. Sg.	2. Pers. Sg.	3. Pers. Pl.	3. Pers. Sg.	3. Pers. Pl.
pracować					
rozumieć					
umieć					
woleć					
chodzić					
stać					
wiedzieć					
chcieć					
móc					
zostać					
zdawać					
iść					
udać się					
dostawać					
dostać					
cieszyć się					
zaprosić					
przyjść					
pomóc					
odpoczywać					
odpocząć					
wybrać się					
przyjechać					

Co sądzisz o ...?

Gdzie się uczą?

1 Lesen Sie!

Dorota ma szesnaście *lat* (16). Od pierwszej do ósmej klasy chodziła *do szkoły podstawowej*. Zawsze miała dobre *stopnie*. Teraz jest w *pierwszej klasie licealnej*. *Za* trzy lata zda *maturę*. Uczy się trzech *języków obcych*: niemieckiego, *angielskiego* i *francuskiego*. Chce studiować *pedagogikę*, a potem zostać nauczycielką.

2 Prägen Sie sich ein!

język angielski	– Englisch, engl. Sprache	rok N. Pl.: lata G. Pl.: lat	– Jahr Jahre
język francuski	– Französisch, franz. Sprache	stopień *m.*, Pl.: stopnie	– Zensur; Grad, Stufe, Rang
język obcy	– Fremdsprache		
matura	– Abitur	szkoła podstawowa	– achtjährige Grundschule
pedagogika	– Pädagogik		
pierwsza, druga ... klasa licealna	– entspricht der neunten, zehnten ... Klasse im Gymnasium	trzech (= Gen. von „trzy")	– drei
		za (+ Akk.)	– in (temporal)

3 Beantworten Sie die Fragen!

Ile lat ma Dorota?
Do której szkoły chodziła? Jak długo?
W której jest klasie?
Czego się uczy?
Co chce studiować?
Kim chce zostać?

4 Sprechen Sie anhand der Fragen (Üb. 3) über Ihre bisherige Entwicklung.

5 Lesen Sie!

Krzysztof chce studiować elektronikę.
Krzysztof ma siedemnaście (17) lat. Po szkole podstawowej zdał egzamin do liceum imienia Jana Kochanowskiego. Jest teraz uczniem trzeciej *klasy biologiczno-chemicznej*. Uczy się języka niemieckiego. Po maturze chce studiować elektronikę.

6 Lesen Sie im Dialog!

Krzysztof rozmawia z Dorotą.
K.: Dlaczego chcesz zostać nauczycielką?
D.: Lubię pracę z dziećmi i języki.

K.: Zawsze tak było?
D.: Nie. W *przedszkolu* bardzo chciałam być lekarzem. W drugiej czy trzeciej klasie *myślałam*, że zostanę aktorką.
K.: Dlaczego z tego *zrezygnowałaś*?
D.: Rodzice nie chcieli.
K.: Ze mną jest *podobnie*.
D.: Jak to rozumieć?
K.: Mam zostać inżynierem chemikiem, jak ojciec. Ale chemia mnie teraz już nie interesuje.
D.: Przecież chodzisz do klasy biologiczno-chemicznej.
K.: Chodzę, ale wolę studiować elektronikę.
D.: Może zostaniesz nauczycielem, tak jak ja?

7 Prägen Sie sich ein!

Jan Kochanowski (1530–1584)	– bedeutender Dichter der poln. Renaissance, schuf mit seiner Lyrik die Grundl. der poln. dichter.-künstl. Sprache	podobnie *Adv.*	– ähnlich (so wie)
		przedszkole	– Kindergarten, Vorschule
		rezygnować, zrezygnować *vo.* (z + Gen.)	– resignieren, verzichten (auf), aufgeben
klasa biologiczno-chemiczna	– Spezialklasse für Bio.-Chem.	rozmawiać, porozmawiać *vo.*	– sich unterhalten
myśleć	– denken, meinen, glauben		

8 Sprechen Sie über die Entwicklung von Krzysztof:

– wie alt er ist,
– welche Schule er jetzt besucht,
– welche Voraussetzung er erfüllen mußte,
– in welcher Klasse er ist,
– was er werden möchte.

9 Lesen Sie im Dialog!

Rozmowa

Uta rozmawia z Krzysztofem.
U.: Kiedyś mówiłeś, że musiałeś zdawać egzamin do *liceum ogólnokształcącego*. Czy są to *egzaminy* ze wszystkich *przedmiotów*?
K.: Nie. Tylko z polskiego i matematyki, a trzeci *wybiera kandydat*.
U.: *Całkiem dowolnie?*
K.: No nie. Ja na *przykład* zdawałem do klasy biologiczno-chemicznej i *dlatego* był to egzamin z biologii i z chemii.

U.: Czy są to egzaminy *ustne, czy pisemne*?

K.: Z polskiego i z matematyki – pisemne, a z *przedmiotu wybranego* – ustny.

U.: Jak długo *trwa* nauka w liceum?

K.: Cztery lata.

U.: A w *innych szkołach średnich*?

K.: Różnie. *Szkoła niepełna średnia* trwa dwa lub trzy lata, a technikum, to *znaczy* średnia *szkoła zawodowa* – pięć lat.

U.: Jakie są możliwości nauki po szkole średniej?

K.: Można się uczyć w *szkole policealnej* albo studiować.

U.: Czy są egzaminy wstępne?

K.: Tak, jeśli się chce studiować, to trzeba zdawać egzaminy pisemne i ustne. Nauka w *szkole wyższej* trwa pięć lat.

10 Prägen Sie sich ein!

całkiem	– völlig, ganz (und gar)
dlatego	– deshalb, deswegen, daher
dowolnie *Adv.*	– nach Belieben, beliebig
egzamin, Pl.: -y	– Prüfung, -en
z (+ Gen.)	in
polskiego	Polnisch
matematyki	Mathematik
biologii	Biologie
wybranego przedmiotu	(im) Wahlfach
inny	– (ein) anderer, andersartig
kandydat	– Bewerber, Kandidat
liceum ogólnokształcące	– allgemeinbildende Schule mit Abitur als Abschluß
możliwość *f.*, Pl.: -i	– Möglichkeit, -en
pisemny *Adj.*	– schriftlich
przedmiot	– hier: Fach
przykład	– Beispiel
rozmowa	– Gespräch, Unterhaltung
szkoła niepełna średnia	– Berufs- und/oder weiterführende allgemeinbildende Schule ohne Abitur
szkoła policealna	– Fachschule für Abiturienten
szkoła średnia	– Mittelschule
szkoła wyższa	– Hochschule
średnia szkoła zawodowa	– Berufsschule mit Abitur als Abschluß
trwać	– dauern
ustny *Adj.*	– mündlich
wybierać, wybrać *vo.* wybiorę, wybierzesz … wybiorą	– wählen, auswählen
znaczyć	– bedeuten, heißen

11 Gestalten Sie einen Dialog (Gast – Gastgeber), in dem Sie dem Gast einen Einblick in Ihren Schulbesuch geben!

Sagen Sie auf polnisch:

- wo/wann Sie die Grundschule beendet (ukończyć) haben,
- warum Sie Ihre jetzige Schule gewählt haben,
- ob Sie mit der Entscheidung, diese Schule zu besuchen, zufrieden sind (Zustimmung, Ablehnung, Stellungnahme zu bestimmten Fächern).

12 Beschreiben Sie auf Deutsch den Aufbau des Schulsystems in Polen.

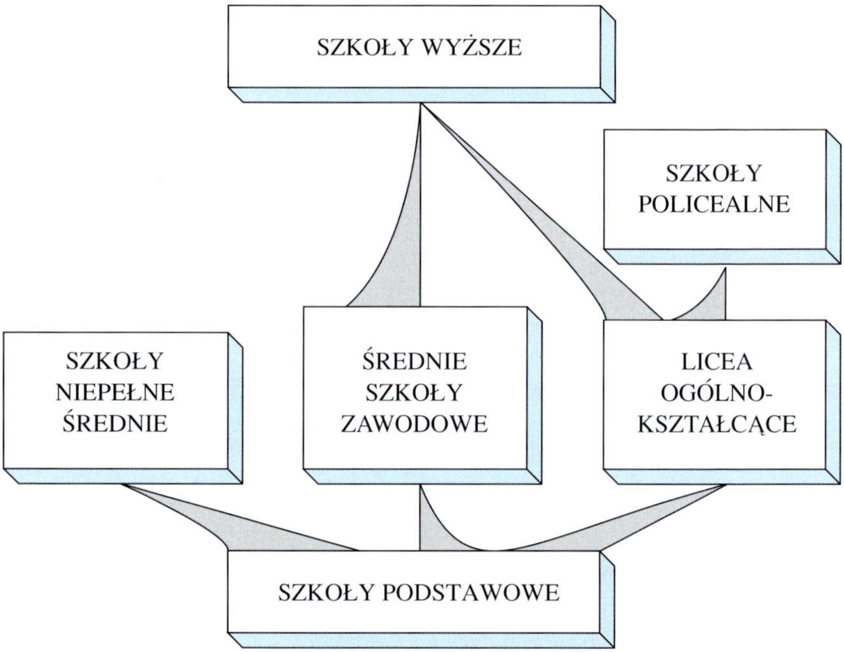

Co sądzisz o swojej szkole?

1 Co *sądzisz* o swojej szkole?	*Myślę*, że jest dobra.

2 Lesen Sie im Dialog!

– Co sądzisz o swojej szkole?
– *Trudne pytanie*. Myślę, że jest dobra. Mamy dobrych nauczycieli ...
– A lubisz swoją szkołę?
– Nie bardzo.
– Dlaczego? Taka świetna szkoła!
– Jest bardzo dużo uczniów. Nie znamy się wszyscy. Nauczyciele nas dobrze nie znają.
– Rozumiem. A budynek?
– Budynek jest ładny, *jasny*, blisko parku. Ale sądzę, że to nie jest *ważne*.
– Masz rację. Moja szkoła jest *mała*, znajduje się w starym budynku, ale ja ją lubię. Mamy *kółko* teatralne i turystyczne, klub sportowy.
– *Żałuję*, że nie mogę chodzić do twojej szkoły.

3 Lesen Sie im Dialog!

Co sądzisz o Wojtku?
– Co sądzisz o Wojtku?
– Myślę, że to bardzo mądry *chłopak*. Dużo czyta i jeszcze ma czas na teatr i kino.
– A jaki jest w szkole?
– O, nauczyciele go bardzo lubią, bo to inteligentny i pracowity uczeń.
– A jak myślisz? Kim chce zostać?
– On mówi, że zostanie nauczycielem.
– Podobnie jak Anka. Ale ona nie będzie dobrą nauczycielką.
– Tak sądzisz? To taka mądra dziewczyna.
– Nie lubi małych dzieci.
– No tak. Myślę, że masz rację. Dobry nauczyciel musi lubić swoich uczniów.
– Przecież ona chce zostać nauczycielką tylko dlatego, że Wojtek chce zostać nauczycielem.

4 Prägen Sie sich ein!

jasny *Adj.*	– hell, klar	sądzić, że ...	– finden, daß ...; meinen, daß ...; der Ansicht sein, daß
kółko	– Zirkel, AG		
mały	– klein		
pytanie	– Frage		
sądzić o (+ Lok.)	– halten von, meinen zu, denken über, urteilen über	trudny *Adj.*	– schwierig
		ważny *Adj.*	– wichtig, gültig
		żałować (+ Gen.)	– bedauern

5 Gestalten Sie ähnliche Dialoge, in denen Sie Ansichten über jemanden oder etwas (z. B. ein Objekt in Ihrer Stadt) äußern! Gebrauchen Sie dabei folgende Wendungen:

sądzę, że ...	Masz rację, bo ...	Myślę, że ..., ponieważ ...
Co sądzisz o ...?	Nie masz racji,	Jaka szkoda, że ...
Jak myślisz?	bo przecież ...,	Żałuję (bardzo), ale ...
myślę, że ...	dlatego że ...	Żałuję, że ..., ale ...

6 Lesen Sie (still), erschließen Sie die Texte mit Hilfe des folgenden Wörterverzeichnisses! Geben Sie den Inhalt (stichpunktartig) deutsch wieder!

Nie chcę pomagać leniuchom

R.: Czy ty też masz takie kłopoty jak ja?
M.: Kłopoty? Z kim lub z czym?
R.: Z niektórymi kolegami.
M.: A to dlaczego?
R.: Nie chcę pomagać leniuchom.
M.: Mów dalej, bo to mnie interesuje.
R.: Widzisz, uczę się dobrze, pomagam tym, którzy sami nie dają sobie rady z lekcjami. Ale nie znoszę takich sytuacji, gdy zdolny, ale leniwy uczeń chce przepisać ode mnie zadanie.
M.: Znam takie sytuacje.
R.: Rozumiesz, ja też wolę być w kinie, oglądać ciekawe filmy lub spotykać się z kolegami, zamiast siedzieć nad książką.
M.: Właśnie. Ja też kiedyś rozwiązywałam trudne równania cały wieczór, a mój kolega Ronald w tym czasie grał w piłkę. Następnego dnia mówi: „Daj zadania".
R.: No i co zrobiłaś?
M.: Nie dałam, a on się obraził. Omówiliśmy sprawę na przerwie. Teraz nasza klasa jest trochę inna. Zorganizowaliśmy pomoc dla słabszych, ale uczyć się musi każdy sam.
R.: No tak. Bez pracy nie ma kołaczy.

Lexik

dać radę z (+ Inst.)	– schaffen, zurechtkommen	niektóry	– manch (-er)
dalej	– weiter	obrazić się	– sich beleidigt fühlen, beleidigt sein
grać w piłkę	– Fußball spielen	omówić	– besprechen
inny	– anders	pomoc	– Hilfe
kołacz	– Kuchen; hier: Lohn	praca	– Arbeit
		przepisać	– abschreiben
leniuch	– Faulpelz	przerwa	– Pause
leniwy	– faul	rozwiązywać	– lösen

równanie	– Gleichung	zamiast	– (an-) statt
sam	– selbst	zdolny	– befähigt, begabt
słabszy	– schwächer	znosić	– ertragen

Żółty piasek

Chodź, usiądziemy tutaj – powiedziała.
Nie, pójdziemy na ławeczkę, tam jest piasek – odpowiedział. Siedzieli razem na ławeczce. On rysował coś patykiem w piasku.
– Co rysujesz?
– Ciebie.
– Niepodobna jestem.
– Nie szkodzi.
Trudno było rysować, bo piasek był suchy.
– O, popatrz, przeleciał chrabąszcz.
– To samiczka.
– Skąd wiesz?
– Samczyki nie latają tak nisko.
– Przyjdziemy jutro na to samo miejsce, dobrze?
– Dobrze.
Nie przyszedł następnego dnia. Nie przyszedł pojutrze. I za dwa dni. I za miesiąc. Nie przyszedł już nigdy. Często siedziała samotnie na małej ławeczce. Sama. Nie wiedziała, że przenieśli go do innego przedszkola.

Lexik

chodź (Imp. von „chodzić“)	– hier: komm	pojutrze	– übermorgen
chrabąszcz	– Maikäfer	przelecieć *vo.*	– (vorbei-)fliegen
ławeczka (von ławka)	– kleine Bank	przenieść (się) *vo.*	– wechseln (den Ort), hier: schicken, gehen
miesiąc	– Monat	rysować	– zeichnen
Nie szkodzi.	– (Das) macht nichts.	samczyk	– Männchen
nigdy	– nie, niemals	samiczka	– Weibchen
nisko *Adv.*	– niedrig, tief unten	samotnie *Adv.*	– einsam
patyk	– Stock	suchy *Adj.*	– trocken
piasek	– Sand	usiąść *vo.*	– sich (hin)setzen
		żółty	– gelb

Prüfen Sie sich selbst!

1 Strukturen

– Co sądzisz o swojej szkole?	– Was hältst du von deiner Schule?
– Myślę, że jest dobra.	– Ich denke, daß sie gut ist. (Ich denke, sie ist gut.)
– Anka nie będzie dobrą nauczycielką.	– Anka wird keine gute Lehrerin sein.
– Tak sądzisz?	– Meinst du?
– Anka nie lubi dzieci.	– Anka mag keine Kinder.
– Sądzę, że nie masz racji.	– Ich finde, du hast unrecht.

2 Deklination

Gebrauchen Sie die eingeklammerten Wörter im richtigen Kasus!

1. W (szkoła podstawowa) chciałam zostać (aktorka).
2. Ania po (matura) chce studiować (historia).
3. Nie lubiłem chodzić do (przedszkole).
4. Z (język polski) mam dobre stopnie, ale (fizyka) nie lubię.
5. Piotr nie wie jeszcze, (kto) ma zostać.
6. Po (egzamin) spotkamy się u (Angelika).
7. Byliśmy z (oni) w (klub, park, ratusz, kawiarnia, kino, teatr, muzeum).
8. Dyskoteka jest niedaleko (dworzec), obok (biblioteka).
9. Jutro pójdziemy z (Tadek) do (szkoła), w (który) pracuje ojciec.
10. Koledzy rozmawiali z (my) o (nowy film).

3 Sagen Sie polnisch!

1. Als ich in die Kindertagesstätte ging, wollte ich ... werden.
2. In der Schule, in die ich später gegangen bin, mochte ich Englisch sehr, und darum dachte ich, ich würde Dolmetscher (tłumacz).
3. Ich hatte immer gute Zensuren, deshalb wollte ich studieren.
4. Vielleicht werde ich Lehrer, aber ich weiß noch nicht, welches Unterrichtsfach ich wählen werde – Fremdsprachen oder Mathematik.
5. Ich finde, daß man seinen Beruf gern haben muß.
6. Deshalb denke ich, daß ich Lehrer werde, weil ich Kinder sehr gern habe und gern mit ihnen arbeite.
7. Manchmal bedaure ich, daß ich nicht jetzt schon in der Kindertagesstätte arbeiten kann.
8. Du hast recht, wenn du sagst, daß die Arbeit dort schwierig ist.
9. Bist du nicht auch der Ansicht, daß sie wichtig ist?
10. Es ist schade, daß wir darüber noch nicht gesprochen haben.

Dziękuję Ci bardzo za ...

Czy lubisz zwierzęta?

1

2 Lesen Sie!

Zabawne zdarzenie

Wczoraj wybraliśmy się do zoo. Nie *spodziewałem się*, że *niektóre nazwy zwierząt* w języku polskim i niemieckim są tak do siebie podobne. Takie *słowa*, jak na przykład:

tygrys, lew (1), pantera, żyrafa, kangur (2), hiena, zebra, papuga (3) czy krokodyl (4), można zrozumieć w różnych językach. A gdy chciałem Klausowi *wytłumaczyć*, co to jest nosorożec, było już trochę *trudniej*. Pokazałem więc najpierw na nos. To zrozumiał. Potem musiałem wytłumaczyć *znaczenie* słowa „róg". Było to bardzo zabawne! Zrozumieliśmy wtedy, że „róg" znaczy nie tylko „Ecke", ale też „Horn". Od tego czasu mówiliśmy, że spotkamy się „auf dem Horn der Straße".

3 Prägen Sie sich ein!

nazwa	– Bezeichnung (Name)	trudniej *Adv.*	– schwieriger
niektóre (Pl. Sf.)	– manche, einige, bestimmte	zabawny *Adj.*	– lustig, amüsant
nos	– Nase	zdarzenie	– Ereignis, Begebenheit
słowo	– Wort	znaczenie	– Bedeutung
spodziewać się (+ Gen.)	– erwarten	zwierzę Pl.: zwierzęta	– Tier
tłumaczyć, wytłumaczyć *vo.*	– erklären, erläutern		

4 Lesen Sie mit Hilfe des Wörterbuches kurze Gedichte von Jan Brzechwa (1900–1966).

Niedźwiedź
Proszę państwa, oto miś.
Miś jest bardzo grzeczny dziś,
Chętnie państwu łapę poda.
Nie chce podać? A to szkoda.

Dzik
Dzik jest dziki, dzik jest zły,
Dzik ma bardzo ostre kły.
Kto spotyka w lesie dzika,
Ten na drzewo szybko zmyka.

Słoń
Ten słoń nazywa się Bombi.
Ma trąbę, lecz na niej nie trąbi.
Dlaczego? Nie bądź ciekawy –
To jego prywatne sprawy.

Kangur
– Jakie pan ma stopy duże,
Panie kangurze!
– Wiadomo – dlatego kangury
W skarpetkach robią dziury.

5 Schreiben Sie aus der 2. und 4. Übung alle Substantive heraus (Nom. Sing.)! Fertigen Sie eine Übersicht an, in die Sie diese Substantive nach folgenden Kriterien einordnen:

a) Maskulina und Feminina, deren letzte Konsonanten sind:
- b-p, w-f, z-s, m, n, d-t;
- ł, r; ch (h);
- g, k;
- l, j;
- rz/ż-sz, dż-cz, dz-c;
- ź(zi)-ś(si), dź(dzi)-ć(ci), ń(ni);

b) Alle Neutra auf
- -o, -(i)e, -(i)ę, -um.

6 **Nominativ bzw. Akkusativ Plural der Substantive (Sachform)**
Maskulina und Feminina

• b-p, w-f, z-s, m, n, d-t • ł, r; ch(h)	Endung:	-y
• g, k	Endung:	-i
• rz/ż-sz, dż-cz, dz-c • ź(zi)-ś(si), dź(dzi)-ć(ci), ń(ni); l, j	Endung:	-e -(i)e
Neutra	Endung:	-a

Besonderheiten ↗ S. 220

7 **Adjektive**

Adjektive und andere adj. deklinierte Wörter haben im Nom. und Akk. Pl. Sf. immer die *Endung -(i)e* (= neutrale Form der Adjektive im Singular).

8 Lesen Sie und überprüfen Sie die Bildung des Nom. bzw. Akk. Plural!

– Jak się po polsku nazywają te zwierzęta?
– Które?
– No te, które widzisz?
– To są lwy, to tygrysy, a to – pantery.
– A te, które już oglądaliśmy?
– To były słonie (5), niedźwiedzie (6), jelenie, sarny (7) i małpy (8).
– Nie rozumiem.
– Nie rozumiesz, bo to nowe słowa, ale możesz wyszukać je w słowniku. Od czego są słowniki?

9 Lesen Sie!

List

Drogi Marcinie!
Chciałem Ci jeszcze raz najserdeczniej podziękować za *gościnę*. Jestem już od tygodnia w domu i bardzo często *wspominam* miły *pobyt* u Was. Cieszę się, że *tyle* mogłem zobaczyć w Warszawie. Kiedy się ogląda to miasto, trudno *uwierzyć*, że przecież jeszcze nie tak *dawno* były tam tylko *ruiny*. *Zresztą ślady* najnowszej historii

widać na *każdym kroku* – *tablice pamiątkowe* i pomniki. Duże *wrażenie zrobił* na mnie pomnik na *terenie dawnego* getta.
Moi rodzice bardzo się ucieszyli z książki o Warszawie. Pokazałem im, gdzie byłem i *opowiadałem*, co widziałem. Moja siostra też jest *zadowolona* z prezentu. Dobrze, że doradziłeś mi kupić *nuty*.
U mnie *właściwie* nic nowego. W następnym tygodniu piszemy cztery *klasówki*. Na *szczęście* już niedługo mamy *ferie*!
Najlepsze są te dni, kiedy chodzę po szkole na treningi. Są one teraz bardzo intensywne, bo w tym roku odbędą się *mistrzostwa*.
A co słychać u Ciebie? *Napisz*!
Dziękuję Ci jeszcze raz i zapraszam do Drezna.
Serdeczne *pozdrowienia* dla Ciebie i całej Rodziny

Thomas

P.S. Jak tylko będę miał zdjęcia z Warszawy, to Ci je *wyślę*.

10 Prägen Sie sich ein!

dawno	– vor langer Zeit, (schon) lange	ruina	– Ruine, Ruin
		szczęście	– Glück
dawny	– ehemalig, früher	ślad	– Spur
ferie (Pl.)	– Ferien	tablica pamiątkowa	– Gedenktafel
gościna	– Gastlichkeit, Gastfreundlichkeit	teren	– Terrain, Gelände
klasówka	– Klassenarbeit	tyle	– so viele, soviel
krok, na każdym kroku	– Schritt, wieder und wieder; überall, auf Schritt und Tritt	wierzyć, uwierzyć *vo.*	– glauben, Vertrauen fassen
		właściwie	– eigentlich
mistrzostwo	– Meisterschaft, Wettkampf	wspominać, wspomnieć *vo.* (+ Akk.)	– gedenken, sich erinnern
Napisz! (Imp. von „napisać“)	– Schreib (-e)!	wysyłać, wysłać *vo.* wyślę, wyślesz … wyślą	– senden, (ab-) schicken
nuta	– Note		
opowiadać, opowiedzieć *vo.*	– erzählen	zadowolony z (+ Gen.)	– zufrieden mit
pobyt	– Aufenthalt		
pozdrowienia (Pl.)	– Grüße	zresztą	– übrigens
robić wrażenie	– Eindruck machen, beeindrucken		

11 Beantworten Sie die Fragen zum Text!

Za co podziękował Thomas Marcinowi?
Z czego się ucieszyli rodzice i siostra?

O czym opowiadał w domu?
Co pisze o szkole?
Co robi po szkole?
Jak zakończył list?

12 Verfassen Sie auf polnisch einen Brief an Ihren Freund/Ihre Freundin. Nutzen Sie die folgenden Formulierungen.

Anrede:
Drogi Andrzeju!, Aniu!, Cześć, Jurku!, Hej Basiu!
Briefanfang:
- Dziękuję Ci za ostatni list, z którego się bardzo ucieszyłem. Pytasz, czy zdałem już wszystkie egzaminy. Nie, na razie tylko pisemne. Ustne będziemy mieli w maju.
- Cieszę się, że nareszcie do mnie napisałeś. Myślałam już, że się coś stało. Teraz wiem, że naprawdę nie miałeś czasu. Czy otrzymałeś moją kartkę z wycieczki?
- Przepraszam, że nie pisałam tak długo, ale byłam bardzo zajęta. W czasie ferii cały czas pracowałam.

Briefende:
- Czekam na Twój list!
- Dawno nie miałem od Ciebie listu. Jeżeli możesz, napisz!
- Napisz do mnie, Jolu, koniecznie!

- Przesyłam serdeczne pozdrowienia
- Pozdrawiam Cię serdecznie
- Wiele serdeczności
- Do zobaczenia
- Cześć!

P. S. • Serdeczne pozdrowienia dla Ewy
• Moi Rodzice pozdrawiają Cię serdecznie

Jola i Astrid rozmawiają.

1

Która fotografia jest *ładniejsza*?	*Obie* są *niezłe*, ale ta podoba mi się *bardziej*.

2 Lesen Sie im Dialog!

a) – Która fotografia jest ładniejsza?
– Obie są niezłe, ale ta podoba mi się bardziej.
– Dlaczego?
– Bo ładniej i sympatyczniej na niej wyglądasz.

– Tak sądzisz? Tu mam jeszcze jedną.
– O, ta jest najładniejsza.

b) – Nie wiedziałam, że jesteś *młodsza niż* Ania.
– Tak, Ania jest o dwa tygodnie starsza ode mnie.
– A *ile lat ma* Monika?
– Szesnaście (16). Ona jest najmłodsza z klasy.

c) – Która kawiarnia podobała ci się najbardziej?
– Ta, w której byliśmy wczoraj, była bardzo przyjemna.
– Czy nie było przyjemniej w naszej kawiarni?
– Masz rację. Jest ciekawsza.

3 Prägen Sie sich ein:

bardziej (Komp. zu „bardzo")	– mehr; stärker, intensiver	młody, młodszy, najmłodszy	– jung, jünger, jüngster, am jüngsten
Ile lat ma …?	– Wie alt ist …?	niż (+ Nom.)	– als
ładniejszy	– schöner, hübscher	niezły	– nicht schlecht, ganz gut
		obie (*f.*, Sf.)	– beide

4 Lesen Sie und unterscheiden Sie zwischen Adjektiven und Adverbien!

Tam stoi *ładny* budynek.	*Ładnie* wygląda.
Otrzymałem *serdeczny* list.	*Serdecznie* ci dziękuję.
Mamy *różne* zainteresowania.	Wolny czas spędzamy bardzo *różnie*.
To jest *inteligentny* uczeń.	Zawsze *inteligentnie* odpowiada.
Nasz sąsiad to *przyjemny* człowiek.	Można z nim bardzo *przyjemnie* rozmawiać.
Jestem w *dobrym* humorze.	Czy to *dobrze* zrozumiałaś?
Jurek to *dobry* uczeń.	Uczy się *dobrze*.
Marcin jest *lepszym* uczniem.	*Lepiej* się uczy.

5 Komparation der Adjektive und Adverbien

Adjektive

Positiv:
stary
ładny

| Ø |

Komparativ:
starszy
ładniejszy

| -sz-y |

Adverbien

Positiv:
wolno
ładnie

| -o
-(i)e |

Komparativ:
wolniej
ładniej

| -(i)ej |

Superlativ:		Superlativ:	
najstarszy najładniejszy	naj-... szy	najwolniej najładniej	naj-... (i)ej

Adjektive haben drei Genusformen im Signular und zwei im Plural (Sach- bzw. Personalform). Sie können dekliniert und gesteigert werden.

Von Qualitätsadjektiven können Adverbien gebildet werden. Sie können nur gesteigert werden.

Einige Adjektive und Adverbien werden unregelmäßig gesteigert.

Dazu zählen:

Adjektive	***Adverbien***
dobry – lepszy – najlepszy	dobrze – lepiej – najlepiej
zły – gorszy – najgorszy	źle – gorzej – najgorzej
duży, wielki – większy – największy	dużo – więcej – najwięcej
mały – mniejszy – najmniejszy	mało – mniej – najmniej

6 Lesen Sie und bestimmen Sie die gesteigerten Formen der Adjektive bzw. Adverbien!

a) – Peter już mówi dobrze po polsku.
– Myślę, że lepiej zna język polski Alexandra, bo częściej jest w Polsce i więcej rozmawia.
– Masz rację. Ale Alexandra uczy się przecież polskiego dłużej niż Peter.

b) – Kogo wolisz, Janka czy Marka?
– Oczywiście, że Janka.
– Dlaczego?
– Janek jest milszy od Marka.
– Być może. Ale Marek jest mądrzejszy od niego.
– Nie sądzę. Dla mnie Janek jest milszy i inteligentniejszy niż Marek.

7 Übersetzen Sie folgende Sprichwörter (mit Wörterbuch)!

Dobre słowo – lepsze niż pieniądze.
Kto pierwszy – ten lepszy.
Między mądrymi głupi najwięcej mówią.
Kto późno przychodzi, ten sam sobie szkodzi.
Każdy wie najlepiej, gdzie go buty cisną.
Prawdziwego przyjaciela poznajemy w biedzie.
Bardziej boli od języka niż od miecza.
Lepszy wróbel w ręku niż kanarek na dachu.

Prüfen Sie sich selbst!

1 Strukturen

– Jak długo zostaniesz?	– Wie lange wirst du bleiben?
– Dziesięć (10) dni.	– 10 Tage.
– Co oglądaliście?	– Was habt ihr euch angesehen?
– Nowe i stare ulice, zrekonstruowane domy.	– Neue und alte Straßen, rekonstruierte Häuser.
– Która fotografia jest ładniejsza?	– Welches Foto ist hübscher?
– Obie są niezłe, ale ta podoba mi się bardziej.	– Beide sind ganz gut (nicht schlecht), aber das gefällt mir besser.

2 Substantive und adj. deklinierte Wörter

Schreiben Sie die Sätze im Plural auf!

a) Nominativ
1. Ta dziewczyna jest bardzo mądra. 2. Młody lew był zabawny. 3. To muzeum jest naprawdę piękne. 4. To zwierzę bardzo mi się podoba. 5. Ten mały tygrys jest zabawny. 6. Moja rodzina często chodzi do zoo. 7. Nie wiem, jak się to zwierzę nazywa po polsku. 8. To było ciekawe pytanie.

b) Akkusativ
1. Czasem spędzam tu cały dzień. 2. Lubię ten film. 3. Ralf zaprasza koleżankę do zoo. 4. Każdy chce mieć dobry stopień z matematyki i zdać egzamin. 5. Czytam książke Stanisława Lema. 6. Opisałem każdy plac i pomnik. 7. Oglądałem nową dzielnicę. 8. Zobaczyłem ciekawy eksponat. 9. Znam to miasto. 10. Pokazałem rodzinie twoją fotografię. 11. Podziwiałem jego oryginalną pracę. 12. Ten budynek zaprojektował znany architekt. 13. Zwiedziłem najważniejsze muzeum. 14. Otrzymałem ciekawą informację od ciebie. 15. Poznałem miłą koleżankę. 16. Pokazałem mu nową dzielnicę.

3 Adjektive oder Adverb

1. Ten film był (dobry/dobrze). 2. Ulica, przy której mieszkam, nie jest (długo/ długa). 3. Czy już (długo/długi) czekasz? 4. Na tym zdjęciu twoja siostra (dobrze/dobra) wygląda. 5. Było tam wczoraj bardzo (piękny/pięknie). 6. Ralf już (dobrze/dobry) mówi po polsku. 7. Na egzaminie miałam (trudne/trudno) zadanie. 8. Ewa z historii ma (lepiej/lepszy) stopień. 9. (Lepszy/lepiej) będzie jechać autobusem. 10. Ten (wysoki/wysoko) budynek to nasza szkoła. 11. Mieszkamy teraz bardzo (wysoki/wysoko). 12. Było to (interesujące/interesująco). 13. U Ani było (wesoły/wesoło). 14. Czy mieszkasz (daleki/daleko) od szkoły? 15. Nie (trudny/ trudno) będzie przetłumaczyć ten list.

Która godzina?

1

Kraków. Kościół Mariacki

2 Lesen Sie!

Pierwszy dzień w Krakowie

Goście z *Niemiec* przyjechali w niedzielę po południu pociągiem do Krakowa. Na dworcu przywitali ich koledzy z krakowskiego Liceum Ogólnokształcącego imienia Adama Mickiewicza. Następnie wszyscy razem pojechali autobusem do hotelu „Almatur", *zjedli kolację*, a po kolacji *omówili* plan pobytu. Jutro po *śniadaniu* pojadą na *spotkanie* do szkoły. Po południu będą zwiedzali Drogę Królewską. Tu znajdują się najwspanialsze zabytki: kościoły, pałace, pomniki, *ruchliwe* ulice, *ciche zaułki*, a więc wszystko to, co *składa się na urok* tego *tysiącletniego* miasta. Spotkają się na placu Jana Matejki. Stąd widać Stare Miasto: *mury obronne*, Barbakan, *baszty*. Potem pójdą ulicą Floriańską w stronę Rynku Głównego – największego i najpiękniejszego placu Krakowa. Zwiedzą Kościół Mariacki z XIII/XIV wieku i Sukiennice. Uczniowie mają tylko tydzień na *zwiedzanie* Krakowa. To jest *za mało, żeby* dokładnie poznać miasto.

3 Prägen Sie sich ein!

Barbakan	– Barbakane, rd. Wehranlage	Niemcy (Pl.)	– Deutschland
baszta	– Bastei	omawiać, omówić *vo.*	– besprechen
cichy *Adj.*	– still, ruhig	ruchliwy *Adj.*	– beweglich, verkehrsreich, belebt
droga	– Weg; (Fern-)Straße	składać się na urok	– den Reiz … ausmachen
jeść, zjeść *vo.* Präs.: jem, jesz … jedzą Prät.: zjadł, zjadła Pf.: zjedli, Sf.: zjadły	– essen	spotkanie	– Treffen
		Sukiennice	– Tuchhaus
		śniadanie	– Frühstück
		tysiącletni *Adj.*	– tausendjährig
		za mało	– zu wenig
kolacja	– Abendbrot	zaułek	– Gasse, Gäßchen
Kościół Mariacki	– Marienkirche	zwiedzanie, zwiedzenie	– Besichtigung, Rundgang
mury obronne	– Wehr-, Verteidigungsmauern	żeby (+ Inf.)	– (um) zu

4 Beantworten Sie die Fragen!

Kiedy koledzy z Niemiec przyjechali do Krakowa?
Kto ich przywitał?
Co następnie zrobili?
Jak długo goście zostaną w Krakowie?
Czy to dużo, czy mało? (Dlaczego?)

5 Ergänzen Sie die Sätze!

Przyjechałem (-am) … do …
Tam serdecznie przywita- mnie …
Następnie pojechaliśmy do …

Zjadłem (-am) …
Po …
W … byłem (-am) tylko …
… bardzo mało, żeby …

6 Prägen Sie sich anhand der Fragen die Bezeichnungen der Wochentage und ihren Gebrauch ein!

a) Jak nazywa się

pierwszy	dzień	tygodnia?	– *poniedziałek.*
drugi	–	– ?	– *wtorek.*
trzeci	–	– ?	– *środa.*
czwarty	–	– ?	– czwartek.
piąty	–	– ?	– *piątek.*
szósty	–	?	– *sobota.*
siódmy	–	?	– *niedziela.*

b) Co robicie	w poniedziałek?	– Idziemy do szkoły
	we wtorek?	– Zwiedzimy Wawel
	w środę?	– Pojedziemy do Wieliczki
	w czwartek?	– Będziemy w Oświęcimiu
	w piątek?	– Zwiedzimy Muzeum Narodowe
	w sobotę?	– Pójdziemy na spacer po Kazimierzu
	w niedzielę?	– Mamy czas wolny

7

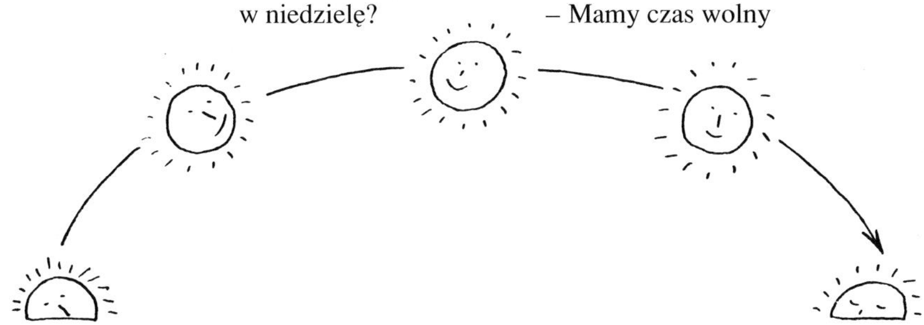

rano, przed południem, w południe, po południu, wieczorem

8 Bilden Sie Fragen (Futur, Präteritum) und lassen Sie diese beantworten!

Gdzie	być	wczoraj	rano?
	robić	jutro	przed południem?
Dokąd	pójść		w południe?
	pojechać		po południu?
Co	obejrzeć		wieczorem?
	zwiedzać		
	zrobić		

9 Lesen Sie!

Andreas w Krakowie

Miasto podoba mu się bardzo. Widział już najważniejsze zabytki w centrum Krakowa. Teraz omawia z Markiem plan na następne dni tygodnia.

– Wczoraj byliśmy w teatrze, a dokąd pójdziemy dzisiaj? Może do Muzeum Stanisława Wyspiańskiego?

– *We wtorki* jest ono *nieczynne*. Jeśli chcesz, możemy pójść na zakupy do Sukiennic. Po południu mamy przecież wolny czas. Może uda nam się usłyszeć *hejnał*, który *rozlega się co godzina* nad Rynkiem z *wieży* Kościoła Mariackiego.

– Chętnie. Nie zwiedziliśmy jeszcze Ogrodu Botanicznego.

– Dzisiaj nie *zdążymy*. Pójdziemy tam w niedzielę. A jak podobał ci się Wawel?

– Bardzo. Tyle tam *cennych dzieł* sztuki! To świetna *lekcja z historii* Polski. A kiedy jutro wrócimy z Wieliczki?

– Na *obiad* o godzinie czternastej.

10 Prägen Sie sich ein!

cenny *Adj.*	– wertvoll
czynny	– geöffnet, in Betrieb sein (funktionieren)
dzieło	– (Kunst-)Werk
godzina, co godzina	– Stunde, jede Stunde
hejnał	– Trompetenruf; Turmmusik
historia	– Geschichte
lekcja	– Lektion, Unterrichtsstunde
obiad	– Mittagessen
rozlegać się *3. Pers.:* rozlega się, rozlegają się	– ertönen, erklingen, sich verbreiten
rozlec się *vo.* *3. Pers.:* rozlegnie się, rozlegną się	
Wawel	– Schloß und Dom auf dem Berg Wawel
we wtorki	– an Dienstagen, dienstags
wieża	– Turm
Wieliczka	– Steinsalzbergwerk, dessen stillgelegter Teil besichtigt werden kann
Stanisław Wyspiański (1869–1907)	– bedeutender Dramatiker und Maler
zdążyć *vo.*	– (es) schaffen (zeitl.)

11 Lesen Sie im Dialog!

– Co robimy jutro przed południem?
– Zwiedzimy Ogród Botaniczny.
– Nie wiesz, czy Muzeum Narodowe jest czynne?
– Co jest jutro?
– Środa.
– Sądzę, że w środy wszystkie muzea są czynne.
– Czy zdążymy obejrzeć Ogród Botaniczny i Muzeum Narodowe?
– Jeszcze przed południem? – Nie wiem. Ale jeżeli chcesz, możemy pójść do muzeum po południu. Najpierw obejrzymy Ogród Botaniczny, wrócimy do hotelu, a następnie pojedziemy do muzeum. Zgoda?

12 Gestalten Sie ähnliche Dialoge, in denen Sie Ihrem Gast Vorhaben für eine Woche Aufenthalt in Ihrer Heimatstadt vorschlagen! Gebrauchen Sie die folgende Lexik!

w poniedziałek	rano	przed śniadaniem
we wtorek	przed południem	po śniadaniu
w środę	w południe	przed obiadem
w czwartek	po południu	po obiedzie
w piątek	wieczorem	przed kolacją
w sobotę		po kolacji

13 Gestalten Sie mit einem Partner einen Dialog zum Thema: Stadtführung.

Nutzen Sie die folgende Lexik:

Co to za budynek? — pomnik, plac, ulica, aleja, wieża, brama, pałac

Z którego wieku pochodzi | ten uniwersytet? — ratusz, kościół
| ta opera? — brama, wieża
| to muzeum? — miasto

Czyj to pałac? — dom, budynek
Czyja to brama? — opera, wieża
Czyje to dzieło? — muzeum

Co jest | w tym budynku? | w tym muzeum? | w tej wieży? | (na)
znajduje się – pałacu
można zobaczyć – domu
można obejrzeć – ulicy, alei

Kto projektował ten pomnik? — plac, pałac, teatr
tę bramę? — wieżę, operę, aleję

Gdzie | można zobaczyć dzieła …?
| można obejrzeć pomnik …?
| znajduje się …?
| jest …?

14 Geben Sie einem Gast einen Überblick über Ihre Stadt!

Nutzen Sie die folgende Lexik:

a) To jest …
… pochodzi z …
… znajduje (-ją) się …
Przy … można obejrzeć …
Na … można zobaczyć …
Niedaleko od … jest (są) …
Do … można dojechać …
Teraz jesteśmy | na … | w … | przy …

b) Pierwsze wzmianki (Erwähnungen) o …
pochodzą z … wieku.
Projektował go (ją, je) …
W nim (niej) jest (są) …

c) Tu | można obejrzeć cenny (-ą, -e) …
| znajduje się | oryginalny (-a, e-) …
| stary (-a, -e) …
| nowy (-a, -e) …

Tam można | zobaczyć różne …
| podziwiać (bewundern) ważny (-ą, -e) …
| zwiedzić piękny (-ą, -e) …
| spędzić ciekawy (-ą, -e) …

Która godzina?

1

Pierwsza (godzina)

Kwadrans po dwunastej (godzinie).

(W)pół do pierwszej (godziny).

Za kwadrans dwunasta (godzina).

Która (jest) godzina?	(Jest) (godzina) Szósta.

2 Prägen Sie sich ein!

Która godzina?	– Wie spät ist es?	za	– in (zeitl.)
kwadrans	– Viertelstunde, viertel …	(w)pół	– halb

3 Lesen und variieren Sie im Dialog!

a) *Volle Stunden:*

– Która godzina? – Jest pierwsza.	druga (2), trzecia (3), czwarta (4), piąta (5), szósta (6), siódma (7), ósma (8), dziewiąta (9), dziesiąta (10)
– O której się spotkamy? – O pierwszej (godzinie).	o drugiej, o trzeciej, o czwartej usw.
– O której będziemy w Pałacu Młodzieży? – O dziesiątej (godzinie).	o jedenastej (11), o dwunastej (12), o trzynastej (13), o czternastej (14), o piętnastej (15), o szesnastej (16)
– O której będziemy w hotelu? – O siedemnastej (17).	o osiemnastej (18), o dziewiętnastej (19), o dwudziestej (20)
– O której przyjeżdża pociąg? – O dwudziestej pierwszej (21).	o dwudziestej drugiej (22), o dwudziestej trzeciej (23), o dwudziestej czwartej (24)

– Od której do której będziemy w muzeum?	
– Od 9.00 do 12.00.	od 10.00 do 11.00
– Jak długo jesteś w szkole?	w pracy, na treningu
– Od 8.00 do 14.00.	7.00 – 13.00, 6.00 – 14.00, 8.00 – 17.00
– Kiedy możesz do nas przyjść?	
– W piątek, ale po 18.00.	w środę – po 7.00, w sobotę – po 16.00, we wtorek – po 20.00, w niedzielę – po 10.00
– Do której możesz czekać?	
Do 20.00.	do 12.00, do 15.00, do 16.00, do 9.00, do 10.00

b) *Halbe Stunden:*

– O której wybieramy się do teatru?	
– O (w)pół do siódmej (= 18.30).	o (w)pół do 8.00 (= 19.30) o (w)pół do 6.00 (= 17.30)
– Kiedy będziesz u nas?	
– Między (w)pół do czwartej (= 15.30), a czwartą.	(w)pół do 3.00 (= 14.30), a 3.00 (= 15.00); (w)pół do 7.00 (= 18.30), a 7.00

c) *Viertelstunden:*

– Kiedy pociąg odjeżdża?	
– Za kwadrans.	
– Która (godzina) jest teraz?	
– Za kwadrans szósta (= 5.45).	18.00 (= 17.45), 12.00 (= 11.45), 22.00 (= 21.45)
– O której odjeżdżamy?	
– Kwadrans po siódmej (= 7.15).	8.00 (= 8.15), 13.00 (= 13.15)

4 Bilden Sie ähnliche Kurzdialoge nach folgendem Beispiel!

Beispiel: spotkać się – wieczór, o 19.00
– Kiedy się spotkamy?
– Wieczorem o dziewiętnastej.

przyjść do nas	– w piątek, o 16.30.
pójść do kina	– w sobotę, po południu, 14.45.
zobaczyć Marka	– jutro rano, o 7.00.
przyjechać	– we wtorek, o 12.15.

5 Lesen Sie – wenn nötig – mit Wörterbuch und sagen Sie deutsch, was die Gäste an den einzelnen Wochentagen machen werden!

Plan pobytu w Krakowie

Gospodarze zaproponowali swoim gościom taki plan pobytu w Krakowie:

Niedziela	
17.15	– Powitanie gości na dworcu. – Zakwaterowanie w „Almaturze". – Kolacja.
Poniedziałek	
8.00– 9.00	– Śniadanie.
9.30–13.30	– Spotkanie w Liceum Ogólnokształcącym imienia Adama Mickiewicza.
14.00	– Obiad. Po obiedzie: Zwiedzanie centrum miasta. Spacer ulicą Floriańską do Rynku Głównego.
19.00	– Teatr: „Wesele" Stanisława Wyspiańskiego.
Wtorek	
9.00–13.00	– Zwiedzanie Wawelu: Sale i Komnaty Królewskie, Skarbiec Koronny, Zbrojownia Zamkowa, Katedra, Groby Królewskie.
14.00	– Obiad. Czas wolny.
19.00	– Teatr: „Zemsta" Aleksandra Fredry.
Środa	
9.00–13.00	– Wycieczka do Kopalni Soli w Wieliczce.
14.00	– Obiad.
15.00	– Zwiedzanie Domu Jana Matejki. Kościół Mariacki.
18.30	– Kolacja. Czas wolny.
Czwartek	
9.00	– Całodzienna wycieczka do Oświęcimia.
19.00	– Kino lub teatr, do uzgodnienia.
Piątek	
10.00–13.30	– Zwiedzanie Muzeum Narodowego: Zbiory Czartoryskich, Galeria Malarstwa w Sukiennicach.
14.00	– Obiad.
15.00	– Wycieczka autokarem: Kraków wczoraj i dziś.
Sobota	
9.00–12.00	– Spacer po Kazimierzu.
13.00	– Obiad. Czas wolny.
19.00	– Filharmonia: II Koncert skrzypcowy Karola Szymanowskiego.

Niedziela

	– Wolny dzień.
21.00	– Pożegnanie gości.

6 Lesen Sie! Erschließen Sie die Bedeutung des Textes mit Hilfe der nachfolgenden Lexik!

Jan Matejko (1838–1893)

Jan Matejko. Autoportret artysty

Jana Matejkę, wielkiego malarza, znają w Polsce wszyscy.
Urodził się w Krakowie, w domu przy ulicy Floriańskiej, jako dziewiąte dziecko Franciszka i Janiny Matejków. Tu się uczył i studiował w krakowskiej Szkole Sztuk Pięknych. Po jej ukończeniu pojechał na stypendium do Monachium i Wiednia. Dużo podróżował. Był członkiem Królewskiej Akademii w Berlinie.
Jan Matejko malował przede wszystkim obrazy historyczne. Największy wpływ na zainteresowania młodego malarza miał jego najstarszy brat Franciszek. W Domu Matejki przy ulicy Floriańskiej zachowały się grube albumy, a w nich rysunki Jana, często kopie z różnych książek, które przedstawiają sławne postacie, dawne stroje i broń.
Obrazy Jana Matejki przypominały świetną przeszłość narodu polskiego i były dla wielu pokoleń podręcznikiem historii.
Najbardziej znane z nich to: „Bitwa pod Grunwaldem“, „Konstytucja 3. Maja“, „Sobieski pod Wiedniem“.

Lexik

broń	– Waffe(n), Gewehr	malować, namalować *vo.*	– malen
członek	– Mitglied	Monachium	– München
gruby *Adj.*	– dick	naród	– Nation, Volk
historyczny *Adj.*	– historisch, geschichtlich, Geschichts- (in Zus.)	obraz	– Bild(nis), Gemälde
		podróżować	– reisen
malarz	– Maler	pokolenie	– Generation

przedstawiać, przedstawić *vo.*	– darstellen	Szkoła Sztuk Pięknych	– Kunsthochschule
przeszłość *f.*	– Vergangenheit	ukończenie	– Beendigung, Abschluß, Absolvierung
przypominać, przypomnieć *vo.*	– erinnern, in Erinnerung bringen	podręcznik	– Lehrbuch
rysunek	– Zeichnung, Abbildung	urodzić się *vo.*	– geboren werden, zur Welt kommen
sławne postacie	– berühmte, bekannte Persönlichkeiten	Wiedeń	– Wien
		wielu (Pf.)	– viele
strój	– Tracht, Gewand	wpływ	– Einfluß, Wirkung
		zachować się *vo.*	– erhalten bleiben

Bitwa pod Grunwaldem – Die Schlacht bei Grunwald (Tannenberg) fand am 15. 7. 1410 statt. In ihr erlitt der Dt. Orden eine vernichtende Niederlage.

Konstytucja 3. Maja – Die Verfassung vom 3. Mai. Sie wurde am 3. 5. 1791 in Polen angenommen und ist somit das zweitälteste Grundgesetz der Welt.

Sobieski pod Wiedniem – Sobieski vor Wien. Jan III. (Trzeci) Sobieski, polnischer König, befreite durch den Sieg am 12. 9. 1683 Wien von der türk. Belagerung

Prüfen Sie sich selbst!

1 Strukturen

– Kiedy przyjedziesz?	– Wann wirst du (gefahren) kommen?
– We wtorek rano.	– Am Dienstagmorgen.
– Która godzina?	– Wie spät ist es?
– (Jest) Szósta.	– (Es ist) Sechs (Uhr).
– O której się spotkamy?	– Wann werden wir uns treffen?
– O dziesiątej (godzinie).	– Um 10 (Uhr).
– Jak długo będziesz w szkole?	– Wie lange wirst du in der Schule sein?
– Od ósmej do czternastej.	– Von acht bis vierzehn Uhr.
– Kiedy możesz do nas przyjść?	– Wann kannst du zu uns kommen?
– W piątek, ale po szóstej wieczorem.	– Am Freitag, aber nach sechs Uhr abends.
– O której wybieramy się do teatru?	– Wann gehen wir (los) ins Theater?
– O (w)pół do siódmej. (= 18.30)	– Um halb sieben.
– Kiedy będziesz u nas?	– Wann wirst du bei uns sein?
– Między (w)pół do czwartej a czwartą.	– Zwischen halb vier und vier.
– Jak długo tam jedziemy?	– Wie lange fahren wir dorthin?
– Pół godziny.	– Eine halbe Stunde.

– Która jest teraz? – Wie spät ist es jetzt?
– Za kwadrans szósta. – Viertel vor sechs.
– O której odjeżdżamy? – Wann fahren wir ab?
– Kwadrans po siódmej. – Viertel nach sieben.

2 Dni tygodnia **Wochentage**

poniedziałek, w poniedziałek	– Montag, am Montag
wtorek, we wtorek	– Dienstag, am Dienstag
środa, w środę	– Mittwoch, am Mittwoch
czwartek, w czwartek	– Donnerstag, am Donnerstag
piątek, w piątek	– Freitag, am Freitag
sobota, w sobotę	– Sonnabend, am Sonnabend
niedziela, w niedzielę	– Sonntag, am Sonntag

3 Pory dnia **Tageszeiten**

(po-)ranek; rano	– der Morgen; morgens, am Morgen
przedpołudnie	– der Vormittag
przed południem	– vormittags, am Vormittag
południe, w południe	– der Mittag, mittags
popołudnie, po południu	– der Nachmittag, nachmittags, am Nachmittag
wieczór, wieczorem	– der Abend, abends, am Abend

4 Setzen Sie die richtigen Formen des Verbs *„(z)jeść"* ein!

1. Ewa i Ralf już (haben gegessen) śniadanie.
2. Dziś (werden wir essen) razem w hotelu.
3. Muszę jeszcze coś (essen).
4. Kiedy dziś (werdet ihr essen) obiad?
5. Ania zadzwoniła, kiedy (wir aßen) śniadanie.
6. Basia i Zosia zawsze (aßen) bardzo długo.
7. Proszę (aufessen) wszystko!
8. Poszliśmy do restauracji, żeby coś (essen).
9. Nie chcę teraz (essen).
10. Lubię (essen) śniadanie z całą rodziną.

5 Sagen Sie polnisch.

am Mittwoch um 16.00 Uhr – am Sonntag um 12.00 Uhr – am Sonnabend um 10.00 und 14.00 Uhr – am Dienstag und Donnerstag um 20.00 Uhr – am Montag um 22.00 Uhr – am Donnerstag um 17.00 Uhr – am Montag, Mittwoch und Freitag um 19.00 Uhr.

Ile? Jak długo? Jak często?

... 3, ... 2, ... 1, ... Start!

1 Lesen Sie und variieren Sie im Dialog!

a)

Gdzie mieszkasz?	Przy ulicy Kopernika (numer) *jeden.*

– Gdzie mieszkasz?
– Przy ulicy Kopernika, (numer) jeden (1). — *dwa* (2), *trzy* (3), *cztery* (4), *pięć* (5)
– Na którym piętrze?
– Na *pierwszym.* — drugim, trzecim, czwartym, ...
– A numer mieszkania?
– *Zero* jeden (01), zero trzy (03). — *sześć* (6), *siedem* (7), *osiem* (8), *dziewięć* (9), *dziesięć* (10)

b)

Czym można do was dojechać?	Tramwajem, (numer) *jedenaście* (11).

– Czym się tam *dostanę?*
– Tramwajem numer jedenaście (11). — *dwanaście* (12), *trzynaście* (13), *czternaście* (14), *piętnaście* (15), *szesnaście* (16), *siedemnaście* (17), *osiemnaście* (18), *dziewiętnaście* (19),
– Czym można do was dojechać? — dwadzieścia jeden (21),
– Autobusem numer *dwadzieścia.* — dwadzieścia dwa (22) ...

c)

Jaki masz numer telefonu?	*Czterdzieści* cztery (44), zero trzy (03), dwadzieścia dziewięć (29).

– Czy masz telefon?
– Tak.
– Czy można *zapisać* numer?
– Proszę bardzo: 5 – 49 – 21 – 38. — czterdzieści pięć (45), dwadzieścia osiem (28), *trzydzieści* dwa (32)

– Przepraszam, czy to numer *pięćdziesiąt jeden (51)*, *sześćdziesiąt dwa (62)*, *siedemdziesiąt trzy (73)?*
– Nie, to pomyłka.

osiemdziesiąt (80), *dziewięćdziesiąt* (90)

– Czy można do pana/pani zadzwonić?
– Oczywiście, proszę zapisać mój numer telefonu: 6 – 94 – 08 – 89.

5 – 89 – 41 – 39,
6 – 03 – 25 – 12

– Czy masz mój adres?
– Niestety, nie. Gdzie mieszkasz?
– Na Mokotowie, ulica Puławska 67.

Woli – Górczewska 96
Ochocie – Grójecka 116

– Czym się tam dostanę?
– Autobusem *sto czterdzieści* cztery (144).

125; 155; 184; 151; 164

2 *Ile (kilometrów)* jest z Warszawy do Gdańska?

Trzysta trzydzieści dziewięć kilometrów (339 km).

	Białystok	Bydgoszcz	Częstochowa	Gdańsk	Katowice	Kraków	Lublin	Łódź	Poznań	Szczecin	Warszawa
Bydgoszcz	449										
Częstochowa	410	316									
Gdańsk	379	167	470								
Katowice	485	391	75	545							
Kraków	477	430	114	565	75						
Lublin	260	421	288	500	323	269					
Łódź	322	205	121	340	196	220	242				
Poznań	491	129	289	296	335	403	465	212			
Szczecin	656	267	520	348	561	634	683	446	234		
Warszawa	188	255	222	339	297	295	161	134	310	524	
Wrocław	532	265	176	432	199	268	428	204	178	371	344

– Jutro pojedziemy *samochodem* do Gdańska.	Wrocławia
– Ile to jest kilometrów?	
– Trzysta trzydzieści dziewięć (339).	trzysta czterdzieści cztery kilometry (344)
– Jak długo *będziemy w drodze*?	
– Sześć albo siedem godzin.	pięć – sześć
– Ile jest z Warszawy do Krakowa?	Łodzi
– *Dwieście dziewięćdziesiąt pięć* (295) kilometrów.	134 kilometry
– A do Poznania?	Szczecina
– 310 kilometrów.	*pięćset* dwadzieścia cztery kilometry (524)

3 Prägen Sie sich ein!

być w drodze	– unterwegs sein, auf dem Weg sein	ile (Sf.)	– wieviel(e)
		kilometr	– Kilometer
		samochód	– Kfz, Auto
dostawać się, dostać się *vo.* dostanę się, dostaniesz się, … dostaną się	– hier: gelangen, (hin-)kommen	zapisywać, zapisać *vo.*	– notieren, aufschreiben
		zero	– Null

4 Beantworten und varrieren Sie die Fragen!

Gdzie mieszkasz? (miasto, ulica, numer domu)	pan(i) mieszka
Na którym piętrze znajduje się twoje mieszkanie?	pana(i)
Jaki masz numer mieszkania?	pan(i) ma
Jaki jest twój numer telefonu?	pana(i)
Czym dojeżdżasz do szkoły? (numer)	pan(i) dojeżdża – pracy

5 Führen Sie einen Dialog, in dem Sie

– sich nach der genauen Adresse Ihres Gesprächspartners erkundigen,
– fragen, wie man zu ihm hinkommt,
– sich seine Telefonnummer geben lassen,
– sich nach Entfernungen erkundigen,
– nach der Dauer einer Fahrt fragen.

6

Co zamawiamy?	3 bułki, 5 rogalików, 2 porcje szynki i *masła*, 2 *kawy*.

7 Lesen Sie im Dialog!

– Czy zjadłeś już śniadanie?
– Jeszcze nie. Czekałem na ciebie.
– Co zamawiamy?
– Dla mnie jedną bułkę, jeden rogalik i jedno *jajko*.
– Dlaczego tak mało?
– Ale to i tak bardzo dużo, bo w domu nie jem śniadania.

* * *

– Co dla *państwa*?
– Poproszę 3 bułki, 5 rogalików, 3 jajka, dwie porcje szynki i masła, *dżem* i dwie kawy.

8 Prägen Sie sich ein!

bułka	– Brötchen	porcja	– Portion
dżem	– Marmelade	rogalik	– Hörnchen
jajko	– Ei	szynka	– Schinken
kawa	– Kaffee	zamawiać, zamówić *vo.*	– bestellen
masło	– Butter		
państwo (Sg.)	– Sie; Herrschaften, Damen und Herren; ↗ S. 228		

9 **Die Zahlwörter *jeden, jedna, jedno*** werden wie Adjektive behandelt und wie die Demonstrativpronomen *ten, ta, to* dekliniert.

10 Übersetzen Sie!

Nom.:	W naszej grupie jest tylko *jeden* chłopak.
	Tutaj jest tylko *jedno* miejsce wolne.
	Jedna dziewczyna już przyszła.
Gen.:	Jeszcze nie mam dla ojca ani *jednego* ładnego prezentu.
	Tutaj nie ma ani *jednego* wolnego miejsca.
	Nie ma jeszcze *jednej* dziewczynki.
Dat.:	Mogę pomóc tylko *jednemu.*
	Tylko *jednej* koleżance ten film się nie podobał.
	Nauczyciel pomaga nie tylko *jednemu* dziecku.
Akk.:	Mam tylko | *jednego* syna.
	| *jedno* dziecko.
	| *jedną* córkę.
Instr.:	Rozmawiałem o tym tylko z *jednym* kolegą.
	Interesowałem się tylko | *jedną* sprawą.
	| *jednym* muzeum.
Lok.:	Na *jednym* filmie już byłem.
	Ewa jest | tylko | na *jednym* zdjęciu.
	Wiem | | o *jednej* ciekawej imprezie.

11 Inszenieren Sie einen Dialog zum Thema „Śniadanie"!

Sie gehen in ein Restaurant.
Fragen Sie, | ob noch Plätze frei sind,
| ob die Plätze besetzt sind.
Treffen Sie eine Vorauswahl und geben Sie eine Bestellung auf.

Jak często? Jak długo? Kiedy? Ile?

1 Lesen und variieren Sie im Dialog!

Jak często przyjeżdża pan do Polski?

– Czy pan(i) zna Poznań?
– Można powiedzieć, że tak, ponieważ przyjeżdżam tu co trzy miesiące.
– Kiedy pan(i) był(a) ostatnio u nas?

miesiąc, dwa (cztery) miesiące, rok, pół roku, dwa razy w roku

– Miesiąc temu.
– A kiedy pan(i) przyjedzie następnym razem?
– Dokładnie jeszcze nie wiem.
Może za miesiąc.

– Jak długo pan(i) będzie tym razem?
– Tylko trzy dni.

dwa (trzy) miesiące, pół roku

za dwa (trzy) miesiące, za rok, za dwa lata

tydzień, dwa tygodnie

2

Ile lat ma córka pani?	Dwa lata. / Pięć lat!

3 Lesen Sie im Dialog!

O dzieciach

a) – Co robią pana(i) dzieci?
– Najstarsza córka studiuje, a najmłodsza chodzi jeszcze do szkoły.
– A synowie?
– Mamy tylko jednego syna.
– Ile lat mają dzieci pana(i)?
– Ania ma dwadzieścia (20) lat, Ina – siedemnaście (17), a Jurek – dwadzieścia dwa (22) lata.

b) – Czy pan(i) też ma dzieci?
– Tak, mam dwie córki.
– Ile mają lat?
– Jedna ma cztery (4) lata, a
– druga siedem lat.

pięć (5) lat … dwadzieścia jeden (21) lat, pół roku, dwa i pół roku

4

Czy pan już długo czeka?	Nie. Może 5 minut.

5 Lesen Sie und variieren Sie im Dialog!

– Dzień dobry! Czy pan długo czeka?
– Nie, nie. Może trzy minuty.

dwie (cztery) minuty;
dziesięć (10), piętnaście (15) minut

– Przepraszam, że się spóźniłem.
Czekałem na taksówkę ponad dwadzieścia (20) minut.
– Nie szkodzi, mamy dużo czasu.

pół godziny, kwadrans

6 Die Minutenangabe erfolgt mit der Grundzahl.

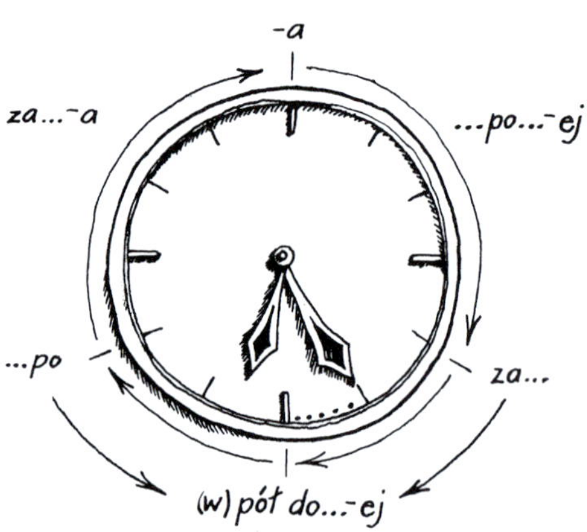

Üben Sie anhand der Zeichnung die Uhrzeitangabe!
Sagen Sie:
Es ist 10 Uhr.
Es ist 5 (Minuten) nach 10 (Uhr). usw.

Która (godzina) jest teraz?	5 (minut) po dziesiątej.

7 Lesen und variieren Sie im Dialog!

a) – O której mamy się dziś spotkać?			
– O 10.30.	8.30	9.00	9.15
– Która jest teraz?			
– 5 (minut) po dziesiątej.	8.10	9.02	8.43
– Ile minut trzeba tam iść?			
– 10.	5	15	20
– A więc musimy wyjść o 10.20.	8.25	8.45	8.55
– Tak. Mamy jeszcze 15 minut.	15	17	12

b) – O której odjeżdża nasz autobus?		
– O 6.00.	7.00	13.30
– Która jest teraz?		
– 5.20.	6.08	12.12
– Jak długo jedziemy tramwajem?		
– 10 minut.	15	20
– Czy długo będziemy musieli czekać na przystanku?		
– Nie. Tramwaje teraz często jeżdżą.		
– O której musimy wyjść?		
– Za dwadzieścia (20) szósta.	za kwadrans siódma	
– Nie wolno nam się spóźnić!		

8 Der Genitiv Plural (Sachform)

Maskulina	*Nom. Sg./Pl.*	*Gen. Pl.*	
1. Nom. Sg.: harter Kons.	klub, -y komputer, -y przykład, -y	klubów komputerów przykładów	-ów
2. Nom. Sg.: weicher Kons.	dzień, dnie (dni) niedźwiedź, -dzie tramwaj, -e hotel, -e	dni niedźwiedzi tramwajów hoteli	-i od. -ów
3. Nom. Sg.: hist. weicher Kons.	ołtarz, -e ratusz, -e miesiąc, -e plac, -e	ołtarzy ratuszy miesięcy placów	-y od. -ów

Feminina

1. Nom. Sg.: harter Stamm-kons. + -a	minuta, -y godzina, -y szkoła, -y koleżanka, -i ulica, -e	minut godzin szkół koleżanek ulic	∅
2. Nom. Sg.: weicher Stamm-kons. + -a	kawiarnia, -ie fotografia, -ie restauracja, -je	kawiarni fotografii restauracji	-i (∅) -ii -ji
3. Nom. Sg.: weicher Konsonant oder hist. weicher Kons.	wieś, wsie znajomość, -i noc, -e podróż, -e	wsi znajomości nocy podróży	-i bzw. -y

Neutra

1. Nom. Sg.: harter Stamm-kons. + -o bzw. -e	miasto, -a kino, -a miejsce, -a	miast kin miejsc	∅
2. Nom. Sg.: weicher Stamm-kons. + -e	mieszkanie, -ia pytanie, -ia zdjęcie, -ia	mieszkań pytań zdjęć	
3. Nom. Sg.: -(i)ę	imię, imiona zwierzę, -ta	imion zwierząt	
4. Nom. Sg.: -um	muzeum, -a trofeum, -a	muzeów trofeów	-ów

9 Zum Gebrauch der Kardinalia

Nach den Kardinalia (im Subjekt) steht der gezählte Gegenstand

a) im Nominativ Pl. nach den Zahlen: 2 – 4, 22 – 24, 32 – 34 usw.

b) im Genitiv Pl. nach den Zahlen: 5 – 21, 25 – 31, 35 – 41 usw. und unbestimmten Mengenangaben wie: dużo, mało, więcej, kilka u. a.

Beispiele:

Stunden, Minuten, Sekunden

Nom. Pl.	*Gen. Pl.*
dwie (2) godziny	pięć (5) godzin
trzy (3) minuty	dziesięć (10) minut
cztery (4) sekundy	dwadzieścia (20) sekund

Jahre, Monate, Wochen, Tage

Nom. Pl.	*Gen. Pl.*
dwa (2) lata	dwadzieścia jeden (21) lat
trzy (3) miesiące	pięć (5) miesięcy
cztery (4) tygodnie	sześć (6) tygodni
(dni) (!)	trzysta sześćdziesiąt pięć (365) dni

Zahlungsmittel

Nom. Pl.	*Gen. Pl.*
dwadzieścia dwa (22) złote	sto dwadzieścia pięć (125) złotych
trzydzieści trzy (33) marki	dwieście (200) marek
czterdzieści cztery (44) dolary	trzysta (300) dolarów

Maßeinheiten

Nom. Pl.	*Gen. Pl.*
dwa (2) kilometry	osiem (8) kilometrów
trzy (3) kilo(gramy)	sześćdziesiąt pięć (65) kilo(gramów)
cztery (4) centymetry	piętnaście (15) centymetrów

10 Ile *kosztuje* ta *papeteria*? — Piętnaście (15) złotych.

11 Lesen Sie im Dialog!

Kiosk „Ruchu“

a) – Czy jest *przewodnik* po Poznaniu?
– Jest. Proszę. Czy to wszystko?
– Ile kosztuje ta papeteria?
– Piętnaście złotych.
– Ile jest w niej *kopert*?

b) – Co *kupiłaś*?
– Przewodnik, papeterię i *widokówki*.
– Ile zapłaciłaś za papeterię?
– Piętnaście złotych.
– *Pokaż*!

– Dziesięć.
– A *kartek*?
– Piętnaście.
– Ile *płacę*?
– Pięćdziesiąt dwa złote.

– Ładna, co?
– A widokówki? Chcesz je wysłać?
– Tak, ale *zapomniałam* kupić *znaczki*.
– Następny „Ruch" jest za rogiem.

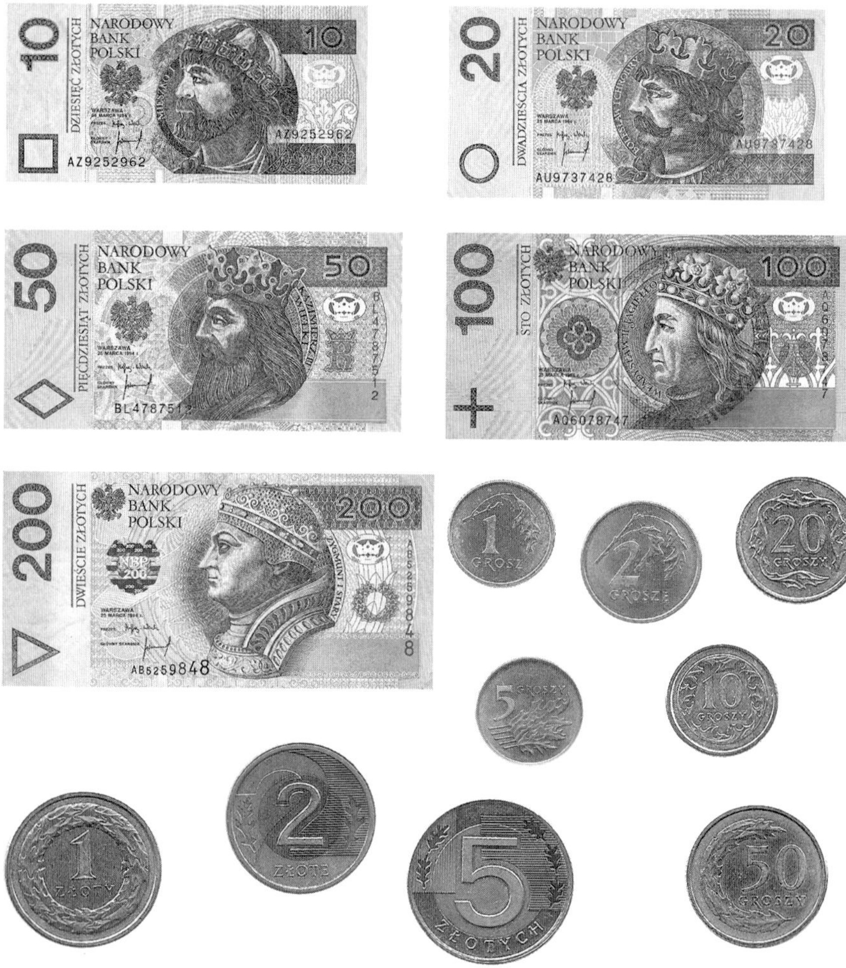

12 Prägen Sie sich ein!

kartka	– Kärtchen, Zettel	kupować, kupić *vo.*	– kaufen
kiosk	– Kiosk	papeteria	– Briefpapier (-mappe, -karton)
koperta	– Briefumschlag		
kosztować	– kosten		

płacić, zapłacić *vo.*	– zahlen, bezahlen
Pokaż!	– Zeig mal!
przewodnik	– Stadtführer
„Ruch“	– Bez. für Handelsorg.
ruch	– Bewegung; Verkehr
widokówka	– Ansichtskarte
zapominać, zapomnieć *vo.* zapomnę, zapomnisz … zapomną	– vergessen
znaczek (pocztowy)	– Briefmarke

13 Inszenieren Sie ähnliche Dialoge, in denen Sie

- sich nach dem Preis mehrerer Gegenstände erkundigen (siehe anschließende Wortliste),
- den Inhalt/die Qualität genauer erfragen,
- nach dem Gesamtpreis fragen,
- den gekauften Gegenstand (qualitativ) beurteilen,
- (nach Möglichkeit) den Verwendungszweck nennen.

Lexik

długopis	– Kugelschreiber
flamaster	– Filzstift
gazeta	– Zeitung
krem (ogórkowy)	– Creme (mit Gurkenzusatz)
magazyn	– Magazin
mydło	– Seife
okulary od słońca	– Sonnenbrille
szampon do włosów	– Haarshampoo(n)
wkład do długopisu	– Kugelschreibermine

14 Lesen Sie (still) – mit dem Wörterbuch!

Kolega chemik

Pewnego razu Tuwim[1] zatelefonował do dyrektora wielkiego zakładu chemicznego.

Sekretarka: A kto mówi?
Tuwim: Tuwim.
S.: Kuzyn? … Ale jak nazwisko?
T.: Tuwim.
S.: Tuzin? Nie rozumiem.

[1] Julian Tuwim (1894–1953), jeden z najwybitniejszych poetów polskich XX wieku.

T.: Mówię wyraźnie: Tuwim.
S.: Jak? Rubin?
T.: Łaskawa pani: nie, i z góry pragnę zaznaczyć, że nie łubin, nie kulig, nie rufin, nie kucyk, nie bucik, nie muślin.
S.: (z niecierpliwością) Może pan będzie łaskaw przeliterować? ...
T.: Czy wolno użyć innych słów, niekoniecznie imion?
S.: Wolno.
T.: W takim razie niech pani łaskawie słucha: tetramethylenediamine.
S.: Tak jest. Dalej ...
T.: Umbelliferon ...
S.: Tak jest. Pan mówi o $C_9H_6O_3$?
T.: Oczywiście.
S.: Dalej ...
T.: Witamina B_1 ...
S.: $C_{12}H_{17}CI\ N_4OS$.
T.: Tak jest, łaskawa pani.
S.: Dalej (głos staje się coraz bardziej melodyjny i uprzejmy).
T.: Izohydroanisoin.
S.: Zwana inaczej dimethoxyhydrobenzoine?
T.: Tak jest, urocza pani.
S.: Dalej ...
T.: Methyldihidromorphinone, skarbie.
S.: Czyli metopan, czy tak?
T.: Tak, luba. Tak, najdroższa. I koniec.
S.: No to teraz wiem. Tuwim. Kolega chemik, prawda?
T.: Tak jest, nie myli się pani.

Prüfen Sie sich selbst!

1 Strukturen

– Gdzie mieszkasz?	– Wo wohnst du?
– Przy ulicy ... numer ...	– In der ...–Straße, Nummer ...
– Czym można do was dojechać?	– Womit kann man zu euch fahren?
– Tramwajem numer 19.	– Mit der Straßenbahn Nummer 19.
– Czym się tam dostanę?	– Wie komme ich dorthin?
– Autobusem numer 154.	– Mit dem Bus Nummer 154.
– Jaki masz numer telefonu?	– Was hast du für eine Telefonnummer? (Wie ist deine ...)
– 44 – 03 – 29.	
– Ile (kilometrów) jest z Warszawy do Gdańska?	– Wieviel Kilometer sind es von Warschau nach Gdańsk?

– 339 kilometrów.	– 339 Kilometer.
– Co zamawiamy?	– Was bestellen wir?
– 3 bułki, 5 rogalików, 2 porcje szynki i masła, 2 kawy.	– 3 Brötchen, 5 Hörnchen, 2 Portionen Schinken, 2 Stück Butter, 2 Kaffee.
– Jak często przyjeżdża pan do Polski?	– Wie oft kommen Sie nach Polen?
– Co trzy miesiące.	– Alle drei Monate.
– Ile lat ma pani córka?	– Wie alt ist Ihre Tochter?
– Dwa (3, 4) lata (5 ... 21 lat).	– 2 (3, 4) Jahre (5 ... 21 Jahre).
– Jak długo pan tu pracuje?	– Wie lange arbeiten Sie hier?
– Pięć (5) miesięcy.	– Fünf Monate.
– Czy pan już długo czeka?	– Warten Sie schon lange?
– Nie. Może 5 minut.	– Nein. Vielleicht 5 Minuten.
– Która (godzina) jest teraz?	– Wie spät ist es jetzt?
– 5 (minut) po dziesiątej.	– 5 (Minuten) nach zehn.
– Ile kosztuje ta papeteria?	– Wieviel kostet dieses Briefpapier?
– 15 złotych.	– 15 Zloty.

2 Plural

Verwandeln Sie Singular in Plural!

1. Czy nie macie miejsca?
2. Czy jest już gazeta?
3. Nie kupiliśmy jeszcze biletu!
4. W Poznaniu jest piękna kawiarnia.
5. Masz piękne imię.
6. To zwierzę mi się podoba.
7. Oglądaliśmy ciekawy film.
8. Nie znamy adresu.
9. Tadek ma sympatyczną siostrę.
10. Tam jest niedźwiedź!
11. Czy ktoś ma jeszcze pytanie?
12. Proszę nam pokazać fotografię!

3 Diktieren Sie einem Partner die folgenden Telefonnummern und vergleichen Sie anschließend mit der vorliegenden Aufstellung!

4 – 68 – 10 – 15	3 – 74 – 91 – 62	8 – 12 – 34 – 27	6 – 17 – 45 – 96
7 – 38 – 67 – 74	2 – 45 – 78 – 63	1 – 56 – 89 – 32	5 – 67 – 99 – 21
6 – 89 – 27 – 01	9 – 91 – 36 – 72	4 – 12 – 45 – 03	7 – 02 – 54 – 04

Kiedy są twoje urodziny?

1 Lesen Sie (still) – möglichst ohne Benutzung des Wörterbuches – und geben Sie den Inhalt deutsch wieder!

Dlaczego mają takie nazwy?

Rok ma 12 miesięcy. Jak się nazywają miesiące w języku polskim? Nazwy dziesięciu z nich to stare polskie słowa.

Pierwszy miesiąc roku nazywa się styczeń. Dlaczego? W tym miesiącu ludzie przygotowywali „tyki“ potrzebne na wiosnę. Dlatego ten miesiąc nazywał się „tyczeń“, a teraz *„styczeń“*. A więc nazwa stycznia pochodzi od słowa „tyka“ (Stange, Stab; zum Einzäunen eines Gebietes, z. B. bei der Jagd).

Drugi miesiąc, to *luty*. Słowo „luty“ znaczyło w języku staropolskim „zły“ (böse). A więc zły miesiąc, bo bardzo zimny.

Marzec – to nazwa trzeciego miesiąca roku. Pochodzi ona od łacińskiej nazwy „Martius“, czyli miesiąca boga wojny, Marsa. Dawniej był to pierwszy miesiąc roku.

Czwartym miesiącem roku jest *kwiecień*. W tym właśnie miesiącu zaczynają kwitnąć kwiaty (Blumen). Kwiecień więc to miesiąc kwiatów (kwiat, kwitnąć, kwiecień).

Piątym miesiącem roku jest *maj*. To druga łacińska nazwa. Pochodzi od słowa „maius“. Maius i Maja to rzymscy bogowie wiosny.

Czerwiec – szósty miesiąc roku – ma swoją nazwę od czerwonego koloru czerwia (Larven einiger Insekten), z którego ludzie wyrabiali (produkowali) czerwony barwnik (barwa = kolor) do farbowania materiałów.

Siódmy miesiąc roku nazywa się *lipiec*. Ma on swoją nazwę od słowa „lipa“ (lipa – to drzewo, które kwitnie w tym miesiącu). Jedno z dużych miast w Saksonii nazywa się po polsku Lipsk (od słowa „lipa“), bo w tym miejscu było dużo lip.

Ósmy miesiąc roku – to *sierpień*. W tym miesiącu rolnicy zbierają zboże. Dawniej pracowali oni sierpem. – Dlatego ten miesiąc nazywa się sierpień.

Wrzesień – to miesiąc, w którym kwitną wrzosy (wrzos – Erica, Glockenheide).

Nazwa 10. miesiąca – *październik* – pochodzi od słowa „paździerze“ (Leinen- od. Hanfabfall; Schäbe, schaben, kratzen).

W listopadzie liście spadają z drzew. Miesiąc, w którym spadają liście z drzew, nazywa się *listopad*.
Dwunasty miesiąc roku – to *grudzień*. W grudniu jest już zimno, na polach i drogach widać grudy. („Gruda“ – po niemiecku: „Klumpen, Schollen“). Więc dlatego miesiąc ten nazywa się grudzień. Czy teraz wiecie już, jak powstały polskie nazwy miesięcy?

2 Prägen Sie sich die polnischen Monatsnamen ein!

Nom.	Gen. od ..., do ...	Lok. w ...
styczeń	stycznia	styczniu
luty	lutego	lutym
marzec	marca	marcu
kwiecień	kwietnia	kwietniu
maj	maja	maju
czerwiec	czerwca	czerwcu
lipiec	lipca	lipcu
sierpień	sierpnia	sierpniu
wrzesień	września	we wrześniu
październik	października	październiku
listopad	listopada	listopadzie
grudzień	grudnia	grudniu

3 Lernen Sie eine dieser Bauernregeln auswendig!

Kiedy styczeń najostrzejszy,
wtedy roczek najpłodniejszy.

ostry – scharf, streng; płodny – fruchtbar;

Czasem luty się zlituje,
że człek niby wiosnę czuje,
ale czasem tak się zżyma,
że człek prawie nie wytrzyma.

zlitować się – sich erbarmen; człek = człowiek; niby – quasi; wiosna – Frühling; zżymać się – unwirsch werden; prawie – fast; wytrzymać – aushalten;

Gdy w marcu niebo od
południa ryknie,
wielki ci z tego urodzaj
wyniknie.

niebo – Himmel; ryknąć – aufschreien (-brüllen); urodzaj – (gute) Ernte, Ertrag; wyniknąć – hervorgehen;

Kwiecień – plecień,
bo przeplata – trochę zimy,
trochę lata.

plecień – „Flechtmeister"; przeplatać – (ver-)flechten; zima – Winter; lato – Sommer;

Grzmot w maju,
sprzyja urodzaju.

grzmot – Donner; sprzyjać – begünstigen, förderlich sein (für); urodzaj – – (gute) Ernte;

W czerwcu gorącego lata
najzdrowsza bywa sałata!

gorący – heiß; zdrowy – gesund; sałata – Salat; bywać – sein, zu sein pflegen;

Kiedy sierpień następuje
resztki zboża koszą
albo sierpem dożynają
i przepiórki płoszą.

następować – nahen; resztka – Rest; zboże – Korn; kosić – mähen; sierp – Sichel; dożynać – (zu Ende) abernten; przepiórka – Wachtel; płoszyć – (auf-)scheuchen;

We wrześniu, gdy tłuste ptaki,
mróz w zimie nie lada jaki.

tłusty – fett; mróz – Frost; zima – Winter; nie lada (jaki) – nicht gering, außergewöhnlich;

Październik chodzi po kraju
i ptactwo wygania z gaju.
Grudzień ziemię grudzi i izdebki
studzi.

kraj – Land; ptactwo – Vögel; wyganiać – vertreiben; gaj – Hain
ziemia – Erde, Land; grudzić – zerfurchen; izdebka – Stübchen; studzić – (aus-)kühlen

4 Lesen Sie im Dialog!

Co kraj – to obyczaj.

Iwona i Anette rozmawiają.

A.: Kiedy są twoje *urodziny*?

I.: W Polsce nie *obchodzi się* urodzin. W Polsce obchodzimy *imieniny*.

A.: Co to są imieniny?

I.: Zaraz ci wytłumaczę. W bardzo dawnych czasach *dawano* dziecku imię i tak *przyjmowano* je do rodziny. Imię jest dla nas ważniejsze od dnia urodzin. *Każdy* dzień tygodnia ma *patrona* jakiegoś imienia: piętnasty maja (15.5.) jest w *kalendarzu* dniem Zofii. W ten dzień wszystkie Zosie obchodzą swoje imieniny.

A.: Kiedy są imieniny Piotra?

I.: O, tu masz kalendarz. Możesz zobaczyć.

A.: Aha, imieniny Piotra są dziewiętnastego maja (19.5.). To dziś!

I.: Tak.

Maj	
15 P	Zofii
16 W	Andrzeja
17 S	Sławomira
18 Cz	Aleksandra
19 P	Piotra
20 S	Wiktora
21 N	Heleny

||: Sto lat, sto lat!
Niech żyje, żyje nam. :||
Jeszcze raz, jeszcze raz
Niech żyje, żyje nam…
Niech żyje nam!

A.: Czy pójdziemy do niego?
I.: Możemy pójść, *złożymy* mu *życzenia.*
A.: Mam dla niego prezent. *Podaruję* mu *album* o Berlinie.
I.: A *po drodze* kupimy *kwiaty*. Piotr się na pewno ucieszy.

5 Prägen Sie sich ein!

album *m.*	– Album	patron	– Patron
dawać, dać *vo.* dam, dasz, … dadzą	– geben	po drodze	– unterwegs
dawano	– man gab, es wurde gegeben	darować, podarować *vo.*	– schenken
imieniny (Pl.)	– Namenstag	przyjmować, przyjąć *vo.* przyjmę, przyjmiesz, … przyjmą	– hier: aufnehmen, annehmen, entgegennehmen; empfangen
każdy	– jeder	składać, złożyć *vo.*	– hier: überbringen, übermitteln
kalendarz	– Kalender	urodziny (Pl.)	– Geburtstag
kraj	– Land	życzenie	– (Glück-)Wunsch
kwiat	– Blume		
obchodzić	– begehen, feiern		
obchodzi się (+ Akk.)	– man feiert		
obyczaj	– Brauch, Sitte		

6 Fassen Sie den Dialog (Nr. 4) monologisch zusammen, indem Sie

– erklären, in welchem Land was gefeiert wird;
– über die Herkunft der Sitte, den Namenstag zu feiern, berichten;
– die Besonderheiten eines polnischen Kalenders erklären;
– zu der Sitte, den Namenstag zu feiern, Ihre Gedanken äußern;
– einen Glückwunsch zum Geburtstag formulieren.

7 Übersetzen Sie (schriftlich)! Nutzen Sie die nachfolgende Lexikliste!

Życzenia

a) W dniu imienin składam Ci życzenia szczęścia, zdrowia i pomyślności.
b) Życzę Ci wszystkiego dobrego oraz sukcesów w nauce.
c) Przesyłam najserdeczniejsze życzenia imieninowe.
d) Z okazji Wielkanocy przesyłamy Państwu najserdeczniejsze życzenia zdrowych i wesołych świąt.
e) Przesyłam najlepsze życzenia z okazji Świąt Bożego Narodzenia.
f) Z okazji Nowego Roku składam Ci z całego serca życzenia zdrowia, powodzenia w pracy i szczęścia w życiu.

Lexik

Boże Narodzenie	– Weihnachten	sukces	– Erfolg
okazja	– Anlaß, Gelegenheit;	święto	– Feiertag, Fest
z okazji	aus Anlaß, anläßlich, zu	wesoły *Adj.*	– fröhlich, lustig
		Wielkanoc	– Ostern
		zdrowie	– Gesundheit
oraz	– sowie	zdrowy *Adj.*	– gesund
pomyślność *f.*	– Wohlergehen	życie	– Leben
powodzenie	– alles Gute	życzyć (+ Gen.)	– wünschen
serce	– Herz		

8 Formulieren Sie aus folgenden Elementen einen Glückwunsch (schriftlich)!

a) z okazji imienin / Wielkanocy / Świąt Bożego Narodzenia / Nowego Roku — przesyłać życzenia (+ Gen.) / życzyć (+ Gen.) / składać życzenia (+ Gen.)

b) najserdeczniejsze / z całego serca — życzenia / życzę Ci / życzymy / Wam — szczęścia, zdrowia, pomyślności / zdrowych i wesołych świąt / powodzenia w pracy / sukcesów w nauce, szczęścia w życiu

Daty i fakty

1 Lesen und variieren Sie im Dialog!

a) – Kiedy przyjedziesz do nas?	
– W styczniu.	w lutym, w marcu, w kwietniu
– Którego (stycznia)?	lutego, marca, kwietnia
– Piętnastego (15.).	6., 10., 21., 12., 30., …
– A jak długo zostaniesz?	
– Od piętnastego do dwudziestego (20.).	od 5. do 12., od 16. do 22., od 25. do 31., …
– Tak krótko (kurz)?	
– Niestety.	

b) – Kiedy masz urlop?	
– W maju.	w czerwcu, w lipcu, w sierpniu
– Od pierwszego (1.)?	
– Nie, od ósmego (8.) do dwudziestego dziewiątego (29.) maja.	od 2. do 14., od 5. do 28., od 3. do 16., … czerwca, lipca, sierpnia

– To na moich imieninach cię już nie będzie?	urodzinach
– Kiedy obchodzisz imieniny?	urodziny
– Drugiego (2.) czerwca.	3 lipca, 5 sierpnia, 18 października
– Niestety, od pierwszego (1.) czerwca muszę pracować.	od 2 sierpnia, od 15 października

c) – Jak długo tam mieszkałeś (-aś)?

– Od	czerwca do	listopada.	stycznia – lutego, listopada – grudnia
	piątku	niedzieli.	poniedziałku – środy, piątku – wtorku
	21. 2.	24. 4.	31.7.–14.8., 12.2.–21.2., 13.6.–30.8.

2 Lesen Sie die Jahreszahlen (laut)!

a) rok 1263 – rok tysiąc dwieście sześćdziesiąty trzeci,
z 1263 roku – z tysiąc dwieście sześćdziesiątego trzeciego roku;
Ta katedra pochodzi z 1263 roku.

b) 1338 rok – tysiąc trzysta trzydziesty ósmy rok,
z 1338 roku – z tysiąc trzysta trzydziestego ósmego roku;
Pierwsze wzmianki o Warszawie pochodzą z 1338 roku.

c) od 1494 do 1517 roku – od tysiąc czterysta dziewięćdziesiątego czwartego do tysiąc pięćset siedemnastego roku;
Od 1494 do 1517 roku powstawały w Krakowie pierwsze drukarnie.
drukarnia – Druckerei
W 1475 roku ukazał się pierwszy druk w języku polskim.
Od 1596 roku Warszawa jest stolicą Polski.
ukazać się – erscheinen
druk – Druckerzeugnis

d) w 1661 roku – w tysiąc sześćset sześćdziesiątym pierwszym roku;
Najstarsza gazeta w języku polskim, „Merkuriusz", ukazała się w 1661 roku w Krakowie.
gazeta – Zeitung

e) w 1773 roku – w tysiąc siedemset siedemdziesiątym trzecim roku;
W 1773 roku powstała Komisja Edukacji Narodowej (= pierwsze „ministerstwo oświaty" w Polsce).
oświata – Bildung

f) w 1863 roku – w tysiąc osiemset sześćdziesiątym trzecim roku;
W 1863 roku (23 stycznia) wybuchła walka narodowowyzwoleńcza w Królestwie Polskim i na Litwie.

g) 1 września 1939 roku – (dnia) pierwszego września tysiąc dziewięćset trzydziestego dziewiątego roku;
(Dnia) 1 września 1939 roku faszystowskie Niemcy napadły (überfiel) na Polskę.

3 Lesen Sie den Text „Odbudowa stolicy Polski“ (still) mit Hilfe des Wörterbuches und geben Sie seinen Inhalt deutsch wieder!

Beachten Sie dabei die folgenden Hinweise:
In der polnischen Schriftsprache weden oft Partizipen verwendet. Am häufigsten kommen adjektivische Partizipien vor, und zwar:

– das Partizip Passiv
a) Endung: -ny (-na, -ne; Pl. Sf.: -ne, Pf.: -ni) oder
b) Endung: -ty (-ta, -te; Pl. Sf.: -te, Pf.: -ci)
Beispiel: zniszczony → Inf.: zniszczyć (zerstören) → zniszczone miasto = die zerstörte Stadt oder Miasto było zniszczone.
= Die Stadt war zerstört.

– das Partizip Präsens Aktiv
Endung: -cy (-ca, -ce; Pl. Sf.: -ce, Pf.: -cy)
Beispiel: mający → Inf.: mieć →
Warszawa jest miastem mającym niepowtarzalne oblicze. = Warszawa ist eine Stadt, die ein einmaliges (unnachahmliches) Antlitz hat (besitzt).

– eine unpersönliche Präteritalform auf -no bzw. -to (+ Akk. Obj.),
Beispiel: odgruzowywano – man enttrümmerte, es wurde enttrümmert,
rozbierano – man trug ab (riß ab), es wurde abgerissen,
uruchomiono – man setzte in Betrieb, es wurde in Betrieb gesetzt

Odbudowa stolicy Polski

Po II wojnie światowej Warszawa należała do najbardziej zniszczonych miast (75 % zabudowy). Niektóre dzielnice, jak na przykład Muranów, zrównane były dosłownie z ziemią. Nie ocalał też żaden z warszawskich mostów.
Ówczesny Rząd Polski w styczniu 1945 r. uchwalił odbudowę Warszawy jako stolicy, a od wyzwolenia miasta (17. 1. 1945 r.) miał tu swoją siedzibę.
Mieszkańcy Warszawy, którzy wracali z wygnania lub niewoli, przystąpili do pracy w zniszczonym mieście. Odgruzowywano miasto, rozbierano wypalone domy.
W odbudowie stolicy uczestniczył cały naród.
Na ten temat napisano dużo książek. W albumie „Warsow Revisited“, amerykańskiego dziennikarza i fotografa Juliana Bryana, czytamy: „Nie wiem, czy tego rodzaju poświęcenie jest rozsądne, by odbudować tak cudownie i w tej skali, gdy ludzie myślą o lepszym jedzeniu i mieszkaniach … Wiem natomiast, że Polacy tego dokonali.“

Najbardziej typowymi obiektami okresu odbudowy Warszawy są most Poniatowskiego, Trasa W–Z, dzielnica Muranów, Starówka (= Stare Miasto) i Marszałkowska Dzielnica Mieszkaniowa (MDM).
Z biegiem lat nastąpił czas rozbudowy stolicy. Z każdym rokiem postawały nowe dzielnice mieszkaniowe, fabryki, szkoły, nowoczesne trasy komunikacyjne. Obecnie Warszawa jest zaliczana do najciekawszych i mających swoje niepowtarzalne oblicze stolic europejskich.

4 Die Deklination der Adjektive und Substantive im Plural (Sachform)

	Adjektive				**Substantive**
N.	stare	duże	drogie	tanie	M.: albumy F.: książki N.: zdjęcia
G.	starych	dużych	drogich	tanich	M.: albumów F.: książek N.: zdjęć
D.	starym	dużym	drogim	tanim	M.: albumom F.: książkom N.: zdjęciom
A.	= N.				= N.
I.	starymi	dużymi	drogimi	tanimi	M.: albumami F.: książkami N.: zdjęciami
L.	starych	dużych	drogich	tanich	M.: albumach F.: książkach N.: zdjęciach

5 Sagen Sie polnisch, daß

- sich in Warszawa große Parks, alte Straßen und schöne Plätze befinden;
- man verschiedene Schlösser bewundern, viele originelle Denkmäler sehen und in Cafés angenehme Stunden verbringen kann;
- Sie sich für Architektur interessieren und deshalb neue Wohnsiedlungen, rekonstruierte Häuser und Wohnungen sowie einige Kirchen besichtigt haben;
- man in großen Museen wertvolle Kunstwerke betrachten und in Theatern Werke bekannter Autoren sehen kann;
- in den letzten Jahren neue, große Stadtteile mit breiten (szeroki) Straßen und Alleen entstanden sind;
- in ehemaligen Palästen Konzerte bekannter Komponisten (kompozytor) stattfinden;
- man an heiteren Tagen in Parks und auf den Straßen viele junge und alte Menschen sieht.

6 a) Lesen Sie zunächst (still) und erschließen Sie den Inhalt der Texte mit Hilfe des Wörterbuches!

b) Lesen Sie (laut)!

O Warszawie

To, co widzimy na zdjęciu, to rekonstrukcja dawnego Zamku Królewskiego z XVII wieku. Pierwszy zamek powstał na miejscu byłego grodu w XIII wieku. Z biegiem lat był rozbudowywany i przebudowywany. Od XVII wieku stał się rezydencją królów polskich. W okresie międzywojennym był siedzibą prezydenta Rzeczypospolitej. W czasie II wojny światowej został spalony i wysadzony w powietrze. W 1971 roku zapadła decyzja o odbudowie zamku. Wysiłkiem wielu Polaków Zamek Królewski w Warszawie powrócił do dawnej świetności.

Pałac Namiestnikowski na Krakowskim Przedmieściu jest od 1994 roku rezydencją Prezydenta Rzeczypospolitej. Nazywa się on tak dlatego, ponieważ w okresie niewoli był siedzibą namiestnika carskiego. Po II wojnie światowej pałac był świadkiem wielu wydarzeń politycznych. W 1989 roku odbywały się tu obrady Okrągłego Stołu. Przed pałacem stoi pomnik księcia Józefa Poniatowskiego, generała wojsk napoleońskich, który zginął w 1813 roku w czasie bitwy narodów pod Lipskiem.

Łazienki to ulubione miejsce spacerów mieszkańców Warszawy i gości odwiedzających stolicę. A jest tu co oglądać!
W zabytkowym parku znajduje się wiele cennych budowli. Jedną z nich jest letnia rezydencja ostatniego króla Polski (1764–1795) Stanisława Augusta Poniatowskiego. Dziś mieści się w niej muzeum. Niedaleko pałacu można zwiedzić wspaniały teatr dworski z XVIII wieku. A latem w parku pod pomnikiem Chopina odbywają się w każdą niedzielę koncerty muzyki tego wielkiego kompozytora.

O Krakowie

Kraków to dawna stolica Polski. Nad samą Wisłą wznosi się Wawel. Jest to wzgórze z zespołem zabytkowych budowli. Znajduje się tu były zamek królów polskich oraz katedra. Powstała ona w roku 1364. Na zdjęciu widać katedrę od południa z kaplicami Wazów i Zygmuntowską. W skarbcu znajdują się cenne zabytki sztuki sakralnej i pamiątki historyczne, a w podziemiach – sarkofagi wielkich Polaków i rodzin królewskich.

Ołtarz Wita Stwosza, który widzimy na zdjęciu, znajduje się w Kościele Mariackim. Jego twórca urodził się w miasteczku Horb nad Neckarem. W Krakowie żył i pracował 19 lat.
Ołtarz jest tryptykiem. Powstał w latach 1477–1488.
Ma prawie 13 metrów wysokości i 11 metrów szerokości.
Jest jednym z najwspanialszych przykładów rzeźby późnośredniowiecznej w Europie.

Stare Miasto zachowało swój średniowieczny plan, którego centrum jest rynek. Kiedyś było otoczone murami obronnymi. Niewiele z nich dziś zostało. Zachował się Barbakan z końca XV wieku i piękna Brama Floriańska z 1300 roku oraz 3 baszty. Jeśli jest ładna pogoda, to studenci Akademii Sztuk Pięknych i malarze – amatorzy wystawiają tu swe obrazy.

Prüfen Sie sich selbst!

1 Strukturen

– Kiedy są twoje urodziny?	– Wann hast du Geburtstag?
– 6 sierpnia.	– Am 6. August.
– Kiedy obchodzisz imieniny?	– Wann feierst du Namenstag?
– 19 maja.	– Am 19. Mai.
– Dziś są imieniny Piotra. Czy pójdziemy do niego?	– Heute ist Peters Namenstag. Gehen wir hin?
– Możemy pójść złożyć życzenia.	– Wir können hingehen und ihm gratulieren.
Z okazji imienin życzę Ci zdrowia, szczęścia oraz sukcesów w nauce.	Anläßlich (deines) Namenstages wünsche ich dir Gesundheit, Glück und Erfolg beim Lernen.
– Z którego roku pochodzi ta katedra?	– Aus welchem Jahr stammt der Dom?
– Z 1263 roku.	– Aus dem Jahre 1263.
– Od którego roku Warszawa jest stolicą Polski?	– Seit wann (welchem Jahr) ist Warszawa Hauptstadt Polens?
– Od 1596 roku.	– Seit 1596.

– W którym roku powstała Komisja Edukacji Narodowej?

– In welchem Jahr entstand die Kommission für Nationale Erziehung?

– W 1773 roku.

– 1773 (Im Jahre 1773).

2 Sagen Sie polnisch!

im Mai
im Juli
im Januar
im Februar
im April
im Juni
im März
im August
im Dezember
im September
im November
im Oktober

von April bis September
von August an
zwischen Oktober und Dezember
noch vor Juni
von Januar bis März
im November – Dezember
für den ganzen August
von März bis Juni
bis Februar
nur bis Mai
von August bis Oktober
von November an

3 Sagen Sie polnisch, daß

– Sie vom ... bis zum ... in ... gewesen sind,
– Sie nett empfangen wurden,
– Sie anläßlich des ... Geburtstages Ihres (-er) ... nach ... gefahren sind,
– Sie Ihrem (-er) ... die Glückwünsche der ganzen Familie übermittelt haben,
– Ihr (-e) ... viele schöne Geschenke erhalten hat,
– Sie interessante Gespräche geführt, sich nett unterhalten haben,
– Sie bei dieser Gelegenheit Bräuche/Sitten kennengelernt haben, die Sie bislang nicht kannten,
– man Ihnen erklärt hat, woher diese Bräuche stammen,
– Ihr (-e) ... im ... am ... zu Ihnen kommen will, Sie aber noch nicht genau wissen, ob ... kommt,
– Sie Ihren (-e) ... gebeten haben, zwischen dem ... und dem ... anzurufen,
– Sie am ... zurückgekommen sind,
– Sie bestimmt im ... zu Ihrem (-er) ... fahren werden.

Czy znasz Chopina?

1 Lesen Sie!

W Żelazowej Woli

60 kilometrów od Warszawy, niedaleko od Sochaczewa (trasa E 30), znajduje się mała, ale bardzo znana wieś – Żelazowa Wola. W tej wsi *urodził się* w 1810 roku polski *kompozytor* i pianista – Fryderyk Chopin, którego muzykę zna cały *świat*.

Dom *rodzinny* kompozytora, mały i skromny, stoi w parku *wśród* kwiatów i *drzew*. Dzisiaj jest w nim muzeum, w którym można oglądać *pamiątki* z czasów Chopina. W miejscu, gdzie się urodził, zawsze stoi piękny *bukiet* kwiatów.
Latem odbywają się tu w każdą niedzielę koncerty. Grają znani pianiści z kraju i *zagranicy*. W czasie koncertu ludzie siedzą na *ławkach* przed domem lub w parku i słuchają muzyki. Jest to dla każdego *wielkie przeżycie*.

2 Prägen Sie sich ein!

bukiet	– Strauß	rodzinny	– Geburts-, Familien- (in Zus.)
drzewo	– Baum; Holz	świat	– Welt
kompozytor	– Komponist	urodzić się vo.	– geboren werden
latem	– im Sommer	wielki	– groß
ławka	– Bank (Park-)	wśród (+ Gen.)	– inmitten (von), (dar-)unter
pamiątka	– Andenken; Erinnerung	zagranica	– Ausland
przeżycie	– Erlebnis		

3 Führen Sie einen Dialog zum Text „W Żelazowej Woli" anhand folgender Fragen:

Gdzie znajduje się Żelazowa Wola?
Jak można tam dojechać?
Dlaczego ta wieś jest taka znana?
Kim był Fryderyk Chopin?
Kiedy się urodził?
Co można powiedzieć o jego muzyce?
Jak wygląda dom rodzinny kompozytora?
Co znajduje się w tym domu?
Co stoi w miejscu, w którym się urodził?
Kiedy odbywają się w Żelazowej Woli koncerty?
Kto gra na tych koncertach?

4 Sagen Sie polnisch, daß

– F. Chopin auf dem Lande geboren wurde,
– seine Eltern in einem bescheidenen und kleinen Haus wohnten,
– das Dorf, in dem er geboren wurde, in der Welt bekannt ist,
– Sie in seinem Geburtshaus viele Andenken aus seiner Zeit gesehen haben,
– Sie jetzt wissen, daß sein Vater Lehrer war,
– seine Mutter von Hause aus Justyna Krzyżanowska hieß,
– Sie Briefe Chopins an seine Mutter gelesen haben,
– Sie am Sonntag in Żelazowa Wola waren,
– Sie am Denkmal Chopins einen Strauß Blumen niedergelegt haben,
– dort ein Konzert stattfand,
– Ihnen das Konzert gefallen hat,
– Sie im Park auf einer Bank inmitten von Blumen gesessen haben,
– es für Sie ein schönes Erlebnis war, im Sommer unter Bäumen zu sitzen und Musik zu hören,
– es für Sie ein sehr schöner Tag war.

5 Erschließen Sie den Inhalt (mit Wörterbuch) und lesen Sie!

Życiorys Fryderyka Chopina

Fryderyk Chopin jest Polakiem najbardziej znanym na świecie. Urodził się w 1810 roku w Żelazowej Woli. Jego ojciec w roku 1787 przyjechał z Francji do Polski. Był tu nauczycielem języka francuskiego w liceum warszawskim.

Od najmłodszych lat Fryderyk grał na fortepianie. Najpierw uczyła go matka, a potem Wojciech Żywny – nauczyciel muzyki. W tym czasie młody Chopin napisał swój pierwszy *utwór* – Polonez g-moll. Gdy miał osiem lat, dał pierwszy koncert. Bardzo lubił *pieśni* i *tańce ludowe*. Znał je dobrze, bo *wakacje* spędzał na wsi. Tam zapisywał słowa i melodie ludowych pieśni. Ich motywy są częste w muzyce Chopina.

Studia muzyczne ukończył w Szkole *Głównej* Muzyki w Warszawie. Tam jego nauczycielem był Józef Elsner.

W roku 1830 gra w Warszawie swoje koncerty f-moll i e-moll, komponuje *mazurki*, *kilka* pieśni i *rozpoczyna* Wielkiego Poloneza es-dur na fortepian i orkiestrę.

2 listopada 1830 roku Chopin *opuścił* Warszawę i Polskę na zawsze. Jechał przez Wrocław, Drezno, Pragę, Wiedeń, Salzburg, Monachium do Paryża. W drodze dał kilka koncertów, które *przyniosły* mu już *sławę* światową.

W Paryżu spotykał się z Lisztem, Meyerbeerem, z wielkim pisarzem francuskim Balzakiem i polskimi emigrantami, jak na przykład z wielkim poetą polskim Adamem Mickiewiczem. Tu powstały jego najpiękniejsze utwory muzyczne.

W zimie 1835 roku po raz pierwszy *ciężko zachorował*. Tego samego roku poznał w Lipsku Roberta Schumana, a w Paryżu George Sand, z którą później, już bardzo *chory*, wyjechał na Majorkę.
Od 1842 do 1848 roku nie *występował publicznie*. Wyjechał do Londynu, spędził *lato* w Szkocji, a *jesienią* wrócił do Paryża.
Chopin *umarł* 17 października 1849 roku.
Nie zobaczył swojego kraju, tylko serce jego wróciło do Polski. Znajduje się ono w kościele Św. Krzyża. Jest drogą pamiątką Warszawy: serce Chopina w sercu Polski.

6 Prägen Sie sich ein!

chorować	– krank sein,	przyniosę,	
zachorować *vo.*	erkranken	przyniesiesz,	
chory	– krank	... przyniosą	
ciężko *Adv.*	– schwer	publicznie *Adv.*	– öffentlich
główny	– Haupt-, Grund-	rozpoczynać	– beginnen,
	(in Zus.);	rozpocząć *vo.*	anfangen
	wichtig, grund-	rozpocznę,	
	sätzlich	rozpoczniesz,	
jesień *f.*	– Herbst	... rozpoczną	
kilka	– einige	sława	– Ruhm
kończyć	– enden,	studia (Pl.)	– Studium
ukończyć *vo.*	beenden	taniec	– Tanz
lato	– Sommer	umierać	– sterben
ludowy	– Volks- (in Zus.)	umrzeć *vo.*	
mazurek	– Mazurka	Prät.: umarł	
opuszczać	– verlassen	utwór	– (künstl.) Werk
opuścić *vo.*		wakacje (Pl.)	– Ferien
pieśń *f.*	– Lied, Hymnus	występować	– auftreten;
przynosić,	– bringen	wystąpić *vo.*	vorkommen
przynieść *vo.*		życiorys	– Lebenslauf

7 Gebrauchen Sie die eingeklammerten Wörter in der textadäquaten Form (Verben im Präteritum)!

Życiorys Chopina jest bardzo ciekawy. Już od młodych lat (komponować). Często (spędzać) wakacje na (wieś). Bardzo (lubić, taniec i pieśń ludowa). (Zapisywać) ich (tekst i melodia).
Studia muzyczne (ukończyć) w Warszawie. W 1830 roku (opuścić, Polska) na zawsze. W (droga) do Paryża (dawać) koncerty w kilku miastach. W Paryżu (zapoznać) się z George Sand. Tu (powstać) jego najpiękniejsze utwory. W 1835 roku ciężko (zachorować). (Wyjechać) na Majorkę. Przez długi czas nie (występo-

wać) publicznie. W 1848 roku (spędzić) lato w Szkocji. Jesienią (wrócić) do Paryża. (Umrzeć) w 1849 roku.
Chopin (skomponować) dwa (koncert), 56 (mazurek), 17 (polonez), 21 (nokturn), 26 (preludium), 27 (etiuda), ballady, sonaty, fantazje, walce, ronda i wariacje.

8 Sprechen Sie über Ihre bisherige Entwicklung!

- Stellen sie sich vor! (Name, Vorname, Geburtsdatum, -ort, genaue Adresse);
- Sprechen Sie über Ihre Familie! (Geschwister, Eltern, deren Ausbildung, Arbeit);
- Sprechen Sie über Ihre Interessen/Hobbys!
- Sprechen Sie über Ihre Zukunftsvorstellungen! (Lassen Sie Haltungen, Wertungen zu Ihrem bisherigen Leben erkennen!)

9 Lesen Sie (mit Wörterbuch)!

Pierwszy koncert Chopina[1]

Dzień był uroczysty. Chopin po raz pierwszy miał wystąpić jako pianista na koncercie. Miał wtedy osiem lat.
W domu Chopinów panował niezwykły ruch. Nauczyciel Chopina, stary profesor Żywny, czekał zdenerwowany w pokoju. Od czasu do czasu sięgał do tabakiery i patrzył na swojego ucznia. A ten stał na krześle i spokojnie znosił, jak go ubierały matka i starsze siostry, Ludwika i Izabela. Czy ładnie wygląda? Tak. Bardzo ładnie – w aksamitnym ubraniu z dużym białym kołnierzem. Na koncert pojechali z Fryderykiem ojciec i nauczyciel Żywny. Matka z siostrami pozostały w domu.

[1] Według Marii Horodyskiej

Koncert był wielkim sukcesem. Oprócz małego Chopina występowali inni artyści, ale w centrum zainteresowania był mały chłopiec – Fryderyk Chopin. Publiczność zasypała pianistę oklaskami, a on spokojnie je przyjmował.
Gdy wrócił do domu, matka go spytała:
– Co się najwięcej podobało publiczności?
Fryderyk odpowiedział:
– Wiesz, mamusiu, najbardziej podobał się mój biały kołnierz, wszyscy tylko na niego patrzyli.

Opowiadanie prawdziwe

Zofia Kossak-Szczucka

... to było w zeszłym tygodniu ... Szopen gra, my słuchamy, przychodzi pan Mickiewicz, prosi, żeby nie przerywać, że tylko przyszedł, bo usłyszał muzykę przez okno. Siada w kąciku i słucha. My również słuchamy.
Naraz wpada Walenty, że w pokoju papy pożar! Zrywamy się wszyscy, Szopen też ... Od kominka zapaliła się kapa na łóżku. Cały pokój pełen już ognia i dymu. Latamy, gasimy, krzyczymy, lejemy wodę. Na koniec zgasiliśmy pożar i wróciliśmy do salonu.
A gdzie pan Mickiewicz? – pyta mama. Nie ma go. Wyszedł? Nie, kapelusz leży w sieni. Szukamy pana Mickiewicza, a on siedzi w kąciku, jak siedział. Nic o niczym nie wie. „Ach, to pan już przestał grać? – powiada do Frycka – a ja się tak zasłuchałem, że zdawało mi się, że pan ciągle jeszcze gra. To było bardzo piękne ...“ i poszedł.

Tradycja chopinowska

Konkursy Chopinowskie odbywają się co pięć lat, ale młodzi pianiści bez przerwy przygotowują się do tej wielkiej imprezy muzycznej.

- Fryderyk Chopin, najwybitniejszy kompozytor polski, urodził się w 1810 roku w Żelazowej Woli. Uchodził za cudowne dziecko. Od szóstego roku życia grał na fortepianie, od siódmego – komponował, a jako ośmioletni chłopiec koncertował publicznie. W 1830 roku opuścił Polskę na zawsze i zamieszkał w Paryżu. Tam umarł w 1849 roku, mając zaledwie 39 lat. Pochowany został w Paryżu, ale serce jego sprowadzono do kraju.
- Twórczość Chopina to muzyka fortepianowa. Słynne na cały świat są mazurki, polonezy, preludia, etiudy, nokturny i koncerty. Utwory wielkiego Polaka należą do najczęściej wykonywanych.
- Międzynarodowe Konkursy Pianistyczne im. Fryderyka Chopina organizowane są w Warszawie co pięć lat. Pierwszy odbył się w 1927 roku. Biorą w nich udział młodzi pianiści ze wszystkich kontynentów. Przed II wojną światową konkursy odbyły się trzykrotnie. W 1949 r. zostały wznowione.

10 Sprechen Sie über die hier abgebildeten Persönlichkeiten in polnischer Sprache! Nutzen Sie dazu die Angaben im Lexikon!

Mikołaj Kopernik

Fryderyk Chopin

Adam Mickiewicz

Tadeusz Kościuszko

Jan Kiepura

Maria Curie-Skłodowska

11 Zur Deklination adjektivischer Pronomen im Plural

	czyj, -a, -e		który, -a, -e		jaki, -a, -e		ten, ta, to	
	Sachf.	Pers.-F.[1]	Sachf.	Pers.-F.[1]	Sachf.	Pers.-F.[1]	Sachf.	Pers.-F.[1]
N.	czyje	czyi	które	którzy	jakie	jacy	te	ci
G.	czyich	czyich	których	których	jakich	jakich	tych	tych
D.	czyim	czyim	którym	którym	jakim	jakim	tym	tym
A.	czyje	czyich	które	których	jakie	jakich	te	tych
I.	czyimi	czyimi	którymi	którymi	jakimi	jakimi	tymi	tymi
L.	czyich	czyich	których	których	jakich	jakich	tych	tych

[1] Nur rezeptiv

Ebenso werden dekliniert: *taki, -a, -ie* (= solch ein), das heute nur im Plural gebräuchliche *wszystkie, wszyscy* (= alle) sowie *tamten* (jener).

12 Der Attributsatz

Der Attributsatz gibt das Attribut als Nebensatz wieder. Er bestimmt – wie das Attribut selbst – ein Wort näher (meist ein Substantiv).
Wir fragen polnisch:
jaki, jaka, jakie; jakie, jacy? Czyj, czyja, czyje; czyje, czyi?
który, która, które; które, którzy? Ile? Ilu?

Ⓜ Attributsätze werden meist durch die Relativpronomen *który, która, które*; Pl. Pf: *którzy*, Sf.: *które* eingeleitet.

Das Relativpronomen bezieht den Nebensatz auf ein Substantiv des Hauptsatzes und muß in dem Fall stehen, wie es seiner Funktion im Nebensatz entspricht, zum Beispiel:
Pan, *któremu podałem* swój adres, jest moim kolegą.
Pan, *z którym rozmawialiśmy*, jest moim kolegą.
Pan, *którego żona* była u nas, jest moim kolegą.
Dom, *który stoi* w pobliżu ratusza, ma 300 lat.
Dom, *w którym mieszka* moja koleżanka, ma 300 lat.
Dziecko, *któremu dałem* gazetę, mieszka w naszym domu.

13 Bilden Sie Relativsätze!

1. Przyjadą goście z Niemiec. Zamówiliśmy dla nich w tym hotelu piękne pokoje. 2. Ten dom bardzo podobał się mojej siostrze. Mieszkałem w nim. 3. Książka była bardzo interesująca. Chciałam ją mieć od dawna. 4. Pan Karpiński nie może jechać do Bułgarii. Jego żona akurat zachorowała. 5. Pani Mazowiecka jest chora. Jej mąż pracuje w naszej szkole. 6. Miasto jest bardzo stare. Zwiedziłem muzea tego miasta. 7. On wita swoich rodziców. Nie widział się z nimi cały rok. 8. Biblioteka liczy ponad 30 tysięcy tomów. Tam jest zawsze dużo ludzi. 9. Miasto jest nowe. Mieszka w nim ponad 100 tysięcy mieszkańców. 10. Chodzę na kurs języka polskiego. Bierze w nim udział 21 osób. 11. Jadę do Warszawy pociągiem. Jadą w nim 4 osoby z mojej grupy.

14 Zur Zeitbestimmung (Zusammenfassung)

Uhrzeit

a) *Volle Stunden* werden durch *godzina* (Stunde) mit der Ordnungszahl angegeben, z. B.

Która godzina?	– Wie spät ist es?
Jest godzina dziesiąta.	– Es ist 10 Uhr.
Jest dziesiąta (godzina).	– Es ist zehn (Uhr).

b) *Halbe Stunden* werden durch *pół* bzw. *wpół* + *do* + *Ordnungszahl im Genitiv* (fem.) angegeben, z. B.

Jest (w)pół do dziesiątej.	– Es ist halb zehn (= halb bis zur zehnten Stunde).

c) *Viertelstunden* werden durch *kwadrans* (Viertelstunde) oder *Minutenangabe* in folgender Weise angegeben:

– mit der Präposition *po* + *Lokativ der Ordnungszahl*, z. B.

(Jest) kwadrans po dziesiątej.	– (Es ist) Viertel nach 10 (Uhr).
(Jest) piętnaście (minut) po dziesiątej.	– (Es ist) fünfzehn (Minuten) nach 10 (Uhr).

– mit der Präposition *za* (+ *Akk.*) + *Nominativ der Ordnungszahl*, z. B.

(Jest) za kwadrans dziesiąta.	– (Es ist) Viertel vor zehn (Uhr) = in einer Viertelstunde zehn (Uhr).
(Jest) za piętnaście dziesiąta.	– (Es ist in) fünfzehn (Minuten) zehn (Uhr).

d) *Minuten- und Sekundenangaben* erfolgen mit *Grundzahlen* und *minuta* (Minute) bzw. *sekunda* (Sekunde), und zwar in folgender Weise:

– nach den Zahlen 2 – 4, 22 – 24 usw. im Nom. Pl. = minuty, sekundy;
– nach den Zahlen 5 – 21, 25 – 31 usw. im Gen. Pl. = minut, sekund;
– nach der Zahl 1 (jedna) im Nom. Sg., z. B.

(Jest) godzina dziesiąta i jedna minuta.	– (Es ist) 10.01 Uhr.
(Jest) minuta po dziesiątej.	– (Es ist) eine Minute nach 10 (Uhr).
(Jest) za dwie minuty dziesiąta.	– (Es ist) zwei vor 10 (9.58 Uhr).
(Jest) dwie minuty po pół do dziesiątej.	– (Es ist) zwei Minuten nach halb zehn (9.32 Uhr).
Jest za pięć minut pół do dziesiątej.	– Es ist fünf vor halb zehn (9.25 Uhr).

e) *Bei amtlichen Angaben* werden zuerst die Stunden, danach die Minuten genannt, z. B.

Jest (godzina) dziesiąta trzydzieści dwie (minuty).	– Es ist 10.32 Uhr.

f) *Zur Wiedergabe von „um“* gebraucht man
– bei vollen Stunden: *o + Ordnungszahl im Lokativ*, z. B.

O której (godzinie) się spotkamy?	– Wann (= um wieviel Uhr) treffen wir uns?
O dziesiątej (godzinie).	– Um zehn (Uhr).

– bei halben Stunden: *o + pół* bzw. *wpół do + Ordnungszahl im Genitiv*, z. B.

Przyszliśmy do domu o pół (wpół) do dziesiątej.	– Wir sind um halb zehn nach Hause gekommen.

– bei amtlichen Angaben: *o + Ordnungszahl im Lokativ + Minutenangabe*, z. B.

Pociąg odjeżdża o dwudziestej trzeciej zero dwie.	– Der Zug fährt um 23.02 Uhr ab.

g) Umgangssprachlich sagt man:

17.08:	Byłam tam parę minut po piątej.	– Ich war einige/ein paar Minuten nach 5 dort.
23.55:	Jest za pięć dwunasta.	– Es ist fünf vor zwölf.
20.57:	Parę minut przed dziewiątą byliśmy w domu.	– Ein paar Minuten vor neun waren wir zu Hause.
19.05:	Pociąg odchodzi chyba o siódmej z minutami.	– Der Zug fährt wahrscheinlich kurz (einige Minuten) nach sieben ab.

Datum

Daten werden mit dem Nominativ, Genitiv oder Lokativ der Ordnungszahlen wiedergegeben:

a) *Nominativ*

Który (*dzień*) jest dzisiaj?	– Der wievielte (Tag) ist heute?
Dzisiaj jest *piąty* (maja).	– Heute ist der fünfte (Mai).

b) *Genitiv*
Soll ein bestimmter Tag bezeichnet werden (Tag + adj. Attribut), so geschieht dies gewöhnlich durch die *Ordnungszahl für den Tag und die Monatsbezeichnung im Genitiv*, z. B.

Kiedy się urodziłeś?	– Wann bist du geboren?
Urodziłem się *trzeciego kwietnia* tysiąc dziewięćset *siedemdziesiątego szóstego* roku.	– Ich bin (wurde) am 3. April 1976 geboren.

Bei Jahreszahlen werden nur Zehner und Einer dekliniert.
Weitere Beispiele:

Przyjechaliśmy do Warszawy piątego lipca.	– Wir sind am 5. Juli nach Warschau gekommen.

Którego dziś mamy?	– Welchen (welches Datum) haben wir heute?
Mamy ósmego kwietnia.	– Wir haben den 8. April.
To się stało czwartego marca.	– Das geschah am 4. März.

c) *Lokativ*

Im Lokativ stehen Jahreszahlen (seltener Daten) nach den Präpositionen *w* bzw. *po*, z. B.

W *którym roku* zmarł Fryderyk Chopin?	– In welchem Jahr ist F. Chopin gestorben?
W tysiąc osiemset *czterdziestym dziewiątym (roku).*	– (Im Jahre) 1849.
Kiedy to było?	– Wann war das?
Po (tysiąc dziewięćset) *czterdziestym piątym* roku.	– Nach (19)45.

Tageszeiten

(po-)ranek	– der Morgen	rano	– morgens, am Morgen
przedpołudnie	– Vormittag	przed południem	– am Vormittag, vormittags
południe	– Mittag	w południe	– zu Mittag, mittags
popołudnie	– Nachmittag	po południu	– am Nachmittag, nachmittags
wieczór	– Abend	wieczorem	– am Abend, abends
noc f.	– Nacht	nocą, w nocy	– nachts, in der Nacht

Jahreszeiten

Nom.	*im …*	*Nom.*	*im …*
lato	– latem, w lecie	jesień (f.)	– jesienią, na jesień (!)
zima	– zimą, w zimie	wiosna	– wiosną, na wiosnę (!)

15 Erklären Sie anhand eines Lexikons, warum die unten angegebenen Daten eine große Rolle in der Geschichte Polens spielen!

966, 1410, 1795, 1830, 1863, 1918, 1939, 1945, 1956, 1970, 1980, 1981, 1989.

Nasz wschodni sąsiad

O Polsce

1

To są Wysokie Tatry. Co wiesz o polskich Tatrach?

2 Lesen Sie!

Na lekcji języka polskiego

Dzisiejszą lekcję języka polskiego na temat „O Polsce" *przygotowali* uczniowie. Najpierw *niektórzy* z nich *wygłoszą krótkie referaty*, a potem odbędzie się dla wszystkich *kwiz*. Dlatego też *warto* robić sobie[1] *notatki*.

– *Rzeczpospolita* Polska jest naszym najbliższym *wschodnim* sąsiadem.
– *Obszar* Polski *wynosi* ponad 300 tysięcy kilometrów kwadratowych.
– Sąsiadami Polski są: *na północy Rosja* i *Litwa*, na *wschodzie Białoruś* i *Ukraina*, na *południu Czechy* i *Słowacja*, a na *zachodzie Republika Federalna Niemiec*.

[1] siehe S. 232

północ
na północy Polski
na północ od …

zachód
na zachodzie Polski
na zachód od …

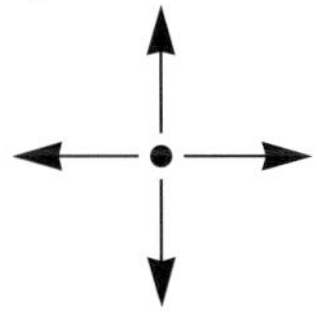

wschód
na wschodzie Polski
na wschód od …

południe
na południu Polski
na południe od …

– Na północ od Polski znajduje się *Morze Bałtyckie (Bałtyk)*, na południu Polski znajdują się *góry Sudety* i *Karpaty.*
– W Polsce *żyje obecnie* 39 milionów mieszkańców.
– Kraj *dzieli się na województwa.*

3 Prägen Sie sich ein!

Białoruś *f.*	– Weißrußland	Republika Federalna Niemiec (RFN)	– Bundesrepublik Deutschland (BRD)
Czechy (Pl.)	– Tschechien	Rosja	– Rußland
dzielić się na (+ Akk.)	– eingeteilt sein in	rzeczpospolita	– Republik (Bez. für poln. Staatsformen)
dzisiejszy	– heutig, von heute	Słowacja	– Slowakei
góra, Pl.: -y	– Berg, Gebirge	Sudety (Pl.)	– Sudeten
Karpaty (Pl.)	– Karpaten	temat	– Thema
krótki *Adj.*	– kurz	Ukraina	– Ukraine
kwiz	– Quiz	warto (+ Inf.)	– es lohnt sich
Litwa	– Litauen	województwo	– Wojewodschaft
mieszkaniec	– Einwohner	wschód	– Osten
Morze Bałtyckie (Bałtyk)	– Ostsee	wschodni	– östlich
niektórzy (Pl. Pf.)	– manche, einige	wygłaszać, wygłosić *vo.* referat	– Vortrag halten
notatka	– Notiz	wynosić	– hier: betragen
obecnie *Adv.*	– gegenwärtig	zachód	– Westen
obszar	– Fläche	żyć	– leben
północ *f.*	– Norden		
przygotowywać, przygotować *vo.* przygotuję, przygotujesz, … przygotują	– vorbereiten		

4 Beantworten Sie die Fragen!

Jak uczniowie przygotowali lekcję języka polskiego?
Czym Polska jest dla nas?
Z którymi krajami graniczy Polska?
Czy obszar Polski jest większy od obszaru Niemiec?
Które miasta znajdują się na północy Polski, które na zachodzie, na wschodzie lub na południu?
Jak nazywają się główne rzeki Polski?
Jakie znasz góry w Polsce?
Ilu mieszkańców żyje obecnie w Polsce?

5 Lesen Sie – falls nötig – mit Wörterbuch!

Polska leży w geometrycznym środku Europy, nad Bałtykiem. Przez Polskę przechodzą główne drogi komunikacyjne ze wschodu na zachód. Między Sudetami a Karpatami, przez Bramę Morawską, prowadzi droga z Polski do Czech, Rumunii, Bułgarii i na Węgry. Pod względem obszaru Polska zajmuje siódme miejsce w Europie. Graniczy z Niemcami, Czechami, Słowacją, z Ukrainą, Białorusią, Litwą i Rosją.

6 Lesen Sie mit Hilfe des Wörterbuches und geben Sie den Inhalt deutsch wieder!

Polska

Polska leży w środkowej Europie. Graniczy na zachodzie z Niemcami, na południu z Czechami i Słowacją, na wschodzie z Ukrainą i Białorusią, na północnym wschodzie z Litwą i Rosją. Granicę północną państwa stanowi Morze Bałtyckie.
Główne rzeki Polski to Wisła, Odra, Bug, Narew i Nysa. Wisła to największa polska rzeka. Ma 1047 kilometrów długości. Płynie przez Kraków, Warszawę, Toruń, Bydgoszcz i Gdańsk. Wzdłuż Nysy i Odry, drugiej co do wielkości rzeki, przebiega granica między Polską a Republiką Federalną Niemiec. Rzeka Bug tworzy granicę między Polską a Ukrainą i Białorusią.
Obszar Polski wynosi ponad 300 tysięcy km^2. Obecnie żyje na nim prawie 39 milionów mieszkańców.
Polska jest krajem nizinnym, urozmaiconym wzniesieniami i jeziorami. Charakterystyczną cechą krajobrazu Polski północnej są jeziora. Jest ich szczególnie dużo na Pojezierzu Mazurskim. Na południu wzdłuż granicy ze Słowacją rozciągają się Karpaty Zachodnie, których najwyższym szczytem w Tatrach Wysokich są Rysy – 2499 m. Na południowym zachodzie Polski znajdują się Sudety. Najwyższym ich punktem w Karkonoszach jest Śnieżka – 1602 m. Polska jest krajem przemysłowo-rolniczym. Najważniejsze surowce mineralne to węgiel, miedź, siarka i sól. Największym okręgiem przemysłowym jest Śląsk. Tam znajduje się dużo zakładów metalurgicznych. Rozwinięty też jest przemysł maszynowy, chemiczny, spożywczy,

lekki, samochodowy, włókienniczy i stoczniowy. Głównymi portami są Gdynia, Gdańsk i Szczecin.
Stolicą Polski jest Warszawa. Zniszczona podczas ostatniej wojny, odbudowana po wojnie jest teraz nowoczesnym miastem. Warszawa to główny ośrodek polityczny, gospodarczy i naukowo-kulturalny kraju. Swoją siedzibę mają tu naczelne władze państwowe. W Warszawie mieszczą się wielkie zakłady przemysłu elektronicznego, poligraficznego i metalowego.
Kraj dzieli się na województwa. Największe miasta to Warszawa, Łódź, Kraków, Wrocław, Poznań i Gdańsk.
Godłem Polski jest wizerunek orła białego w złotej koronie na czerwonym tle. Znak orła ma wielowiekową tradycję. Pojawił się już w XII wieku na monetach, natomiast jako godło Piastów, pierwszej dynastii królów polskich, w 1222 roku.
Hymn narodowy zaczyna się słowami „Jeszcze Polska nie zginęła ...". Powstał w 1797 roku, gdy Polska utraciła byt państwowy. Autorem tekstu jest Józef Wybicki, a melodią ludowy mazurek.
W Polsce obchodzi się następujące święta narodowe:
3 maja – Święto Narodowe Trzeciego Maja (uchwalenie w 1791 roku konstytucji)
11 listopada – Narodowe Święto Niepodległości (odzyskanie w 1918 roku niepodległości).

7 Beantworten Sie die folgenden Fragen!

To jest Pojezierze Mazurskie.
Gdzie się znajduje?
Co wiesz o nim?

To jest Gdańsk.
Co wiesz o tym mieście?

8 Lesen Sie – falls nötig – mit Wörterbuch!

Łódź

W 1332 roku Łódź była jeszcze wsią, od 1423 – już miastem. Ale jej ogromny rozwój rozpoczął się od 1815 roku, kiedy to stała się miastem fabrycznym. Fabrykanci zaczęli tu budować wiele fabryk, zakładów przemysłowych, domów i pałaców. Przybywali robotnicy. I tak Łódź stała się ośrodkiem przemysłu tekstylnego, papierniczego, chemicznego i metalowego. Z czasem stała się ośrodkiem ruchu robotniczego. Tu odbył się pierwszy powszechny strajk robotników w 1892 roku. Początki przemysłowej Łodzi opisuje Władysław Reymont w swej powieści pod tytułem „Ziemia Obiecana“ („Das gelobte Land“). Jest to pierwsza polska powieść o nowoczesnym przemyśle. Według niej Andrzej Wajda, polski reżyser filmowy i teatralny, nakręcił film, który otrzymał wiele nagród za granicą.

Dzisiaj Łódź to po Warszawie drugie pod względem wielkości miasto. Nie zmieniło swojego robotniczego i przemysłowego oblicza, jest jednak teraz również ośrodkiem naukowym i kulturalnym. Tu działa 8 wyższych szkół, na przykład bardzo znana Wyższa Szkoła Filmowa i Teatralna.
Łódź jest największym ośrodkiem polskiej kinematografii. Znajduje się tu Wytwórnia Filmów Fabularnych i Oświatowych.

W Łodzi można zwiedzić ciekawe muzea, np. jedyne w Polsce Muzeum Historii Włókiennictwa, Muzeum Sztuki, Muzeum Archeologiczne i Etnograficzne.
Warto zobaczyć intresujące spektakle w teatrach i posłuchać muzyki w filharmonii.
Na głównej ulicy – Piotrkowskiej – można zobaczyć odrestaurowane stare fabryki, domy i pałace.

Wrocław

Wrocław jest ośrodkiem naukowym, kulturalnym i gospodarczym południowo – zachodniej Polski.
Historia stolicy Dolnego Śląska to wspólne, skomplikowane dziedzictwo. Od około 990 roku miasto należało do Polski. W roku 1335 Wrocław został włączony do Czech, a od 1526 roku znalazł się pod rządami dynastii Habsburgów. Wreszcie w roku 1741 dostał się pod panowanie Prus i pozostał miastem niemieckim do końca II wojny światowej. Od maja 1945 roku do zniszczonego w 70 procentach Wrocławia zaczęli stopniowo napływać nowi mieszkańcy. Dziś po latach odbudowy jest jednym z najpiękniejszych miast Polski.
Metropolia wrocławska słynie z cennych zabytków. Najstarszą częścią miasta jest Ostrów Tumski. Znajdują się tu wspaniałe kościoły, a wśród nich piękna katedra gotycka z 1244–1272 roku, którą widzimy tu na zdjęciu.
Równie atrakcyjnym miejscem dla turystów jest wrocławski rynek, wokół którego znajduje się wiele budynków z dawnych wieków. Na środku stoi ratusz z XIII wieku,

przebudowany w XV wieku. Mieści się w nim obecnie Muzeum Historyczne. A przed ratuszem stoi przeniesiony ze Lwowa pomnik Aleksandra Fredry, ponieważ we Wrocławiu bywał ten największy polski komediopisarz, a także i inne wybitne postacie, jak Fryderyk Chopin, Juliusz Słowacki, Kamil Norwid, Henryk Wieniawski, Ignacy Paderewski.
Wrocław ma obecnie 13 szkół wyższych, między innymi Uniwersytet Wrocławski, założony w 1811 roku, gdzie studiowało wielu Polaków w okresie niewoli.

Zakopane

Pierwsze wzmianki o Zakopanem pochodzą z 1605 roku. Rozwój jego zaczął się w połowie XIX wieku, dzięki działalności między innymi Tytusa Chałubińskiego, warszawskiego lekarza i przyrodnika, który spopularyzował Zakopane i Tatry. Coraz więcej osób zaczęło odwiedzać tę miejscowość. Gromadziła się tu spora część elity artystycznej i intelektualnej, a z czasem także politycznej. Często do Zakopanego przyjeżdżali między innymi Henryk Sienkiewicz, Maria Konopnicka,

Stefan Żeromski, Helena Modrzejewska, Ignacy Paderewski, Maria Skłodowska-Curie, Stanisław Witkiewicz, Karol Szymanowski, Leopold Staff.
Obecnie zimowa stolica Polski liczy około 30 tysięcy mieszkańców i jest jednym z najpopularniejszych polskich uzdrowisk oraz największym w Polsce ośrodkiem turystyki górskiej i sportów zimowych. Tu trzykrotnie, w 1929, 1939 i 1962 roku, odbywały się Narciarskie Mistrzostwa Świata.
Zakopane odwiedza co roku około trzech milionów turystów. Warto tu zwiedzić Muzeum Tatrzańskie imienia dra Tytusa Chałubińskiego, w którym można zapoznać się z przyrodą i geologią Tatr oraz obejrzeć ciekawe eksponaty etnograficzne: wnętrze dziewiętnastowiecznej chaty góralskiej, stroje ludowe, instrumenty i sztukę ludową.
Mimo wielu zmian kultura góralska jest nadal niezwykle żywa. Do dziś w góralskich domach mówi się gwarą. Muzyka i taniec góralski, jak dawniej, towarzyszą różnym uroczystościom, a stroje regionalne widzi się nie tylko od święta. Również sztukę ludową można podziwiać u wielu twórców (kowalstwo, malarstwo na szkle, rzeźba i stolarstwo).

Gedichte

Adam Mickiewicz

Dwa słowa

Gdy sam na sam z tobą siedzę,
Nie mam czasu o nic pytać:
Patrzę w oczy, ustek śledzę,
Chciałbym wszystkie myśli czytać
Wprzód, nim w oczętach zaświecą;
Chciałbym wszystkie słówka chwytać
Wprzód, nim od ustek odlecą.
I nie potrzeba tłumaczyć,
Co chcę słyszeć, co zobaczyć.
Rzecz nietrudna i nienowa.
Moja luba! te dwa słowa:
Kocham ciebie, kocham ciebie!

1825

Tadeusz Różewicz

Pomnik

Nasze pomniki
są dwuznaczne
mają kształt dołu

nasze pomniki
mają kształt
łzy

nasze pomniki
budował pod ziemią
kret

nasze pomniki
mają kształt dymu
idą prosto do nieba.

1960 „Rozmowa z księciem“

Konstanty Ildefons Gałczyński

Rozmowa liryczna

– Powiedz mi, jak mnie kochasz.
– Powiem.
– Więc?
– Kocham cię w słońcu. I przy blasku świec.
Kocham cię w kapeluszu i w berecie.
W wielkim wietrze na szosie, i na koncercie.
W bzach i w brzozach, i w malinach, i w klonach.
I gdy śpisz. I gdy pracujesz skupiona.
I gdy jajko roztłukujesz ładnie –
nawet wtedy, gdy ci łyżka spadnie.
W taksówce. I w samochodzie. Bez wyjątku.
I na końcu ulicy. I na początku.
I gdy włosy grzebieniem rozdzielisz.
W niebezpieczeństwie. I na karuzeli.
W morzu. W górach. W kaloszach. I boso.
Dzisiaj. Wczoraj. I jutro. Dniem i nocą.
I wiosną, kiedy jaskółka przylata.
– A latem jak mnie kochasz?
– Jak treść lata.
– A jesienią, gdy chmurki i humorki?
– Nawet wtedy, gdy gubisz parasolki.
– A gdy zima posrebrzy ramy okien?
– Zimą kocham cię jak wesoły ogień.
Blisko przy twoim sercu. Koło niego.
A za oknami śnieg. Wrony na śniegu.

1950

Jan Brzechwa

Wrona i ser

Niech mi każdy powie szczerze,
skąd się wzięły dziury w serze?

Indyk odrzekł: „Ja właściwie,
sam się temu bardzo dziwię".

Kogut zapiał z galanterią:
„Kto by też brał ser na serio?"

Owca stała zadumana:
„Pójdę, spytam się barana".

Koń odezwał się najprościej:
„Moja rzecz – to dziury w moście".

Pies obwąchał ser dokładnie:
„Czuję kota: on tu kradnie!"

Kot udając, że nie słyszy,
miauknął: „Dziury robią myszy".

Przyleciała wreszcie wrona:
„Sprawa będzie wyjaśniona,
próbę dziur natychmiast zrobię,
bo mam świetne czucie w dziobie".

Bada dziury jak należy,
każdą dziurę w serze mierzy,
każdą zgłębia i przebiera –
a gdzie ser jest? Nie ma sera!
Indyk zsiniał, owca zbladła:
„Gwałtu! Wrona ser nam zjadła!"

Na to wrona na nich z góry:
„Wam chodziło wszak o dziury,
wprawdzie ser zużyłam cały,
ale dziury pozostały!

Bo, gdy badam, nic nie gadam,
i co trzeba zjeść, to zjadam.
Trudno. Nikt dziś nie docenia
prawdziwego poświęcenia!"

Po czym wrona, jak to ona,
poszła sobie obrażona.

1945 „Kaczka Dziwaczka"

Mikołaj Rej

Do tego, co czyta

A niechaj narodowie wżdy postronni znają,
Iż Polacy nie gęsi, iż swój język mają!
Nie mów tak jako drudzy: – A co mnie z tego?
Bo nie w czas, gdy już ćwiczy niewola każdego!

1562 „Zwierzyniec"

Leopold Staff

Słowik

W przyjaciół miłych gronie
Dziewczyna w wieczornym salonie
Wiosennym głosem,
Nutą słowiczą,
Śpiewała z miłosną słodyczą,
Z majowym patosem.

Wszyscy słuchali
I gdy śpiewaczka usta otwarła
W perlistej gamie,
Co w serca wnika,
Kot, co się zakradł do sali,
Skoczywszy jej na ramię
Zajrzał do gardła.
Szukał słowika.

1954 „Wiklina"

Aleksander Fredro

Paweł i Gaweł

Paweł i Gaweł w jednym stali domu,
Paweł na górze, a Gaweł na dole;
Paweł, spokojny, nie wadził nikomu,
Gaweł najdziksze wymyślał swawole.
Ciągle polował po swoim pokoju:
To pies, to zając – między stoły, stołki
Gonił, uciekał, wywracał koziołki,
Strzelał i trąbił, i krzyczał do znoju.
Znosił to Paweł, nareszcie nie może;
Schodzi do Gawła i prosi w pokorze:
– Zmiłuj się waćpan, poluj ciszej nieco,
Bo mi na górze szyby z okien lecą. –
A na to Gaweł: – Wolnoć, Tomku,
W swoim domku. –
Cóż było mówić? Paweł ani pisnął,
Wrócił do siebie i czapkę nacisnął.
Nazajutrz Gaweł jeszcze smacznie chrapie,
A tu z powały coś mu na nos kapie.
Zerwał się z łóżka i pędzi na górę.
Sztuk! puk! – Zamknięto. Spogląda przez dziurę
I widzi ... Cóż tam? cały pokój w wodzie,
A Paweł z wędką siedzi na komodzie.
– Co waćpan robisz? – Ryby sobie łowię.
– Ależ, mośpanie, mnie kapie po głowie! –
A Paweł na to: – Wolnoć, Tomku,
W swoim domku. –
Z tej to powiastki morał w tym sposobie:
Jak ty komu, tak on tobie.

Wisława Szymborska

Możliwości

Wolę kino.
Wolę koty.
Wolę dęby nad Wartą.
Wolę Dickensa od Dostojewskiego.
Wolę siebie lubiącą ludzi.
niż siebie kochającą ludzkość.
Wolę mieć w pogotowiu igłę z nitką.
Wolę kolor zielony.
Wolę nie twierdzić,
że rozum jest wszystkiemu winien.
Wolę wyjątki.
Wolę wychodzić wcześniej.
Wolę rozmawiać z lekarzami o czymś innym.
Wolę stare ilustracje w prążki.
Wolę śmieszność pisania wierszy
od śmieszności ich niepisania.
Wolę w miłości rocznice nieokrągłe,
do obchodzenia co dzień.
Wolę moralistów,
którzy nie obiecują mi nic.
Wolę dobroć przebiegłą od łatwowiernej za bardzo.
Wolę ziemię w cywilu.
Wolę kraje podbite niż podbijające.
Wolę mieć zastrzeżenia.
Wolę piekło chaosu od piekła porządku.
Wolę bajki Grimma od pierwszych stron gazet.
Wolę liście bez kwiatów niż kwiaty bez liści.
Wolę psy z ogonem nie przyciętym.
Wolę oczy jasne, ponieważ mam ciemne.
Wolę szuflady.
Wolę wiele rzeczy, których tu nie wymieniłam,
od wielu również tu nie wymienionych.
Wolę zera luzem
niż ustawione w kolejce do cyfry.
Wolę czas owadzi od gwiezdnego.
Wolę odpukać.
Wolę nie pytać, jak długo jeszcze i kiedy.
Wolę brać pod uwagę nawet tę możliwość,
że byt ma swoją rację. 1986

Lieder

Jeszcze Polska nie zginęła
Polski Hymn Narodowy

słowa: Józef Wybicki

Żywo (♩.=116), Es-Dur

Jeszcze Polska nie zginęła,
kiedy my żyjemy,
co nam obca przemoc wzięła,
szablą odbierzemy.
Marsz, marsz, Dąbrowski,
z ziemi włoskiej do Polski!
Za twoim przewodem
złączym sie z narodem.

Gołębi song

słowa: Jacek Cygan
muzyka: Seweryn Krajewski

Gołębie wszystkich placów, wzywam was!
Z uliczek Kazimierza, z Notre Dame,
Z Picassa dłoni, hen, w ogromną kartki biel
Do ludzi z wszystkich stron, zerwijcie się!

Niech skrzydeł waszych szum wypłoszy lęk,
Przegoni chmury obaw z naszych serc!
I znów jak dzieci-kwiaty, choć już starszy Bóg nad światem,
Chodźmy śpiewać dziś i wznieśmy dłoń.

Gdy strumyk płynie z wolna

Piosenka harcerska

Marszowo, G-Dur

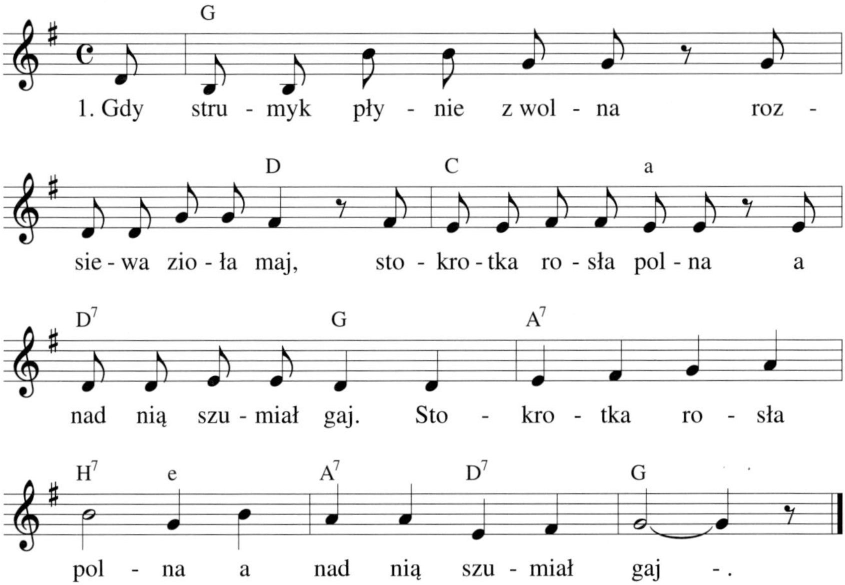

1. Gdy strumyk płynie z wolna
rozsiewa zioła maj,
stokrotka rosła polna
a nad nią szumiał gaj.

2. Wtem harcerz idzie z wolna:
„Stokrotko witam cię“,
twój urok mnie zachwyca,
czy chcesz być mą, czy nie?“

3. Ma miłość jest głęboka,
głęboko w sercu tkwi
i nikt jej nie odgadnie,
nie odczyta jej nikt.

Płonie ognisko

Rock'a ballad, d-moll

1. Płonie ognisko i szumią knieje,
   drużynowy jest wśród nas.
   Opowiada starodawne dzieje
   bohaterski wskrzesza czas.

   O rycerstwie spod kresowych sta-
   nic,
   o obrońcach naszych polskich gra-
   nic.
   A pod nami wiatr szumny wieje
   i dębowy huczy las.

2. Już do odwrotu głos trąbki wzywa
   alarmują ze wszystkich stron.
   Staje wiara w ordynku szczęśliwa,
   serca biją w zgodny ton.

   Każda twarz się uniesieniem płoni,
   każdy laskę krzepko dzierży w
   dłoni.
   A z młodzieńczej się piersi
   wyrywa
   pieśń potężna, pieśń jak dzwon.

Lautlehre

Zur Lautlehre

1 Das polnische Alphabet

Druck-schrift		Schreib-schrift		Name	Druck-schrift		Schreib-schrift		Name
A	a	A	a	a	P	p	P	p	pe
Ą	ą	Ą	ą	ą	R	r	R	r	er
B	b	B	b	be	S	s	S	s	es
C	c	C	c	ce	Ś	ś	Ś	ś	eś
Ć	ć	Ć	ć	cie	T	t	T	t	te
D	d	D	d	de	U	u	U	u	u
E	e	E	e	e	W	w	W	w	wu
Ę	ę	Ę	ę	ę	Y	y	Y	y	y, i grek
F	f	F	f	ef	Z	z	Z	z	zet
G	g	G	g	ge	Ź	ź	Ź	ź	ziet[2]
H	h	H	h	ha	Ż	ż	Ż	ż	żet[3]
I	i	I	i	i					
J	j	J	j	jot					
K	k	K	k	ka	Buchstabenkombinationen:				
L	l	L	l	el	Ch	ch	Ch	ch	ha, ceha
Ł	ł	Ł	ł	eł	Cz	cz	Cz	cz	cze, cezet
M	m	M	m	em	Dz	dz	Dz	dz	dze, dezet
N	n	N	n	en	Dż	dż	Dż	dż	dże, deżet
Ń	ń	Ń	ń	eń	Dź	dź	Dź	dź	dzie, deziet
O	o	O	o	o	Rz	rz	Rz	rz	er-zet
Ó	ó	Ó	ó	o kreskowane[1]	Sz	sz	Sz	sz	sza, eszet

[1] o mit Strich [2] zet z kreską (zet mit Strich) [3] zet z kropką (zet mit Punkt)

2 Einige Merkmale der polnischen Schrift und Aussprache

1. Das polnische Alphabet besteht aus Buchstaben des lateinischen Alphabets, die z. T. mit sogenannten „diakritischen Zeichen“ (Häkchen, Akzenten, Punkten) versehen – ą, ę, ć, ł, ń, ó, ś, ź, ż – bzw. als Buchstabenkombinationen – ch, cz, dz, dż, dź, rz, sz – die polnischen Laute wiedergeben.
   Die Buchstaben q, v und x werden im Polnischen nur zur Bezeichnung physikalisch-mathematischer Begriffe verwendet oder kommen in Eigennamen fremder Herkunft vor.
2. Das Polnische hat nur kurze Vokale. ↗ Aussprache der Vokale.
3. Das Polnische hat nasale Laute, die meist durch die Buchstaben ą, ę und (m, n) ń (↗ Aussprache der Vokale und Konsonanten) wiedergegeben werden.
4. Im Polnischen werden die Dentale (Zahnlaute) – d, t, z, s, dz, c sowie r und n – unter Umständen so stark erweicht, daß andersartige Konsonanten daraus werden (↗ Zum Lautwechsel, S. 220).

3 Zur Aussprache der Vokale

Alle Vokale sind kurz und offen auszusprechen:

a – wie in „*A*ll“, nicht wie in „Aal“: p*a*n (Herr), l*a*mp*a* (Lampe);
e – wie in „B*e*tt“, nicht wie in „Beet“: *E*wa (Eva), t*e*n (dieser), j*e*den (eins);
y – etwa wie „dumpfes“ *i* in „T*i*sch“, nicht wie in „Typ“: m*y* (wir), t*y* (du);
i – „hell“ wie deutsches *ie* in „n*ie*“, aber kürzer: pan*i* (Dame), b*i*let (Fahrkarte); kann im Schriftbild polnischer Wörter mehrere Funktionen erfüllen (↗ Zur Aussprache der palatalen /weichen/ Konsonanten, S. 214);
o – wie in „*o*ffen“ (auch in unbetonter Stellung), nicht wie in „Ofen“: *o*n (er), kt*o* (wer), *o*kn*o* (Fenster);
u/ó – wie in „K*u*chen“, aber kürzer: t*u* (hier), m*u*nd*u*r (Uniform), g*ó*ra (Berg), m*ó*wi (spricht); die unterschiedliche Schreibung hat sprachhistorische Ursachen;
ą, ę – kennzeichnen Nasalvokale, die differenziert auszusprechen sind – abhängig davon, welche Laute ihnen folgen, z. B.

Stellung im Wort	**Aussprache**
– vor -w, -f, -z, -s, -rz, -ż, -sz, -ź, -ś -ch, -h:	ą – wie in *-on-* in „B*o*nb*on*“: m*ą*ż (Ehemann), s*ą*siad (Nachbar), pisz*ą* (sie schreiben); ę – wie *-in-* in „Bass*in*“: mi*ę*so (Fleisch), cz*ę*sto (oft), ci*ę*żko (schwer), pisz*ę* (ich schreibe). Im Wortauslaut: -ę mit stark abgeschwächter Nasalität, fast wie polnisches -e.

– vor -g und -k:	ą	– wie *-on-* in „*On*kel“: m*ą*ka (Mehl), Mr*ą*gowo (Ortsname);
	ę	– wie *-en-* in „*En*kel“: ręka (Hand), węgiel (Kohle);
– vor -d, -t, -dz, -c, -dż, -cz:	ą	– wie *-on-* in „*Son*de“: gor*ą*czka (Fieber), k*ą*t (Winkel), pr*ą*d (Strom);
	ę	– wie *-en-* in „*Sen*der“: więc (also), ręce (Hände), chętnie (gern);
– vor -dź, -ć:	ą	– wie *-on-* (offenes „o“ + weiches „n“): dotkn*ą*ć (berühren), rz*ą*dzić (regieren);
	ę	– wie *-eń-* (offenes „e“ + weiches „n“): sędzia (Richter), piecz*ę*ć (Stempel);
– vor -b, -p:	ą	– wie *-om-* in „K*omm*“: z*ą*b (Zahn), k*ą*pać (baden);
	ę	– wie *-em-* in „H*em*d“: postęp (Fortschritt), zęby (Zähne);
– vor -l, -ł:	ą	– wie poln. „*o*“: zacz*ął* (er begann), pragn*ął* (er wünschte);
	ę	– wie poln. „*e*“: zacz*ęł*a (sie begann), pragn*ę*liśmy (wir wünschten).

4 Zur Aussprache der Konsonanten

In dieser Übersicht wird nur die Aussprache solcher Konsonanten erläutert, die im Deutschen nicht vorkommen oder mit anderen Schriftzeichen als im Polnischen geschrieben werden, also nicht: b, p, m, w, f, d, t, n, l, j, g, k, h/ch.

a) *Dentale* (Vorderzungen-Zahnlaute)

- z – wie stimmhaftes „*s*“ in „*S*onne“: ga*z*eta (Zeitung), *z*upa (Suppe); im Auslaut stimmlos: obra*z* (Bild), tera*z* (jetzt);
- s – wie stimmloses „*s*“ in „wa*s*“ (auch in Verbindung sp und st!): *s*tary (alt), wy*s*pa (Insel), wy*s*oki (hoch), *s*er (Käse), *s*port (Sport);
- dz – artikulatorische Einheit aus -d- + -z-, im Auslaut stimmlos; *dz*won (Glocke), do wi*dz*enia (auf Wiedersehen), wi*dz* (Zuschauer);
- c – wie „*tz*“ in „Pla*tz*“ (niemals wie „k“!): pla*c* (Platz), stoli*c*a (Hauptstadt), *c*o (was), niemie*c*ki (deutsch), Rowi*c*ki (Familienname);
- ł – wie engl. „*w*“ in „*w*ell“: ma*ł*y (klein), *ł*adny (hübsch).

b) *Alveolare* (Vorderzungen-Zahnwurzellaute)

- r – wie „gerolltes“ Zungen-R (niemals wie deutsches Zäpfchen-R!): d*r*ogi (teuer), Od*r*a (Oder), *r*ada (Rat), t*r*awa (Gras);
- ż/rz – stimmhaft wie „*g*“ in „Ra*g*e“, im Auslaut stimmlos: du*ż*y (groß), dob*rz*e (gut), ju*ż* (schon), banda*ż* (Veband), leka*rz* (Arzt); (Die unterschiedliche Schreibung hat sprachhistorische Ursachen.);

sz – stimmlos wie „*sch*“ in „*Sch*ule“: *sz*koła (Schule), War*sz*awa (Warschau), pro*sz*ę (ich bitte), ratu*sz* (Rathaus), na*sz* (unser);

dż/drz – stimmhaft, artikulatorische Einheit aus -d- + ż/rz, wie „*g*“ in engl. „*gen*tleman“, im Auslaut stimmlos: *dż*em (Marmelade), *drz*ewo (Baum, Holz), *drz*wi (Tür);

cz – stimmlos, etwa wie „*tsch*“ in „Ma*tsch*“, mit gleichzeitiger Artikulation von „t + sch“: Karpa*cz* (Ortsname), *cz*ytam (ich lese), *cz*ekolada (Schokolade), po*cz*ta (Post), *cz*as (Zeit).

c) *Palatale* (weiche Mittelzungen-Gaumenlaute)

ź – vor Vokalen *zi* – ein stimmhafter Zischlaut, der etwa wie das deutsche -j- gebildet wird, nur mit an den Gaumen angehobener Mittelzunge: *ź*le (schlecht), na ra*zi*e (bis später), *ź*ródło (Quelle), *zi*arno (Korn);

ś – vor Vokalen *si* – stimmlose Entsprechung zu -*ź*-, etwa wie der deutsche Ich-Laut, jedoch mit ganz geringem Mundöffnungsgrad: *ś*roda (Mittwoch), *si*ostra (Schwester), *ś*wietnie (fabelhaft); Vor stimmhaften Konsonanten (außer m und n) stimmhaft wie *ź*: pro*ś*ba (spricht: proźba) – Bitte;

dź – vor Vokalen *dzi* – stimmhafter Zischlaut (artikulatorische Einheit aus -d- + -ź-, fungiert als weiches Pendant zu -d-): *gdzi*e (wo), *dzi*ękuję (ich danke), *dzi*ecko (Kind);

ć – vor Vokalen *ci* – stimmlose Entsprechung zu -*dź*-, etwa wie *tś*, fungiert als weiches Pendant zu -t-: by*ć* (sein), nauczy*ci*el (Lehrer), *ci*ebie (dich);

ń – vor Vokalen *ni* – nasales, erweichtes *n*, klingt wie „*gn*“ in „Ko*gn*ak“: rodze*ń*stwo (Geschwister), dzie*ń* (Tag), *ni*e (nein, nicht), zda*ni*e (Satz), mieszka*ni*e (Wohnung).

Die Weichheit der vorstehenden fünf Konsonanten wird orthographisch je nach Stellung im Wort auf verschiedene Weise signalisiert:

a) im Wortauslaut und vor Konsonanten durch ein ´ über dem Buchstaben (Pigo*ń*, Starzy*ń*ski);

b) vor Vokalen durch ein -i- zwischen dem palatalen Konsonanten (anstelle des ´!) und dem nachfolgenden Vokal (*ni*e), wobei -i- keinen Laut bezeichnet, der zu sprechen wäre (ni- vor Vokal = ń);

c) wenn der Laut „*i*“ auf einen palatalen Konsonanten folgt, erfüllt das Schriftzeichen -i- zwei Funktionen: Es repräsentiert im Schriftbild den Laut „i“, der zu sprechen ist, und zeigt gleichzeitig (anstelle von ´) die Weichheit des vorangehenden Konsonanten an (pa*ni* = --ńi + i).

Vgl.: Krzy*ś*, Go*ś*ka, A*si*a. Ko*si*dowski (= ś + i)
by*ć*, Ba*ć*kowice, Ma*ci*ej, *ci*cho (= ć + i = weiches „t“ + i)
aber: *c*o (c- ohne -io- = c wie „Cäsar“)
Łó*dź*, Nie*dź*wiecki, *dzień*, *Dzi*kowski (= dź + i = weiches „d“ + i)
aber: bar*dz*o (dz- ohne -i- = d + z)

Nach -b-, -p-, -w-, -f- und -m- erfüllt -i- dieselben Funktionen. Mit einem ´ kommen die genannten Konsonanten heute jedoch nicht mehr vor, da sie, wenn sie im Auslaut oder vor Konsonanten weich waren, verhärtet sind, d. h., in diesen Stellungen nicht mehr weich ausgesprochen werden.
-ł- und -l- sind orthographisch anders zu handhaben. Sie stehen sich innerhalb der Opposition hart : weich als Pendants gegenüber (obwohl -ł- artikulatorisch heute nur noch wenig Ähnlichkeit mit einem „l" hat). Dabei dient -ł- immer als Schriftzeichen für das harte Pendant, und -l- ist immer das Zeichen für das weiche. Darum wird seine Weichheit nicht durch ein -i- oder durch andere Zeichen signalisiert.
-j- ist immer weich; es gibt kein hartes Pendant dazu, und darum wird seine Weichheit orthographisch nicht angezeigt.

5 Zur Aussprache von *e + u, a + u, e + i*

1. Die Kombination *e + u* wird immer wie zwei gebundene, aber deutlich unterschiedene Laute gesprochen: n*eu*tralny (ne-utralny) – neutral. Z*eu*s (ze-us) – Zeus u. a., d. h. niemals wie im Deutschen als Diphthong eu in „Eule".
   In Lehnwörtern werden *e + u* in voneinander getrennten Silben gesprochen: muz*eu*m (mu-ze-um) – Museum, lic*eu*m (li-ce-um) – Lyzeum.
2. *a + u* werden in Fremdwörtern nicht ganz so deutlich voneinander getrennt wie e + u und können diphthongischen Charakter annehmen: *au*la (au-la) – Aula, *au*to (au-to) – Auto. In polnischen Wörtern ist das *u* meist silbisch und muß deutlich von *a* getrennt gesprochen werden: n*au*ka (na-u-ka) – Wissenschaft, n*au*czyć się (na-u-czyć) – lernen, n*au*myślnie (na-u-myślnie) – absichtlich u. a.
3. Eine Kombination *ei* wie im Deutschen als Diphthong gibt es nicht, d. h., *e + i* werden immer getrennt gesprochen: nadzi*ei* (na-dzie-i) – Gen. Sg. von nadzieja (Hoffnung).

6 Zu den „historisch weichen" Konsonanten

Die sieben Konsonanten *rz, ż, sz, dż, cz, dz* und *c* werden als „historisch weiche" (auch funktional weiche) Konsonanten bezeichnet, weil es ehemals weiche Konsonanten waren. Sie zeichnen sich dadurch aus, daß sie in der Deklination und Konjugation Merkmale der weichen Deklinations- bzw. Konjugationsendungen aufweisen, allerdings in jetzt verhärteter Form.

Weiche bzw. erweichte Konsonanten			*„Historisch weiche" Konsonanten*		
ucze*ń*	kuch*nia*	sie*dzę*	leka*rz*	młodzie*ż*	le*żę*
ucz*nia*	kuch*ni*	sie*dzi*sz	leka*rza*	młodzie*ży*	le*ży*sz
ucz*ni*owi	kuch*ni*	sie*dzi*	leka*rz*owi	młodzie*ży*	le*ży*
ucz*nia*	kuch*nię*	sie*dzi*my	leka*rza*	młodzie*ż*	le*ży*my
ucz*ni*em	kuch*nią*	sie*dzi*cie	leka*rz*em	młodzie*żą*	le*ży*cie
ucz*ni*u	kuch*ni*	sie*dzą*	leka*rz*u	młodzie*ży*	le*żą*

7 Zur Assimilation der Konsonanten in bezug auf Stimmhaftigkeit (+) und Stimmlosigkeit (–)

Beim unmittelbaren Aufeinandertreffen von stimmhaften und stimmlosen Konsonanten kommt es meist zur Assimilation eines dieser Konsonanten, d. h., er paßt sich seinem Nachbarn in bezug auf Stimmhaftigkeit bzw. Stimmlosigkeit an. Für diesen Vorgang gelten die folgenden Regeln:

1. Im Auslaut vor Sprechpausen (Punkt, Komma u. ä.) werden alle stimmhaften Konsonanten zu ihrem stimmlosen Pendant, z. B.:

… Krakó*w*,	… Włodzimier*z*.
+	+
∨	∨
–	–
[f]	[sz]

2. *-w* und *-rz-* werden nach stimmlosen Konsonanten selbst stimmlos (progressive, vorwärts wirkende Assimilation), z. B.:

t*w*ój,	p*rz*ed,	p*rz*epraszam.
– +	– +	– +
– –	– –	– –
[f]	[sz]	[sz]

3. Ansonsten tritt regressive (rückwärts wirkende) Assimilation ein, z. B.:

pro*ś*ba,	li*cz*ba,	ła*w*ka,	Witko*w*ski.
– +	– +	+ –	+ – –
∨	∨	∨	∨
+ +	+ +	– –	– – –
[ź]	[dż]	[f]	[f]

Diese Assimilation wirkt auch über die Grenze zwischen Wörtern hinweg, wenn keine Sprechpause dazwischen liegt, z. B.:

na*sz* *d*om,	prze*d* *k*asą.
– +	+ –
∨	∨
+ +	– –
[ż]	[t]

4. Bei der für das Polnische charakteristischen starken Bindung zwischen Silben und Wörtern werden stimmhafte Konsonanten an deren Ende vor stimmhaften auch nicht stimmlos (wie im Deutschen), z. B.:

pra*wd*a,	roz*m*owa	(vgl. deutsch: Han*dw*agen).
+ +	+ +	(bleibt) + +
		∨
		– +

5. Die Halböffnungslaute (ł, l, m, n, ń, r, j) sind nicht an der Assimilation beteiligt. Sie bleiben auch neben stimmlosen Konsonanten stimmhaft und bewirken nicht, daß stimmlose neben ihnen stimmhaft werden, z. B.:

sy*mp*aty*czny*,	Wi*śni*owiecki.
+ – – +	– + (bleibt)

8 Zur Aussprache einiger Konsonantenhäufungen

1. Im heutigen Polnisch ist – vor allem in fließender Rede – bei einigen Konsonantengruppen eine Vereinfachung feststellbar, die als korrekt gilt. Das betrifft vor allem:
   a) die Aussprache von Namen und Adjektiven auf *-wski* ohne *w*, z. B. Malinowski (sprich: Malinoski), warszawski (sprich: warszaski);
   b) die Aussprache der Numeralia *pierwszy* und *pierwsi* ohne *w*, also: pierszy und piersi. Diese Vereinfachung trifft auch bei *sześćdziesiąt* (sprich: szeździesiont), *pięćdziesiąt* (sprich: pieńdziesiont), *sześćset* (sprich: szesset oder szejset) zu.

2. Die Konsonantengruppen *strz* und *trz* werden häufig falsch ausgesprochen, d. h. ohne deutliches t, z. B. bei *trzy* (tszy, nicht: czy!) – drei, *trzysta* (tszysta, nicht: czysta!) – dreihundert, *trzeba* (tszeba, nicht: czeba!) – man muß, *strzelać* (stszelać, nicht: szczelać) – schießen.

3. Der Lokativ von Substantiven auf *-izm* oder *-yzm* kann *-izmie* (-yzmie) oder *-iźmie* (-yźmie) gesprochen werden, z. B. dual*izm* – o dual*izmie* bzw. o dual*iźmie*, magnet*yzm* – o magnet*yzmie* bzw. magnet*yźmie*. In der Schrift gilt ausnahmslos die Endung *-izmie* (-yzmie) als verbindlich.

4. *Doppelkonsonanten* kommen im Polnischen meist in Fremdwörtern vor und werden (etwas) verlängert ausgesprochen. Sie dienen nicht – wie im Deutschen – zur Bezeichnung der Kürze vorhergehender Vokale, z. B. A*nn*a, mado*nn*a (verlängertes *n*), mo*kk*a, le*kk*i (verlängertes *k*), Jagie*łł*o, Ko*łł*ątaj (verlängertes *ł*), bru*tt*o, mo*tt*o (verlängertes *t*).

9 Zum Wortakzent

1. Die Wörter werden in der Regel auf der vorletzten Silbe betont – unabhängig von der grammatischen Form des Wortes. Hat ein Wort in einer grammatischen Form also mehr oder weniger Silben als in seiner Grundform (z. B. Nominativ oder Infinitiv), ist die vorletzte Silbe der vorliegenden Wortform zu betonen und nicht die Silbe, die in der Grundform die vorletzte ist. Beispiel: Nom: *ho*tel, Gen.: ho*te*lu, Dat.: hote*lo*wi.
   In Wörtern, die aus vier oder mehr Silben bestehen, erhält die erste einen deutlichen Nebenton, d. h., sie wird schwächer als die den Hauptton tragende, aber stärker als die übrigen Silben betont, z. B.: fẹnome*nal*ny, fọtore*por*ter.

2. Die Präteritalformen der 1. und 2. Pers. Plural werden auf der drittletzten Silbe betont, z. B. pi*sa*liśmy, pi*sa*liście; czy*ta*łyśmy, czy*ta*łyście.[1]

3. Bei Personenbezeichnungen fremder Herkunft, die auf *-ik* oder *-yk* auslauten (elektromechanik, matematyk), gilt für den Akzent:

   a) In den Formen, die um eine Silbe länger als der Nom. Sing. sind, wird die drittletzte Silbe betont.

   b) In den Formen mit anderer Silbenzahl ist die vorletzte zu betonen, z. B.: Nom.: mate*ma*tyk, Gen.: mate*ma*tyka, Dat.: matematy*ko*wi, Instr.: mate*ma*tykiem.

4. Bei Fremd- bzw. Lehnwörtern auf *-ika* oder *-yka* ruht der Ton in Formen, deren Silbenanzahl gleich dem Nom. Sg. ist, auf der drittletzten Silbe, in allen anderen auf der vorletzten, z. B. re*pu*blika (aber: republi*ka*mi), charakte*ry*styka (aber: charakterysty*ka*mi).

5. Präpositionen und die Verneinungspartikel *nie* ziehen den Akzent vor einsilbigen Formen (meist Pronomen) auf sich, so daß beide wie ein auf der vorletzten Silbe betontes Wort gesprochen werden, z. B. *bez* nas, be*ze* mnie, *dla* niej; *nie* mów, *nie* jem, *nie* rób.

6. In Abkürzungen, die aus Anfangsbuchstaben einzelner Wörter bestehen, wird in der Regel der letzte Buchstabe betont, z. B.
   ZHP – lies: zetha*pe* (Polnischer Pfadfinderverband);
   PCK – lies: pece*ka* (Polnisches Rotes Kreuz).
   Abkürzungen, die aus Silben bestehen (Ce*pe*lia, Pa*fa*wag u. a.), werden wie polnische Wörter betont (siehe unter 1.).

[1] Heute wird schon häufig auf der vorletzten Silbe betont.

10 Zur Satzintonation

Die Intonation eines Satzes ist abhängig von der Redeabsicht eines Sprechers. Der Akzent läßt sich dabei – je nachdem, welcher Satzteil hervorgehoben werden soll – verschieben, z. B.

1. *Daj* mi tę gazetę! – *Gib* mir die Zeitung!
2. Daj mi *tę* gazetę! – Gib mir *diese* Zeitung!
3. Daj mi tę *gazetę*! – Gib mir die *Zeitung*!

Die Wahl der entsprechenden Klangfarbe dient außerdem dazu, Gefühle wie Freude, Trauer, Ärger, Unruhe, Ironie, Erregung usw. auszudrücken.

Für das (laute) Lesen eines Textes, besonders aber für das Rezitieren (aus dem Gedächtnis), sollte jeder Text entsprechend aufbereitet, bearbeitet werden. Dafür einige Grundsätze:

1. Verstehen (Durchdenken) des Textes,
2. deutliche Aussprache,
3. textadäquate Akzentuierung und Pauseneinteilung,
4. Wahl der entsprechenden Klangfarbe.

Die richtige Intonation eines Satzes läßt sich erreichen, durch:
- Veränderung der Tonhöhe (Anheben und Senken der Stimme),
- Beachten der Satzzeichen (Punkt, Komma, Frage- und Ausrufezeichen, Semikolon, Doppelpunkt, Bindestrich, Anführungsstriche).

Intonation bei Fragesätzen

In einem normalen Fragesatz steigt der Ton am Satzende etwas an, z. B.

Kto to jest? – *Wer* ist das?

Czy wi- dzia- łaś mat-kę? – Nie. – Hast du die Mutter gesehen? – Nein.

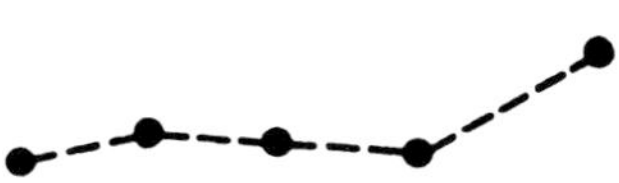

Czy on już po- szedł? – Tak. – Ist er schon gegangen? – Ja.

Bei emotional gefärbten Fragen wechselt die Intonation, je nachdem, welcher Teil eines Satzes besonders betont wird.

Kto to jest? – Wer ist *das*?

Intonation bei Aussagesätzen

1. In ruhiger, affektloser Redeweise fällt der Ton am Satzende etwas ab, z. B.
   Wi- dzę zna- jo- mą pa- ni Schmidt. – Ich sehe die Bekannte von Frau Schmidt.

2. Stehen Präpositionen vor einsilbigen Wörtern, ziehen sie die Betonung auf sich, z. B.
   On mie- szka *na* wsi.

   Er wohnt auf dem Lande.

   Je- dzie- my *do* niej.

   Wir fahren zu ihr.

3. Die Verneinungspartikel *nie* zieht die Betonung auf sich, z. B.
   Pa- ni Schmidt *nie* ma dziec- ka.

   Frau Schmidt hat kein Kind.

11 Zum Lautwechsel

Sowohl bei der Deklination, der Konjugation und der Komparation als auch bei der Wortbildung kommen im Polnischen (stärker als im Russischen) Lautwechsel von Konsonanten und Vokalen vor, die Folge der historischen Entwicklung der polnischen Sprache sind.
Die folgende Übersicht gibt darüber Auskunft, welche Laute miteinander wechseln können.

Vokalwechsel

1. e – o – ó:	na cz*e*le – cz*o*ło – cz*ó*ł; kości*ó*ł – kości*o*ły – w kości*e*le; p*o*le – p*ó*l;
(i)e – (i)o – (i)ó:	ni*eść* – ni*os*ę – ni*ó*sł, zi*e*le – zi*o*ła – zi*ó*ł;
2. ę – ą, (i)ę – (i)ą:	r*ę*ka – r*ą*k, przyj*ąć* – przyj*ę*ty, zamkn*ąć* – zamkni*ę*ty; świ*ę*to – świ*ą*t, pieni*ą*dze – pieni*ę*dzy;

3. e – a, (i)e – (i)a: l*as* – w l*e*sie, leż*eć* – leż*ał*, mi*eć* – mi*ał*, mi*a*sto – w mi*e*ście.

Konsonantenwechsel

1. k – cz – c: rę*k*a – rą*cz*ka – rę*c*e, mat*k*a – mat*c*e, pła*k*ać – pła*cz*e;
2. g – ż – dz: dro*g*a – dró*ż*ka – na dro*dz*e, ubo*g*i – ubo*dz*y;
3. ch – sz – ś/si: głu*ch*y – głu*sz*a – głu*si*, Cze*ch* – Cze*si*, Wło*ch* – Wło*si*;
4. s – sz – ś/si: pro*si*ć – pro*sz*ę – pro*ś*! – pro*ś*ba; pi*s*ać – pi*sz*ę, pierw*sz*y – pierw*si*, lep*sz*y – lep*si*;
5. z – ż – ź/zi: wó*z* – wo*ż*ę – wo*zi* – wo*ź*!; gwi*z*dać – gwi*żdż*ę, mró*z* – mro*ź*ny;
6. t – c – ć/ci: architek*t* – o architek*ci*e, pła*ci*ć – pła*c*ę – pła*ci*sz;
7. d – dz – dź/dzi: chó*d* – cho*dz*ę – cho*dz*isz – cho*dź*!; obia*d* – na obie*dz*ie, mło*d*y – mło*dz*i;
8. r – rz: gó*r*a – na gó*rz*e, dyrekto*r* – o dyrekto*rz*e;
9. ł – l: stó*ł* – na sto*l*e, szko*ł*a – w szko*l*e.

Formenlehre

Zur Formenlehre

In der Formenlehre werden nur solche grammatischen Erscheinungen erläutert, die in diesem Lehrbuch vorkommen.

Das Substantiv

In der polnischen Sprache gibt es weder einen bestimmten noch einen unbestimmten Artikel, das heißt:
das Substantiv *teatr* kann mit *das* Theater bzw. *ein* Theater,
das Substantiv *rodzina* kann mit *die* Familie bzw. *eine* Familie,
das Substantiv *miasto* kann mit *die* Stadt bzw. *eine* Stadt
wiedergegeben werden.

Das Genus

Das Polnische hat drei Genera: Maskulinum, Femininum, Neutrum.

Maskulina sind:

1. Die Mehrzahl aller Substantive, die im Nom. Sg. auf einen Konsonanten auslauten, z. B.

klub	Paweł	teatr	park
(Klub)	(= Vorn.)	(Theater)	(Park)
Andrzej	hotel	ratusz	uczeń
(= Vorn.)	(Hotel)	(Rathaus)	(Schüler)

2. Alle Substantive, die ein männliches Lebewesen bezeichnen (natürliches Geschlecht).
   Dazu zählen u. a. Maskulina auf *-(i)a*, z. B.

poeta	artysta	kolega	sędzia	rozmówca
(Dichter)	(Künstler)	(Kollege)	(Richter)	(Gesprächspartner)

Feminina sind:

1. Die Mehrzahl aller Substantive, die im Nom. Sg. auf *-(i)a* auslauten, z. B.

kolumna	opera	koleżanka	pustynia	ulica
(Säule)	(Oper)	(Kollegin)	(Wüste)	(Straße)
Kasia	melodia			
(= Vorn.)	(Melodie)			

2. Alle Substantive, die ein weibliches Lebewesen bezeichnen (natürliches Geschlecht).
   Dazu zählen Feminina auf *-i*, z. B.

pani	sprzedawczyni	bogini	wychowawczyni
(Dame, Frau)	(Verkäuferin)	(Göttin)	(Erzieherin, Klassenleiterin)

3. Substantive, die auf einen *weichen* bzw. *„historisch weichen"* Konsonanten auslauten, z. B.

wieś	miłość	łódź	podróż	twarz
(Dorf)	(Liebe)	(Boot)	(Reise)	(Gesicht, Antlitz)

Neutra sind:

1. Alle Substantive, die im Nom. Sg. auf *-(i)o* bzw. auf *-(i)e* auslauten, z. B.

miasto	dziecko	miejsce	mieszkanie	życie
(Stadt)	(Kind)	(Stelle, Platz)	(Wohnung)	(Leben)

2. Substantive, die im Nom. Sg. auf *-(i)ę* bzw. auf *-(i)um* auslauten, z. B.

imię	zwierzę	muzeum	centrum	liceum
(Vorname)	(Tier)	(Museum)	(Zentrum)	(Lyceum)

   Ausnahmen: album, kostium sind Mauskulina.

Numerus und Kasus

1. In der polnischen Deklination werden zwei Numeri (Singular und Plural) unterschieden. Jeder Numerus hat sieben Kasus.

2. Die Kasus antworten auf die Fragen:

	Lebewesen	Ding, Abstrakta
Nominativ:	kto? – wer?	co? – was?
Genitiv:	kogo? – wessen?	czego? – wessen? czyj, -a, -e? – wessen?
Dativ:	komu? – wem?	czemu? – wem?
Akkusativ:	kogo? – wen?	co? – was?
Instrumental:	z kim? – mit wem?	czym? – womit?
Lokativ:	o kim? – über wen?	o czym? – worüber?
Vokativ:	(Anrede- bzw. Ruffall)	

Die Deklination

1. Für die Deklination ist bei der Mehrzahl der Substantive entscheidend, auf welchen Konsonanten sie im Stammauslaut enden.

Wir unterscheiden folgende Konsonantengruppen:

Harte Konsonanten

a) Die 10 „harten“ Kons.:
-b, -m, -w, -d, -n, -z (stimmhaft),
-p, -f, -t, -s (stimmlos);
b) -ł und -r;
c) -g, -k, -ch (-h)

Weiche Konsonanten

a) -l und -j;
b) die 5 „weichen“ Kons.:
-dź, -ź, -ń (stimmhaft),
-ć, -ś (stimmlos);
c) „Historisch weiche“ Kons.:
-rz, -ż, -dż, -dz (stimmhaft),
-sz, -cz, -c (stimmlos)

2. **Belebte und unbelebte Maskulina**. Im Polnischen werden – wie im Russischen – sogenannte belebte und unbelebte Maskulina unterschieden.
Zu den belebten Maskulina zählen Substantive, die Lebewesen bezeichnen (Menschen, Tiere).
Alle anderen Maskulina gelten in grammatischem Sinne als unbelebt.

3. **Flüchtiges *-(i)e*.** Das Polnische hat ein „flüchtiges“ *-(i)e* (vergl. „flüchtiges“ -o, -ë, -e im Russischen).
Es tritt bei den Maskulina im Nom. Sg. auf (in allen anderen Kasus sind sie nicht vorhanden), bei den Feminina und Neutra nur im Gen. Pl., z. B. Jan*e*k – Janka (Gen./Akk. Sg.), – o Janku (Lok. Sg.); ucz*e*ń – ucznia (Gen. bzw. Akk. Sg.) – o uczniu (Lok. Sg.); matka – mat*e*k (Gen. Pl.); okno – oki*e*n (Gen. Pl.).

Maskulina

Harte Konsonanten

Singular

	10 harte Konsonanten		-ł, -r		-g, -k, -ch (-h)	
	unbelebt	belebt	unbelebt	belebt	unbelebt	belebt
N.	film	student	kanał	aktor	pomnik	pedagog
G.	filmu	studenta	kanału	aktora	pomnika	pedagoga
D.	filmowi	studentowi	kanałowi	aktorowi	pomnikowi	pedagogowi
A.	film	studenta	kanał	aktora	pomnik	pedagoga
I.	filmem	studentem	kanałem	aktorem	pomnikiem	pedagogiem
L.	filmie	studencie	kanale	aktorze	pomniku	pedagogu
V.	(filmie!)	studencie!	(kanale!)	aktorze!	(pomniku!)	pedagogu!

Ausnahmen – im Dativ: pan – panu, brat – bratu, ojciec – ojcu
im Lokativ: dom – w domu, pan – o panu
im Vokativ: pan – panie!, ojciec – ojcze!

Plural

N.	filmy	studenci	kanały	aktorzy	pomniki	pedagodzy
G.	filmów	studentów	kanałów	aktorów	pomników	pedagogów
D.	filmom	studentom	kanałom	aktorom	pomnikom	pedagogom
A.	filmy	studentów	kanały	aktorów	pomniki	pedagogów
I.	filmami	studentami	kanałami	aktorami	pomnikami	pedagogami
L.	filmach	studentach	kanałach	aktorach	pomnikach	pedagogach
V.	(filmy!)	studenci!	(kanały!)	aktorzy!	(pomniki!)	pedagodzy!

Weiche Konsonanten

Singular

	-l, -j		5 weiche Kons.		„Hist. weiche" Kons.	
	unbelebt	belebt	unbelebt	belebt	unbelebt	belebt
N.	pokój	nauczyciel	dzień	uczeń	plac	towarzysz
G.	pokoju	nauczyciela	dnia	ucznia	placu	towarzysza
D.	pokojowi	nauczycie-lowi	dniowi	uczniowi	placowi	towarzy-szowi
A.	pokój	nauczyciela	dzień	ucznia	plac	towarzysza
I.	pokojem	nauczycie-lem	dniem	uczniem	placem	towarzy-szem
L.	pokoju	nauczycielu	dniu	uczniu	placu	towarzyszu
V.	(pokoju!)	nauczycielu!	(dniu!)	uczniu!	(placu!)	towarzyszu!

Plural

N.	pokoje	nauczyciele	dnie, dni[1]	uczniowie	place	towarzysze
G.	pokojów, pokoi	nauczycieli	dni	uczniów	placów	towarzyszy
D.	pokojom	nauczycie-lom	dniom	uczniom	placom	towarzy-szom
A.	pokoje	nauczycieli	dnie, dni	uczniów	place	towarzyszy
I.	pokojami	nauczycie-lami	dniami	uczniami	placami	towarzy-szami
L.	pokojach	nauczycie-lach	dniach	uczniach	placach	towarzy-szach
V.	(pokoje!)	nauczy-ciele!	(dnie, dni!)	ucznio-wie!	(place!)	towarzysze!

Maskulina auf *-(i)a* werden im Singular wie entsprechende Feminina dekliniert, z. B. kolega wie „droga"; im Plural (normal) wie Maskulina, also:
Sg.: kolega, kolegi, koledze, kolegę, kolegą, koledze, kolego!;
Pl.: koledzy, kolegów, kolegom, kolegów, kolegami, kolegach, koledzy!.

[1] In Verbindung mit Zahlen immer „dni", z. B. dwa dni, pięć dni.

Besonderheiten der Deklination der Maskulina

Singular

N.	mężczyzna	przyjaciel	brat	tydzień	sędzia
G.	mężczyzny	przyjaciela	brata	tygodnia	sędziego
D.	mężczyźnie	przyjacielowi	bratu	tygodniowi	sędziemu
A.	mężczyznę	przyjaciela	brata	tydzień	sędziego
I.	mężczyzną	przyjacielem	bratem	tygodniem	sędzią
L.	mężczyźnie	przyjacielu	bracie	tygodniu	sędzi
V.	mężczyzno!	przyjacielu!	bracie!	(tygodniu!)	sędzio!

Plural

N.	mężczyźni	przyjaciele	bracia	tygodnie	sędziowie
G.	mężczyzn	przyjaciół	braci	tygodni	sędziów
D.	mężczyznom	przyjaciołom	braciom	tygodniom	sędziom
A.	mężczyzn	przyjaciół	braci	tygodnie	sędziów
I.	mężczyznami	przyjaciółmi	braćmi	tygodniami	sędziami
L.	mężczyznach	przyjaciołach	braciach	tygodniach	sędziach
V.	mężczyźni!	przyjaciele!	bracia!	(tygodnie!)	sędziowie!

Die Maskulina *rok* und *człowiek*

	Singular	Plural	Singular	Plural
N.	rok	lata	człowiek	ludzie
G.	roku	lat	człowieka	ludzi
D.	rokowi	latom	człowiekowi	ludziom
A.	rok	lata	człowieka	ludzi
I.	rokiem	latami	człowiekiem	ludźmi
L.	roku	latach	człowieku	ludziach
V.	(roku!)	(lata!)	człowieku! u. człowiecze!	ludzie

Feminina auf *-a*

Singular

	Harte Konsonanten			Weiche Konsonanten			„Hist. weiche" Kons.
N.	kolumna	opera	córka	kawiarnia	sala	armia	ulica
G.	kolumny	opery	córki	kawiarni	sali	armii	ulicy
D.	kolumnie	operze	córce	kawiarni	sali	armii	ulicy
A.	kolumnę	operę	córkę	kawiarnię	salę	armię	ulicę
I.	kolumną	operą	córką	kawiarnią	salą	armią	ulicą
L.	kolumnie	operze	córce	kawiarni	sali	armii	ulicy
V.	(kolumno!)	(opero!)	córko!	(kawiarnio!)	(salo!)	(armio!)	(ulico!)

Plural

N.	kolumny	opery	córki	kawiarnie	sale	armie	ulice
G.	kolumn	oper	córek	kawiarni, -ń	sal	armii	ulic
D.	kolumnom	operom	córkom	kawiarniom	salom	armiom	ulicom
A.	kolumny	opery	córki	kawiarnie	sale	armie	ulice
I.	kolumnami	operami	córkami	kawiarniami	salami	armiami	ulicami
L.	kolumnach	operach	córkach	kawiarniach	salach	armiach	ulicach
V.	(kolumny!)	(opery!)	córki!	(kawiarnie!)	(sale!)	(armie!)	(ulice!)

Feminina auf Konsonant und auf *-i*

Singular

	Weiche Konsonanten		„Hist. weiche“ Kons.		-i	
N.	wieś	powieść	podróż	noc	pani	sprzedawczyni
G.	wsi	powieści	podróży	nocy	pani	sprzedawczyni
D.	wsi	powieści	podróży	nocy	pani	sprzedawczyni
A.	wieś	powieść	podróż	noc	panią[1]	sprzedawczynię
I.	wsią	powieścią	podróżą	nocą	panią	sprzedawczynią
L.	wsi	powieści	podróży	nocy	pani	sprzedawczyni
V.	(wsi!)	(powieści!)	(podróży!)	(noce!)	pani!	sprzedawczyni!

Plural

N.	wsie	powieści	podróże	noce	panie	sprzedawczynie
G.	wsi	powieści	podróży	nocy	pań	sprzedawczyń
D.	wsiom	powieściom	podróżom	nocom	paniom	sprzedawczyniom
A.	wsie	powieści	podróże	noce	panie	sprzedawczynie
I.	wsiami	powieściami	podróżami	nocami	paniami	sprzedawczyniami
L.	wsiach	powieściach	podróżach	nocach	paniach	sprzedawczyniach
V.	(wsie!)	(powieści!)	(podróże!)	(noce!)	panie!	sprzedawczynie!

Neutra auf *-o* und *-(i)e*

Singular

	Harte Konsonanten			Weiche Konsonanten		„Hist. weiche“ Kons.
N.	kino	miasto	słówko	zdanie	wyjście	miejsce
G.	kina	miasta	słówka	zdania	wyjścia	miejsca
D.	kinu	miastu	słówku	zdaniu	wyjściu	miejscu
A.	kino	miasto	słówko	zdanie	wyjście	miejsce
I.	kinem	miastem	słówkiem	zdaniem	wyjściem	miejscem
L.	kinie	mieście	słówku	zdaniu	wyjściu	miejscu
V.	(kino!)	(miasto!)	(słówko!)	(zdanie!)	(wyjście!)	(miejsce!)

[1] Nur „pani“ hat im Akk. die Endung -ą; aber in Verbindung mit „proszę“ meist „pani“.

Plural

N.	kina	miasta	słówka	zdania	wyjścia	miejsca
G.	kin	miast	słówek	zdań	wyjść	miejsc
D.	kinom	miastom	słówkom	zdaniom	wyjściom	miejscom
A.	kina	miasta	słówka	zdania	wyjścia	miejsca
I.	kinami	miastami	słówkami	zdaniami	wyjściami	miejscami
L.	kinach	miastach	słówkach	zdaniach	wyjściach	miejscach
V.	(kina!)	(miasta!)	(słówka!)	(zdania!)	(wyjścia!)	(miejsca!)

Neutra auf *-(i)ę* und *-(i)um*

Singular

	-(i)ę		-(i)um	
N.	imię	zwierze	muzeum	podium
G.	imienia	zwierzęcia	"	"
D.	imieniu	zwierzęciu	"	"
A.	imię	zwierzę	"	"
I.	imieniem	zwierzęciem	"	"
L.	imieniu	zwierzęciu	"	"
V.	(imię!)	(zwierzę!)	"	"

Plural

N.	imiona	zwierzęta	muzea	podia
G.	imion	zwierząt	muzeów	podiów
D.	imionom	zwierzętom	muzeom	podiom
A.	imiona	zwierzęta	muzea	podia
I.	imionami	zwierzętami	muzeami	podiami
L.	imionach	zwierzętach	muzeach	podiach
V.	(imiona!)	(zwierzęta!)	(muzea!)	(podia!)

Besonderheiten der Deklination der Neutra

1. ***Dziecko*** hat im Plural folgende Deklination:
   N.: dzieci, G.: dzieci, D.: dzieciom, A.: dzieci, I.: dziećmi, L.: dzieciach, V.: dzieci.

2. ***Państwo*** hat zwei Bedeutungen:
   1. Staat (in dieser Bedeutung wird es im Singular und Plural wie ein normales Neutrum dekliniert), z. B. Sg.: państwo, państwa, państwu usw., Pl.: państwa, państw, państwom usw.; Lokativ Sg.: o państwie (!).
   2. Personengruppe beiderlei Geschlechts (Sie, Herr und Frau …, Eheleute, Familie, Reisegesellschaft, Herrschaften). In dieser Bedeutung wird es nur im Singular gebraucht, meist in Verbindung mit anderen Wörtern. Lokativ: o państwu (!).

N.:	państwo młodzi (Brautpaar)	państwo Mikulscy	(Herr und Frau Mikulski)
G.:	państwa młodych	państwa Mikulskich	
D.:	państwu młodym	państwu Mikulskim	
A.:	państwa młodych	państwa Mikulskich	
I.:	państwem młodymi	państwem Mikulskimi	
L.:	państwu młodych	państwu Mikulskich	
V.:	państwo młodzi!	państwo Mikulscy!	

Alle mit dieser Form in Verbindung stehenden Wortarten (Verben, Partizipien, Adjektive, Pronomen u. a.) werden im Plural in der Personalf. gebraucht, z. B. *Drodzy* państwo!“

In gehobener Sprache gebraucht man in solchen Fällen die 3. Pers. Pl., z. B. *Niech(aj)* państwo *przyjdą* (*zobaczą, popatrzą* ...). Jutro państwo pójdą do teatru.

In der umgangssprachlichen Anrede kann das Prädikat zu „państwo“ auch in der 2. Pers. Pl. gebraucht werden, z. B. Zwróć*cie* państwo uwagę na ...! Jutro państwo pójdziecie do teatru.

3. ***Brutto, getto, libretto*** u. a. haben im Lok. Sg. folgende Schreibung: o brutcie, w getcie, w libretcie usw., aber die Aussprache: o brucie, w gecie, w librecie usw.

4. ***Radio*** wird im Singular und Plural wie ein Neutrum mit weichem Auslaut dekliniert; Lok. Sg.: w radio oder w radiu. Der Gen. Pl. ist ungebräuchlich.

Das Adjektiv

Deklination

Singular

Im Singular hat das Adjektiv drei Genusformen, die nach folgenden Beispielen dekliniert werden:

Nominativ

Maskulina	Feminina	Neutra
Endung: *-y* (nach g, k und weichem Auslaut: *-i*)	Endung: *-a* (nach weichem Auslaut: *-/i/a*)	Endung: *-e* (nach g, k und weichem Auslaut: *-/i/e*)
mił*y* pan now*y* hotel polsk*i* kolega ładn*y* pokój tan*i* aparat	mił*a* pani now*a* melodia polsk*a* rodzina ładn*a* ulica tani*a* płyta	mił*e* dziecko now*e* mieszkanie polski*e* miasto ładn*e* radio tani*e* mieszkanie

Die übrigen Kasus

G.:	bel. mił*ego* pana unbel. tani*ego* hotelu	polski*ej* rodziny	now*ego* mieszkania
D.:	mił*emu* panu tani*emu* hotelowi	polski*ej* rodzinie	now*emu* mieszkaniu
A.:	bel. mił*ego* pana unbel. tan*i* hotel	polsk*ą* rodzinę	now*e* mieszkanie
I.:	mił*ym* panem tan*im* hotelem	polsk*ą* rodziną	now*ym* mieszkaniem
L.:	(o) mił*ym* panu (w) tan*im* hotelu	(o) polski*ej* rodzinie	(w) now*ym* mieszkaniu
V.:	mił*y* panie! (tan*i* hotelu!)	(polsk*a* rodzino!)	(now*e* mieszkanie!)

Plural

Im Plural hat das Adjektiv zwei Genusformen:
eine *Sachform*, die im Nom. Pl. mit der neutralen Form des Nom. Sg. identisch ist, und eine *Personalform*, deren Stammauslaut im Nom. Pl. durch die Endung erweicht wird bzw. sich in einen „hist. weichen" Konsonanten verwandelt.

Die *Sachform* wird gebraucht bei:
- allen unbelebten Maskulina und Tiernamen,
- allen Feminina,
- allen Neutra.

Die *Personalform* wird gebraucht bei:
- allen Maskulina, die Personen bezeichnen
- Personengruppen, wenn darin eine männliche Person vertreten ist.

Nominativ

Grundform im Nom. Singular	Sachform		Personalform		
	Endung: -e (nach g, k und weichem Auslaut: -/i/e)		Laut-wandel	Endung: -i (nach „historisch weichen" Kons.: -y)	
gruby	grub*e*	książki (zeszyty)	by : bi	grub*i*	ludzie
skąpy	skąp*e*	panie	py : pi	skąp*i*	panowie
wybitny	wybitn*e*	pianistki	ny : ni	wybitn*i*	profesorowie
młody	młod*e*	psy	dy : dzi	młodz*i*	sportowcy
brodaty	brodat*e*	zwierzęta	ty : ci	brodac*i*	mężczyźni
wspaniały	wspaniał*e*	widoki	ły : li	wspanial*i*	artyści
dorosły	dorosł*e*	córki		dorośl*i*	synowie
lepszy	lepsz*e*	maszyny	szy : si	leps*i*	fachowcy
starszy	starsz*e*	meble		stars*i*	koledzy
cichy	cich*e*	ulice	chy : si	cis*i*	uczniowie
drogi	drogi*e*	aparaty	gi : dzy	drodz*y*	przyjaciele
wielki	wielki*e*	czyny	ki : cy	wielc*y*	poeci
dobry	dobr*e*	wyniki	ry : rzy	dobrz*y*	gospodarze
ostatni	ostatni*e*	wiadomości	ni : ni	ostatn*i*	goście

Die übrigen Kasus

	Sachform		*Personalform*	
G.:	wspaniał*ych*	widoków	wspaniał*ych*	artystów
	wielk*ich*	pianistek	wielk*ich*	ludzi
	ostatn*ich*	dzieł		
D.:	wspaniał*ym*	widokom	wspaniał*ym*	artystom
	wielk*im*	pianistkom	wielk*im*	ludziom
	ostatn*im*	dziełom		
A.:	wspaniał*e*	widoki	wspaniał*ych*	artystów
	wielk*ie*	pianistki	wielk*ich*	ludzi
	ostatn*ie*	dzieła		
I.:	wspaniał*ymi*	widokami	wspaniał*ymi*	artystami
	wielk*imi*	pianistkami	wielk*imi*	ludźmi
	ostatn*imi*	dziełami		
L.:	wspaniał*ych*	widokach	wspaniał*ych*	artystach
	wielk*ich*	pianistkach	wielk*ich*	ludziach
	ostatn*ich*	dziełach		
V.:	wspaniał*e*	widoki!	wspania*li*	artyści!
	wielk*ie*	pianistki!	wiel*cy*	ludzie!
	ostatn*ie*	dzieła!		

Zahlreiche polnische Familiennamen auf -ski, -cki, -dzki (fem. -ska, -cka, -dzka) sind abgeleitete Adjektive und werden daher wie die entsprechenden Adjektive dekliniert.

Das Pronomen

Personalpronomen

Singular

	1. Pers.	2. Pers.	3. Pers.		
			Mask.	Neutr.	Fem.
N.	ja	ty	on	ono	ona
G.	mnie, (mię)	ciebie, (cię)	jego, go		jej
D.	mnie, mi	tobie, ci	jemu, mu		jej
A.	mnie, (mię)	ciebie, (cię)	jego, go		je ją
I.	mną	tobą	nim		nią
L.	mnie	tobie	nim		niej

Plural

<table>
<tr><th rowspan="2"></th><th rowspan="2">1. Pers.</th><th rowspan="2">2. Pers.</th><th colspan="2">3. Pers.</th></tr>
<tr><th>Personalform</th><th>Sachform</th></tr>
<tr><td>N.</td><td>my</td><td>wy</td><td>oni</td><td>one</td></tr>
<tr><td>G.</td><td>nas</td><td>was</td><td colspan="2">ich</td></tr>
<tr><td>D.</td><td>nam</td><td>wam</td><td colspan="2">im</td></tr>
<tr><td>A.</td><td>nas</td><td>was</td><td>ich</td><td>je</td></tr>
<tr><td>I.</td><td>nami</td><td>wami</td><td colspan="2">nimi</td></tr>
<tr><td>L.</td><td>nas</td><td>was</td><td colspan="2">nich</td></tr>
</table>

Im Gegensatz zum Deutschen und Russischen wird als Höflichkeitsform nicht eine deklinierte Form des Personalpronomens verwendet, sondern eine von *pan* bzw. *pani*, z. B. Dziękuję *panu* (*pani*). Proszę *pana* (*pani*), dokąd *pan* (*pani*) idzie?
Die 2. Pers. Pl. (wy) wird nur in kollegialer Umgangssprache gebraucht, z. B. Kolego, czy (wy) przyjdziecie? (Kollege, kommen Sie?) Dziękuję wam, kolego (Ich danke Ihnen, Kollege).

Reflexives Personalpronomen

Singular und Plural

N.: –
G.: siebie
D.: sobie
A.: siebie, się (Kurzf.)
I.: ze sobą
L.: o sobie

Die Formen von *siebie* (es hat keinen Nominativ!) werden im Polnischen – wie im Russischen – für alle drei Personen (Sg. und Pl.) verwendet, und zwar die vollen Formen nach Präpositionen und in betonter Stellung, die Kurzform *się* vor oder nach Verben (jedoch steht się nie am Satzanfang), z. B.:

Cały czas byłem u *siebie* w pracy. Kupcie *sobie* lody! Widziała tylko *siebie*. Odpowiadam za *siebie*. Mam wszystko ze *sobą* (przy *sobie*).

Possessivpronomen

	Singular			Plural	
	Mask.	Neutr.	Fem.	Personalform	Sachform
N.	mój	moje (me)[1]	moja (ma)[1]	moi	moje (me)[1]
G.	mojego (mego)		mojej (mej)	moich (mych)	
D.	mojemu (memu)		mojej (mej)	moim (mym)	
A.	bel.: mojego (mego) unbel.: mój	moje (me)	moją (mą)	moich (mych)	moje (me)
I.	moim (mym)		moją (mą)	moimi (mymi)	
L.	(o) moim (mym)		mojej (mej)	moich (mych)	

Ebenso: twój, twoja, twoje; twoi, twoje.

	Singular			Plural	
	Mask.	Neutr.	Fem.	Personalform	Sachform
N.	nasz	nasze	nasza	nasi	nasze
G.	naszego		naszej	naszych	
D.	naszemu		naszej	naszym	
A.	bel.: naszego unbel.: nasz	nasze	naszą	naszych	nasze
I.	naszym		naszą	naszymi	
L.	(o) naszym		naszej	naszych	

Ebenso: wasz, wasza, wasze; wasi, wasze.

Analog zu *mój, twój; nasz, wasz* werden dekliniert:

1. das reflexive Possessivpronomen: *swój, swoja, swoje; swoi, swoje;*
2. das Relativpronomen: *który, która, które; którzy, które;*
3. die Interrogativpronomen: *który?, która?, które?; którzy?, które?;*
   jaki?, jaka?, jakie?; jacy?, jakie?;
4. das interrogative Possessivpronomen: *czyj?, czyja?, czyje?;*
   czyi?, czyje?;

[1] Die in Klammern angegebenen Kurzformen kommen nur in der Schriftsprache vor.

5. das Demonstrativpronomen: *taki, taka, takie; tacy, takie;*
6. das Determinativpronomen: *każdy, każda, każde; –, każde;*
   sam, sama, samo; sami, same;

   Nur im Plural: *wszyscy* (Personalform), *wszystkie* (Sachform).

   Nur im Singular: *wszystko* (wszystek, wszystka sind veraltet!).

Die 3. Person des Possessivpronomens (sein, ihr, sein; Pl.: ihr) hat – im Gegensatz zum Deutschen – kein flektierbares Possessivpronomen. Es wird in allen Kasus durch *jego* (sein/-e/, mask. Besitzer), *jej* (ihr/-e/, fem. Besitzer), *jego* (sein/-e/, neutr. Besitzer) bzw. *ich* (ihr/-e/, mehrere Besitzer) ersetzt.
Als Possessivpronomen haben die Formen: *jego, jej, ich* keinen n-Vorschlag nach Präpositionen, z. B. Byłem u *jego* kolegi (ich war bei seinem Kollegen); aber: u *n*iego (beim ihm). Rozmawiałem z *jego* (*jej, ich*) bratem. Rozmawialiśmy o *jego* (*jej, ich*) pobycie w Polsce.

Reflexives Possessivpronomen

Ebenso wie im Russischen wird auch im Polnischen häufig statt *mój, twój, nasz, wasz* das reflexive Possessivpronomen *„swój, swoja, swoje*; Pf.: *swoi*, Sf.: *swoje"* gebraucht, wenn der „Besitzer" mit dem Subjekt des betreffenden Satzes identisch ist. Das Deutsche hat kein derartiges Reflexivpronomen, daher werden *„swój, swoja, swoje*; Pf.: *swoi*, Sf.: *swoje"* mit *„mein, dein, sein, ihr, unser, euer"* wiedergegeben, z. B.

Deutsch	Polnisch
Ich sehe *meinen* Sohn.	Widzę *swojego* syna.
Siehst du *deinen* Bruder?	Czy widzisz *swojego* brata?
Sie unterhält sich mit *ihrem* Bruder.	Ona rozmawia ze *swoim* bratem.
Er fährt mit *seinem* Kollegen.	On jedzie ze *swoim* kolegą.
Es erzählt über *seine* Stadt.	Ono opowiada o *swoim* mieście.
Wir sehen *unsere* Kinder.	Widzimy *swoje* dzieci.
Seht ihr *eure* Bekannte?	Czy widzicie *swoją* znajomą?
Sie erzählen *ihre* Erlebnisse.	Oni opowiadają *swoje* przeżycia.
Aber:	
Ich sehe *seinen* Sohn (= den Sohn einer anderen Person).	Widzę *jego* syna.
Er unterhält sich mit *ihrer* Freundin (= mit der Freundin einer dritten Person).	Rozmawia z *jej* koleżanką.

(M) Das reflexive Possessivpronomen steht niemals im Nominativ, d. h. in Verbindung mit einem Subjekt. Der Satz: „*Sein* Vater ist gekommen" kann nur mit : *Jego* ojciec przyjechał (nicht: *Swój* ...) wiedergegeben werden.

Demonstrativpronomen

	Singular			Plural	
	Mask.	Neutr.	Fem.	Personalform	Sachform
N.	ten	to	ta	ci	te
G.	tego		tej	tych	
D.	temu		tej	tym	
A.	bel.: tego unbel. ten	to	tę, tą	tych	te
I.	tym		tą	tymi	
L.	o tym		o tej	o tych	

Ebenso werden dekliniert:
1. tamten, tamta, tamto; tamci, tamte (jener, -e, -es);
2. ów, owa, owo; owi, owe (jener, -e, -es).

Relativpronomen: kto, co

	Personen	Dinge
N.:	kto	co
G.:	kogo	czego (czyj)
D.:	komu	czemu
A.:	kogo	co
I.:	kim	czym
L.:	o kim	o czym

Analog werden dekliniert:
1. die Interrogativpronomen; *kto?, co?*;
2. die Indefinitpronomen: *ktoś, coś*;
3. die negierenden Pronomen: *nikt, nic*.

Zum Gebrauch einiger Pronomen

1. *jaki (-a, -ie; -cy, -ie)*

   Jaki (was für ein, welcher, wie) bezieht sich als Relativpronomen auf die Qualität einer Person oder Sache, z. B.

   Nie wiem, *jaki* to ma być artykuł. — Ich weiß nicht, was für ein (welcher) Artikel das sein soll.

   On jest taki, *jaki* jest. — Er ist so (ein solcher), wie er eben ist.

2. ten (ta, to; ci, te); tamten (tamta, tamto; tamci, tamte)

   a) *Ten* (der, dieser, derjenige) und *tamten* (jener, der dort) werden in der Regel wie im Deutschen gebraucht, z. B.

   Mieszkam w *tym* domu. — Ich wohne in diesem Haus.

   W *tamtym* pokoju nie ma nikogo. — In diesem Zimmer (dort) ist niemand.

b) In Verbindung mit *sam* (*-a, -o; -i, -e*) hat *ten* die Bedeutung „derselbe“, z. B.

W *tym samym* miesiącu byłem w Warszawie.	Im selben Monat war ich in Warschau.
Przyszli znów *ci sami* goście.	Es kamen wieder dieselben Gäste.

c) Das Pronomen *to* (das) wird in der deklinierten Form im Deutschen in präpositionalen Wendungen mit *da-* wiedergegeben, z. B.

Mówiliśmy o *tym*.	Wir haben *da*rüber gesprochen.
Nic z *tego* nie będzie.	*Da*raus wird nichts.

3. *taki (-a, -ie; -cy, -ie)*

Taki (solch ein, ein solcher) hat in Verbindung mit *sam* die Bedeutung „derselbe, der gleiche; genau so“, z. B.

Kupiłem *taki sam* telewizor.	Ich habe den gleichen Fernsehapparat gekauft.
Jesteśmy *tacy sami*, jak wy.	Wir sind genau so(lche) wie ihr.

4. *wszystko; wszyscy, wszystkie*

a) *Wszystko* (alles) wird dekliniert, z. B.

Wszystko jedno.	Alles gleich.
Interesuję się *wszystkim*.	Ich interessiere mich für alles.
Wszystkiego ci nie powiem.	Alles sage ich dir nicht.

b) *Wszyscy* (alle) wird nur in bezug auf Personengruppen gebraucht, denen mindestens eine männliche Person angehört (vgl. Personalform der Adjektive, S. 230), z. B.

Wszyscy już przyszli.	Alle sind bereits erschienen (= eine Personengruppe beiderlei Geschlechts).
Czy *wszyscy* są?	Sind alle da?

Wszystkie (alle) wird in bezug auf Tiere, Dinge, Abstrakta, auf Kinder- und rein weibliche Personengruppen (vgl. Sachform der Adjektive, S. 230) verwendet, z. B.

Wszystkie miejsca są zajęte.	Alle Plätze sind besetzt.

5. *sam (-a, -o; -i, -e)*

a) *Sam* hat die Bedeutung „selbst, selbständig, (von) allein, von sich aus“, z. B.

On (Jurek) *sam* to zrobił.	Er (Jurek) hat das selbst (selber, selbständig, von sich aus) gemacht.
Sami nie wiemy, co się stało.	Wir wissen selbst nicht, was geschehen ist.
Sama nie wiem, jak to zrobić.	Ich weiß selbst nicht, wie ich das machen soll.

b) Häufig wird *samo* durch -o- mit Substantiven und Adjektiven zu Komposita verbunden: *samo*obsługa (Selbstbedienung), *samo*krytyka (Selbstkritik), *samo*chód (Kfz), *samo*rząd (Autonomie), *samo*lot (Flugzeug), *samo*uk (Autodidakt), *samo*wola (Willkür), *samo*war (Samowar) u. a.

c) *Sam* ist (umgangssprachlich) auch ein Substantiv = „Selbstbedienungsladen" und wird in dieser Bedeutung wie ein Substantiv dekliniert, z. B.

Idę do *samu*.	Ich gehe in den Selbstbedienungsladen.
Kupiłem to w *samie*.	Ich habe das im Selbstbedienungsladen gekauft.

Das Numerale

Kardinalia

Sachform

	Mask.	Fem.	Neutr.
0	zero		
1	jeden	jedna	jedno
2	dwa	dwie	dwa
3	trzy		
4	cztery		
5	pięć		
6	sześć		
7	siedem		
8	osiem		
9	dziewięć		
10	dziesięć		
11	jedenaście		
12	dwanaście		
13	trzynaście		
14	czternaście (aber: cztery)		
15	piętnaście (aber: pięć)		
16	szesnaście (aber: sześć)		
17	siedemnaście		
18	osiemnaście		
19	dziewiętnaście (aber: dziewięć)		
20	dwadzieścia		

21	dwadzieścia jeden
22	dwadzieścia dwa (dwie, dwa)
23	dwadzieścia trzy
24	dwadzieścia cztery
25	dwadzieścia pięć usw.
30	trzydzieści
40	czterdzieści
50	pięćdziesiąt
60	sześćdziesiąt
70	siedemdziesiąt
80	osiemdziesiąt
90	dziewięćdziesiąt
100	sto
101	sto jeden (jedna, jedno)
102	sto dwa (dwie, dwa)
103	sto trzy
104	sto cztery
105	sto pięć
	usw.
200	dwieście
300	trzysta
400	czterysta
500	pięćset
600	sześćset
700	siedemset
800	osiemset
900	dziewięćset
1 000	tysiąc
2 000	dwa tysiące
3 000	trzy tysiące
5 000	pięć tysięcy
6 000	sześć tysięcy

Analog zu „tysiąc":		milion	miliard
	dwa, trzy, cztery:	miliony	miliardy
	pięć, sześć, siedem usw.:	milionów	miliardów
	21, 25–31, 35–41 usw.:	milionów	miliardów

Ordinalia

Die Ordinalia werden wie Adjektive flektiert.

1	pierwszy, -a, -e	11	jedenasty, -a, -e
2	drugi, -a, -ie	12	dwunasty, -a, -e
3	trzeci, -ia, -ie	13	trzynasty, -a, -e
4	czwarty, -a, -e	14	czternasty, -a, -e
5	piąty, -a, -e	15	piętnasty, -a, -e
6	szósty, -a, -e	16	szesnasty, -a, -e
7	siódmy, -a, -e	17	siedemnasty, -a, -e
8	ósmy, -a, -e	18	osiemnasty, -a, -e
9	dziewiąty, -a, -e	19	dziewiętnasty, -a, -e
10	dziesiąty, -a, -e	20	dwudziesty, -a, -e
30	trzydziesty, -a, -e	21	dwudziesty pierwszy, -a, -e
40	czterdziesty, -a, -e	22	dwudziesty drugi, -a, -ie
50	pięćdziesiąty, -a, -e		
60	sześćdziesiąty, -a, -e		
70	siedemdziesiąty, -a, -e		
80	osiemdziesiąty, -a, -e		
90	dziewięćdziesiąty, -a, -e	101	sto pierwszy, -a, -e
100	setny, -a, -e	102	sto drugi, -a, -ie usw.

200	dwusetny, -a, -e	2000	dwutysięczny, -a, -e
300	trzechsetny, -a, -e	2001	dwutysięczny pierwszy, -a, -e
400	czterechsetny, -a, -e		
500	pięćsetny, -a, -e		
600	sześćsetny, -a, -e		
700	siedemsetny, -a, -e		
800	osiemsetny, -a, -e		
900	dziewięćsetny, -a, -e		
1 000	tysięczny, -a, -e		

Gebrauch der Ordinalia

1. Bei zweigliedrigen Ordinalia (wie 21, 22) werden beide Teile dekliniert, z. B. dwudziest*y* drug*i*, dwudziest*ego* drug*iego* usw.

2. Bei mehrgliedrigen Ordinalia (wie 135, 1975) werden nur die letzten beiden Zahlen dekliniert, z. B.
   N.: numer sto trzydziest*y* piąt*y*,
   L.: w numerze sto trzydziest*ym* piąt*ym*;
   N.: strona tysiąc dziewięćset siedemdziesiąt*a* piąt*a*,
   L.: na stronie tysiąc dziewięćset siedemdziesiąt*ej* piąt*ej*.

Das Verb

Beim polnischen Verb werden folgende Kategorien unterschieden:

1. ***Person und Numerus***
   Präsens, Präteritum, Futur und Irrealis (Möglichkeits-, Wunsch- oder Bedingungsform) haben drei Personen und jeweils zwei Numeri (Singular und Plural). Das Präteritum, die zusammengesetzten Futurformen, der Irrealis, das Partizip der Gleichzeitigkeit und das Partizip Präteritum Passiv sind im Singular und Plural nach dem grammatischen Geschlecht (Sg.: Maskulinum, Femininum, Neutrum; Pl.: Personalform, Sachform) gekennzeichnet.

2. ***Verbales Genus***
   Bei den polnischen Verbformen lassen sich drei Genera (Handlungsformen) unterscheiden: Aktiv, Passiv und das reflexive Genus, z. B.

Aktiv	*Passiv*
Andrzej myje psa.	Pies jest myty przez Andrzeja.
(Andrzej wäscht den Hund.)	(Der Hund wird von Andrzej gewaschen.)

   Reflexives Genus
   Andrzej myje się. (Andrzej wäscht sich.)

3. ***Modus***
   Von polnischen Verben lassen sich drei Modi (Aussageweisen) bilden, und zwar: der Indikativ (Wirklichkeitsform), der Imperativ (Befehlsform) und der Irrealis (Möglichkeits-, Wunsch- oder Bedingungsform).

4. ***Tempus***
   Beim polnischen Verb werden im Indikativ drei Zeitformen unterschieden: Präsens, Präteritum und Futur.
   a) Von unvollendeten (imperfektiven) Verben lassen sich alle drei Zeitformen bilden.
   b) Vollendete (perfektive) Verben haben nur das Präteritum und Futur (vgl. S. 88).

5. ***Aspekt***
   Wie im Russischen lassen sich von fast allen polnischen Verben zwei Aspekte (Doppelformen der Verben) bilden – die vollendeten (perfektiven) und die unvollendeten (imperfektiven) Aspekte (vgl. S. 88).

Einteilung der Verben

Grundsätzlich lassen sich zwei Hauptgruppen unterscheiden:
a) Verben, die in der 1. Pers. Sg. auf -m enden;
b) Verben, die in der 1. Pers. Sg. auf -ę enden.
Wegen der großen Vielfalt der Verbformen werden im folgenden zunächst die zahlenmäßig größten und regelmäßig konjugierten Verbgruppen besprochen.

Präsens bzw. vollendetes Futur

Das Präsens unvollendeter Verben und das Futur vollendeter Verben werden durch Anfügen von Personalendungen an den Präsensstamm gebildet.
Dabei sprechen wir von drei Personenformen und zwei Numeri (Singular und Plural).

Die **Personen und ihre Personalendungen** sind:

Sg.:	1. Pers.:	-m bzw. -(i)ę	ja (ich)	mieszka*m*	lubi*ę*
	2. Pers.:	-sz	ty (du)	mieszka*sz*	lubi*sz*
	3. Pers.:	-(ohne End.)	on (er) / ona (sie) / ono (es)	mieszka	lubi
Pl.:	1. Pers.:	-my	my (wir)	mieszka*my*	lubi*my*
	2. Pers.:	-cie	wy (ihr)	mieszka*cie*	lubi*cie*
	3. Pers.:	-ją bzw. -(i)ą	oni (sie, Pf.) / one (sie, Sf.)	mieszka*ją*	lubi*ą*

Konjugation

1. **Verben mit Präsensstamm auf *-a***

   Typ: mieszkać (wohnen), pytać (fragen), szukać (suchen)

Sg.	1. Pers.	-a-m	mieszkam	pytam	szukam
	2. Pers.	-a-sz	mieszkasz	pytasz	szukasz
	3. Pers.	-a	mieszka	pyta	szuka
Pl.	1. Pers.	-a-my	mieszkamy	pytamy	szukamy
	2. Pers.	-a-cie	mieszkacie	pytacie	szukacie
	3. Pers.	-a-ją	mieszkają	pytają	szukają

Zu dieser Gruppe gehören auch die folgenden Verben, obwohl sie nicht alle Merkmale dieser Konjugationsklasse aufweisen: dać, mieć, umieć, rozumieć, jeść, wiedzieć und ihre Aspekte.

Infinitiv:		dać (geben)	mieć (haben)	umieć (können)
Sg.	1. Pers.	da*m*	ma*m*	umie*m*
	2. Pers.	da*sz*	ma*sz*	umie*sz*
	3. Pers.	da	ma	umie
Pl.	1. Pers.	da*my*	ma*my*	umie*my*
	2. Pers.	da*cie*	ma*cie*	umie*cie*
	3. Pers.	dadz*ą*	ma*ją*	umie*ją*

Infinitiv:		rozumieć (verstehen)	jeść (essen)	wiedzieć (wissen)
Sg.	1. Pers.	rozumie*m*	je*m*	wie*m*
	2. Pers.	rozumie*sz*	je*sz*	wie*sz*
	3. Pers.	rozumie	je	wie
Pl.	1. Pers.	rozumie*my*	je*my*	wie*my*
	2. Pers.	rozumie*cie*	je*cie*	wie*cie*
	3. Pers.	rozumie*ją*	jedz*ą*	wiedz*ą*

2. **Verben mit Präsensstamm auf *-uj* bzw. *-uje***

Typ: pracować (arbeiten), oczekiwać (erwarten), pokazywać (zeigen)

Sg.	1. Pers.	-uj-ę	pracuję	oczekuję	pokazuję
	2. Pers.	-uje-sz	pracujesz	oczekujesz	pokazujesz
	3. Pers.	-uje	pracuje	oczekuje	pokazuje
Pl.	1. Pers.	-uje-my	pracujemy	oczekujemy	pokazujemy
	2. Pers.	-uje-cie	pracujecie	oczekujecie	pokazujecie
	3. Pers.	-uj-ą	pracują	oczekują	pokazują

Nicht: nazywać się

3. **Verben mit zweisilbigem Präsensstamm auf *-i* bzw. *-y*** (und wenige auf *-(i)e*), z. B.

a) Typ: kupić (kaufen), robić (machen), trafić (treffen), mówić (sprechen)

Sg.	1. Pers.	-i-ę	kupię	robię	trafię	mówię
	2. Pers.	-i-sz	kupisz	robisz	trafisz	mówisz
	3. Pers.	-i	kupi	robi	trafi	mówi
Pl.	1. Pers.	-i-my	kupimy	robimy	trafimy	mówimy
	2. Pers.	-i-cie	kupicie	robicie	traficie	mówicie
	3. Pers.	-i-ą	kupią	robią	trafią	mówią

b) Typ: chodzić (gehen), prosić (bitten), wozić (transportieren/fahren), pozwolić (gestatten)

Sg.	1. Pers.	-(i)ę	chodzę	proszę	wożę	pozwolę
	2. Pers.	-i-sz	chodzisz	prosisz	wozisz	pozwolisz
	3. Pers.	-i	chodzi	prosi	wozi	pozwoli
Pl.	1. Pers.	-i-my	chodzimy	prosimy	wozimy	pozwolimy
	2. Pers.	-i-cie	chodzicie	prosicie	wozicie	pozwolicie
	3. Pers.	-(i)ą	chodzą	proszą	wożą	powolą

c) Typ: uczyć (się) (lernen), cieszyć się (sich freuen), tworzyć (schöpferisch tätig sein)

Sg.	1. Pers.	-ę	uczę (się)	cieszę (się)	tworzę
	2. Pers.	-y-sz	uczysz (się)	cieszysz (się)	tworzysz
	3. Pers.	-y	uczy (się)	cieszy (się)	tworzy
Pl.	1. Pers.	-y-my	uczymy (się)	cieszymy (się)	tworzymy
	2. Pers.	-y-cie	uczycie (się)	cieszycie (się)	tworzycie
	3. Pers.	-ą	uczą (się)	cieszą (się)	tworzą

d) Typ: leżeć (liegen), słyszeć (hören), obejrzeć (betrachten), lecieć (fliegen)

Sg.	1. Pers.	-ę	leżę	słyszę	obejrzę
	2. Pers.	-y-sz	leżysz	słyszysz	obejrzysz
	3. Pers.	-y	leży	słyszy	obejrzy
Pl.	1. Pers.	-y-my	leżymy	słyszymy	obejrzymy
	2. Pers.	-y-cie	leżycie	słyszycie	obejrzycie
	3. Pers.	-ą	leżą	słyszą	obejrzą

Außer diesen drei größten und regelmäßig konjugierten Verbgruppen gibt es solche mit zahlenmäßig geringerem Bestand, die zwar innerhalb ihrer Gruppe in ihren Formen auch einheitlich sind, aber z. T. ein tieferes Eindringen in die Gesetzmäßigkeiten des Lautwandels (Konsonantenwechsel) erforderlich machen.
Dazu gehören:

1. **Verben mit Infinitiv auf *-nąć* bzw. *-ąć***

Typ: a) stanąć (stehenbleiben, sich hinstellen), b) zacząć (beginnen), c) wziąć (nehmen)

Sg.	1. Pers.	-ę	a) stanę	b) zacznę	c) wezmę
	2. Pers.	-ie-sz	staniesz	zaczniesz	weźmiesz
	3. Pers.	-ie	stanie	zacznie	weźmie
Pl.	1. Pers.	-ie-my	staniemy	zaczniemy	weźmiemy
	2. Pers.	-ie-cie	staniecie	zaczniecie	weźmiecie
	3. Pers.	-ą	staną	zaczną	wezmą

2. **Verben mit Infinitiv auf *-c*** (Präsensstamm auf *-g* oder *-k*), z. B.

móc (können): mogę, możesz … mogą;
pomóc (helfen): pomogę, pomożesz … pomogą;
piec (backen): piekę, pieczesz … pieką;

3. **Verben mit konsonantisch auslautenden Präsensstämmen**, z. B.

Typ: siąść (sich setzen), nieść (tragen), wieźć (transportieren), trzeć (reiben)
Mit Konsonantenwechsel: -dę: -dziesz, -tę: -ciesz, -sę: -siesz, -zę: -ziesz, -rę: -rzesz (1. und 2. Pers. Sg.)

Sg.	1. Pers.	-ę	siądę	niosę	wiozę	trę
	2. Pers.	-(i)e-sz	siądziesz	niesiesz	wieziesz	trzesz
	3. Pers.	-(i)e	siądzie	niesie	wiezie	trze
Pl.	1. Pers.	-(i)e-my	siądziemy	niesiemy	wieziemy	trzemy
	2. Pers.	-(i)e-cie	siądziecie	niesiecie	wieziecie	trzecie
	3. Pers.	-ą	siądą	niosą	wiozą	trą

4. **Verben mit Infinitiv auf *-ać* und *Wurzel auf einen Konsonanten***

(Konjugation wie Tabelle unter 3.).
a) nach p, b, m, w: *-ię*, *-iesz*, z. B. kąpać (baden): kąpię, kąpiesz … kąpią; złamać (zerbrechen): złamię, złamiesz … złamią;
b) nach t, st, zd, s, z, r, sk, k, g (mit Konsonantenwechsel): *-ę*, *-esz*, z. B.

	Konsonantenwechsel
szeptać (flüstern): szepczę, szepczesz … szepczą;	t : cz
pisać (schreiben): piszę, piszesz … piszą;	s : sz
kazać (tun lassen): każę, każesz … każą;	z : ż
skakać (hüpfen, springen): skaczę, skaczesz … skaczą.	k : cz

5. **Einsilbige Verben mit Infinitiv auf *-ić*, *-uć*, *-yć*** (außer *być*)

Typ: pić (trinken), czuć (fühlen), myć (waschen) – Verbwurzel endet auf Vokal.

Sg.	1. Pers.	-j-ę	piję	czuję	myję
	2. Pers.	-je-sz	pijesz	czujesz	myjesz
	3. Pers.	-je	pije	czuje	myje
Pl.	1. Pers.	-je-my	pijemy	czujemy	myjemy
	2. Pers.	-je-cie	pijecie	czujecie	myjecie
	3. Pers.	-j-ą	piją	czują	myją

Unregelmäßig konjugierte Verben

Einige z. T. häufig gebrauchte Verben weisen in der Konjugation Unregelmäßigkeiten auf. Dazu zählen: *bać się* (sich fürchten), *brać* (nehmen), *być* (sein), *jechać* (fahren), *iść* (gehen), *nazwać* (benennen), *spać* (schlafen), *stać* (stehen), *stać się* (werden), *zapomnieć* (vergessen) u. a.

Singular					
1. Pers.	boję się	biorę	jestem	jadę	idę
2. Pers.	boisz się	bierzesz	jesteś	jedziesz	idziesz
3. Pers.	boi się	bierze	jest	jedzie	idzie
Plural					
1. Pers.	boimy się	bierzemy	jesteśmy	jedziemy	idziemy
2. Pers.	boicie się	bierzecie	jesteście	jedziecie	idziecie
3. Pers.	boją się	biorą	są	jadą	idą

Singular					
1. Pers.	nazwę	śpię	stoję	stanę się	zapomnę
2. Pers.	nazwiesz	śpisz	stoisz	staniesz się	zapomnisz
3. Pers.	nazwie	śpi	stoi	stanie się	zapomni
Plural					
1. Pers.	nazwiemy	śpimy	stoimy	staniemy się	zapomnimy
2. Pers.	nazwiecie	śpicie	stoicie	staniecie się	zapomnicie
3. Pers.	nazwą	śpią	stoją	staną się	zapomną

Futur

Im Polnischen wird das Futur grundsätzlich mit zwei Verbformen ausgedrückt, und zwar

1. mit imperfektiven (unvollendeten) Verben – imperfektives Futur,
2. mit perfektiven (vollendeten) Verben – perfektives Futur.

Imperfektives Futur

Zur Bildung des imperfektiven Futurs gibt es zwei Möglichkeiten:

1. Futur von „być“ + 3. Pers. Prät. imperfektiver Verben (differenziert nach Genus und Numerus), z. B.

	Singular	*Plural*
1. Pers.	będę czekał (-a)	będziemy czekali (-ły)
2. Pers.	będziesz czekał (-a)	będziecie czekali (-ły)
3. Pers.	będzie czekał (-ła, -ło)	będą czekali (-ły)

Diese Form der Futurbildung wird zunehmend häufiger gebraucht. Die Präteritalformen dürfen nur nach „będę, będziesz“ usw. stehen.

2. Futur von „być“ + Infinitiv imperfektiver Verben, z. B.

	Singular	*Plural*
1. Pers.	będę czekać	będziemy czekać
2. Pers.	będziesz czekać	będziecie czekać
3. Pers.	będzie czekać	będą czekać

Der Infinitiv darf vor und nach „będę, będziesz“ usw. stehen.

Bei der Bildung des analytischen Futurs von Modalverben (z. B. musieć) ist aus stilistischen Gründen nur die Möglichkeit 1. zu nutzen, z. B. Jutro będziemy musieli wcześniej wyjechać (nicht: będziemy musieć ... wyjechać).

Perfektives Futur

Charakteristisch für alle perfektiven Verben ist, daß sie nur formal ein Präsens haben (= äußere Form des Präsens). Die Präsensformen perfektiver Verben haben Futurbedeutung. Sie bestehen aus einem Wort (= synthetisches Futur).
Falsch wäre es, diese Formen mit „będę, będziesz" usw. zu gebrauchen.

Präteritum

Präteritalsuffix und Personalendungen

Diese Bildung trifft für die überwiegende Mehrzahl aller Verben zu.
Infinitiv: mieszkać (wohnen)

Sg.	Mask.	Fem.	Neutr.	Mask.	Fem.	Neutr.
1. Pers.	-ł-e-m	-ł-a-m	–	mieszkałem	mieszkałam	–
2. Pers.	-ł-e-ś	-ł-a-ś	–	mieszkałeś	mieszkałaś	–
3. Pers.	-ł	-ł-a	-ł-o	mieszkał	mieszkała	mieszkało

Pl.	Personalform	Sachform	Personalform	Sachform
1. Pers.	-l-i-śmy	-ł-y-śmy	mieszkaliśmy	mieszkałyśmy
2. Pers.	-l-i-ście	-ł-y-ście	mieszaliście	mieszkałyście
3. Pers.	-l-i	-ł-y	mieszkali	mieszkały

Besonderheiten

1. Der Stammauslaut *-ie* wird vor dem Präteritalsuffix *-ł-* zu *-ia*, und zwar im Singular bei allen Genera und im Plural der Sachform, z. B.
   Infinitiv: mieć (haben), słyszeć (hören) – (Stamm: mie-, słysze-)

Sg.	Mask.	Fem.	Neutr.	Mask.	Fem.	Neutr.
1. Pers.	mi*a*łem	mi*a*łam	–	słysz*a*łam	słysz*a*łam	–
2. Pers.	mi*a*łeś	mi*a*łaś	–	słysz*a*łeś	słysz*a*łaś	–
3. Pers.	mi*a*ł	mi*a*ła	mi*a*ło	słysz*a*ł	słysz*a*ła	słysz*a*ło

Pl.	Personalform	Sachform	Personalform	Sachform
1. Pers. 2. Pers. 3. Pers.	mieliśmy mieliście mieli	mi*a*łyśmy mi*a*łyście mi*a*ły	słyszeliśmy słyszeliście słyszeli	słysz*a*łyśmy słysz*a*łyście słysz*a*ły

2. Die Stammauslaute *-ą* bzw. *-ią* werden (außer in maskulinen Formen Singular) zu *-ę* bzw. *-ię*.

   Das trifft zu bei:
   a) mehrsilbigen Infinitiven auf *-nąć*,
   b) einsilbigen Infinitiven auf *-ąć* bzw. *-iąć*.

   Infinitiv: odsunąć (abrücken), wziąć (nehmen)

Sg.	Mask.	Fem.	Neutr.	Mask.	Fem.	Neutr.
1. Pers. 2. Pers. 3. Pers.	odsunąłem odsunąłeś odsunął	odsun*ę*łam odsun*ę*łaś odsun*ę*ła	– – odsun*ę*ło	wziąłem wziąłeś wziął	wzi*ę*łam wzi*ę*łaś wzi*ę*ła	– – wzi*ę*ło

Pl.	Personalform	Sachform	Personalform	Sachform
1. Pers. 2. Pers. 3. Pers.	odsun*ę*liśmy odsun*ę*liście odsun*ę*li	odsun*ę*łyśmy odsun*ę*łyście odsun*ę*ły	wzi*ę*liśmy wzi*ę*liście wzi*ę*li	wzi*ę*łyśmy wzi*ę*łyście wzi*ę*ły

Ausnahmen bilden:
a) Verben mit Doppelformen im Infinitiv, z. B.
   biegnąć, biec: biegłem (-am), biegł (-a, -o); biegli, biegły;
b) Verben mit Doppelformen im Präteritum, z. B.
   kwitnąć: 3. Pers. Sg. – kwitł/kwitnął, kwitła/kwitnęła; Pl. Sf.: kwitły/kwitnęły.

Das Verb „iść“

iść (und: odejść, pójść, przejść, przyjść, wyjść, zejść u. a.)

Sg.	Mask.	Fem.	Neutr.	Mask.	Fem.	Neutr.
1. Pers. 2. Pers. 3. Pers.	szedłem szedłeś szedł	szłam szłaś szła	– – szło	poszedłem poszedłeś poszedł	poszłam poszłaś poszła	– – poszło

Pl.	Personalform	Sachform	Personalform	Sachform
1. Pers.	szliśmy	szłyśmy	poszliśmy	poszłyśmy
2. Pers.	szliście	szłyście	poszliście	poszłyście
3. Pers.	szli	szły	poszli	poszły

Imperativ

1. **Übersicht über die Imperativformen**

Infinitiv: czekać (warten), pracować (arbeiten), iść (gehen)

Sg. 2. Pers.	Czekaj!	Pracuj!	Idź!
3. Pers.	Niech czeka!	Niech pracuje!	Niech idzie!
Pl. 1. Pers.	Czekajmy!	Pracujmy!	Idźmy!
2. Pers.	Czekajcie!	Pracujcie!	Idźcie!
3. Pers.	Niech czekają!	Niech pracują!	Niech idą!

2. **Proszę (prosimy) + Infinitiv als Aufforderung**

Eine in der Umgangssprache häufig vorkommende Wendung mit imperativem Charakter ist proszę (prosimy) in Verbindung mit einem Infintiv. Sie kann in Bezug auf Einzelpersonen und Gruppen verwendet werden, z. B.

Proszę/Prosimy iść dalej! (wörtl.: Ich bitte/Wir bitten weiterzugehen.) — Geh bitte weiter! Geht bitte weiter! Gehen Sie bitte weiter!

Ebenso: Proszę jeść (zjeść)! Proszę wejść!
Proszę sobie zanotować mój numer telefonu! u. a.

Die defektiven Verben *widać* und *słychać* (+ Akk.-Obj.)

Widać wird im Deutschen mit „man sieht, man kann sehen, es ist zu sehen", *słychać* mit „man hört, es ist zu hören" wiedergegeben, z. B.

Widać już Warszawę. – Man sieht bereits Warschau. Warschau ist schon zu sehen.

Widać, że mu się podoba. – Man sieht (es ist zu sehen), daß es ihm gefällt.

Słychać pociąg. – Man hört den Zug. Der Zug ist zu hören.

Słychać, jak on pracuje. – Man hört (es ist zu hören), wie er arbeitet.

Die Präpositionen

Übersicht über die behandelten Präpositionen

Präposition	Kasus	Bedeutungen	Spezifizierende Hinweise
bez	Gen.	– ohne	Wen? Was?
blisko	Gen.	– nahe (an, bei), in der Nähe (von)	lokal
		– beinahe, fast	vor Mengenangaben
dla	Gen.	– für	= zugunsten, zuliebe; Zugehörigkeit
do	Gen.	– bis ... (zu) (an) (nach)	lokal
		– bis	temporal
		– zu ... (hin)	lokal
		– zu	Person
		– nach	geographisch
		– an	Adressat
		– in ... (hinein)	wohin?
		– zum/zur	auszuführende Handlung, Bestimmung
koło	Gen.	– in der Gegend (+ Gen.), um ... (herum), nahe bei/an	
		– (etwa) um ... (herum)	temporal
		– etwa/ca.	vor Mengenangaben
między	Akk.	– zwischen, (mitten) unter	wohin?
	Instr.	– zwischen, inmitten, (mitten) unter	wo?
		– zwischen	wann? – temporal
na	Akk.	– auf ... (hinauf)	wohin?
		– an	= gegen – wohin?
		– zu/in/auf	Veranstaltung
		– für/zu	Termin, Anlaß
		– für	Dauer
	Lok.	– auf/an	wo? – lokal
		– auf/in	Veranstaltung
nad	Akk.	– an	wohin? – Gewässer
	Instr.	– über	wo? – lokal
		– an/oberhalb	wo? – Gewässer
		– an/über	Gegenstand des Nachdenkens, der Diskussion, der Arbeit

Präposition	Kasus	Bedeutungen	Spezifizierende Hinweise
naprzeciw(ko)	Gen.	– gegenüber	lokal
niedaleko (od)	Gen.	– unweit (von), in der Nähe (von)	
o	Akk.	– um	erheischtes Objekt (bitten, kämpfen, sich bemühen um)
	Lok.	– über – von – an	Gegenstand der Betrachtung, der Darstellung des Nachdenkens
obok	Gen.	– neben	
od	Gen.	– seit – von ... (an) – von ... (her, aus, ab, an) – von	 temporal lokal/Richtung Spender, Ursprung, Ursache
po	Lok.	– nach, anschließend an	temporal
pod	Akk.	– unter ... (hinunter) – (dicht) an ... (heran)	wohin? – lokal wohin? – lokal
	Instr.	– unter – (dicht) an, unterhalb	wo? – lokal wo? – lokal
przed	Akk.	– vor	wohin? – lokal
	Instr.	– vor – vor	wo? – lokal temporal
przy	Lok.	– (dicht/nahe) bei – bei(m)	wo? – lokal Tätigkeit, Handlung
u	Gen.	– bei	Person (Zugehörigkeit, Lebens-, Wirkungsbereich)
w	Akk.	– an/am	Wochentag
	Lok.	– in – im	wo? – lokal Monat, Jahreszeit, Jahr
wśród	Gen.	– inmitten, zwischen (lauter), unter (lauter), (mitten) in, im Kreise (von)	
z	Gen.	– aus ... (heraus, hinaus) – von ... (herunter, hinunter) – aus, vor – von – in	 Ursache, Grund, Anlaß aus einer Vielzahl, aus einem Kreis von Unterrichtsfach

Präposition	Kasus	Bedeutungen	Spezifizierende Hinweise
	Instr.	– (gemeinsam) mit	Gemeinsamkeit, Zugehörigkeit
za	Akk.	– in	Zeit, nach deren Verlauf in Zukunft etwas vor sich gehen wird
		– hinter	wohin? – lokal
	Instr.	– hinter	wo? – lokal und übertragen

Zum Gebrauch einiger Präpositionen

1. ***na, do, w***

Die Präposition na (in, nach) wird gebraucht, wenn von Landschaften die Rede ist, die ein Teil eines übergeordneten größeren Gebietes sind, z. B.
Auf die Frage: gdzie? (Lok.) – wo?
mieszkać na Mokotowie (wohnen *in* Mokotów – Stadtteil von Warszawa),
przebywać *na* Mazowszu (weilen *in* Mazowien – Landschaft um Warszawa),
znajdować się *na* Pomorzu (sich befinden *in* Pomorze – Landschaft im NW Polens).
Auf die Frage: dokąd? (+ Akk.) – wohin?
jechać *na* Mokotów – fahren *nach* Mokotów,
udać się *na* Kaszuby – sich begeben *nach* Kaschubien.

Aber:
mieszkać (żyć) *w* Małopolsce, *w* Wielkopolsce; jechać *do* Małopolski, *do* Wielkopolski; weil nach polnischem Sprachgefühl „Małopolska" und „Wielkopolska" in bezug auf Kujawy", „Kaszuby" übergeordnete, größere Landschaftsgebiete sind.

Bei Insel- und Halbinselbezeichnungen gebraucht man immer die Präposition *na*, z. B.

Lokativ	*Akkusativ*	*Lokativ*	*Akkusativ*
być *na* Helu	jechać *na* Hel	być *na* Krymie	jechać *na* Krym

Die Präpositionen *do* (nach) und *w* (in) gebraucht man immer in bezug auf eine verwaltungsmäßige, selbständige, politische oder topographische Einheit, z. B.

Ortsnamen:	*w* Dreźnie – *do* Drezna, *w* Lublinie – *do* Lublina, *w* Berlinie – *do* Berlina, *w* Moskwie – *do* Moskwy;
Staaten:	*w* Polsce – *do* Polski, *w* Stanach Zjednoczonych – *do* Stanów Zjednoczonych;
Erdteile:	*w* Azji – *do* Azji, *w* Europie – *do* Europy, *w* Ameryce – *do* Ameryki.

2. **Die Präposition *z***

Die Präposition *z* (mit Instrumental) wird nur in Fällen gebraucht, wenn sie ausdrückt:
– eine Verbindung mit jemandem oder etwas,
– die Begleitung einer Person,
– Besitz, Transport, mit sich führen,
– die deutsche Bedeutung „gegen" (Kampf gegen),
– einen begleitenden Umstand, z. B.

Zosia zaprzyjaźniła się *z* Hanką.	Zosia hat sich *mit* Hanka befreundet (= Verbindung zwischen beiden).
Janek jedzie *z* siostrą do Poznania	Janek fährt *mit* der Schwester nach Poznań (= in Begleitung).
Wsiadamy *z* nartami do pociągu.	Wir steigen *mit* Skiern in den Zug (= mit sich führen).
Walka *z* faszyzmem.	Kampf *gegen* den Faschismus.

Die Konjunktionen

Koordinierende Konjunktionen

Wir unterscheiden:

1. Kopulative (verbindende) Konjunktionen, z. B.
   i (und) – Ojciec siedzi przy stole *i* pisze.
   albo (oder) – Przyjdę dzisiaj po południu *albo* jutro rano.
   oraz (sowie) – On opowiadał o Moskwie *oraz* o Kijowie.
   Weitere Konjunktionen sind: także, lub.

2. Adversative (gegenüberstellende) Konjunktionen, z. B.
   a (aber, und) – Marek odrabia lekcje, *a* jego siostra pisze list.
   ale (aber) – Ewa jest *w* kinie, *ale* Marek – *w* klubie.
   Weitere Konjunktionen sind: lecz, jednak, przecież, ani – ani (weder – noch).

3. Resultative (konsekutive) Konjunktionen, z. B.
   dlatego (deshalb) – Pan Schmidt jest często w Warszawie, *dlatego* dobrze go znam.
   więc (also) – Nie przyszedł, *więc* muszę iść.

Subordinierende Konjunktionen

Sie haben temporale, konditionale, kausale, finale Bedeutung, je nachdem, welche Nebensätze sie mit dem Hauptsatz verbinden, z. B.
że (daß) – On powiedział, *że* przyjdzie wieczorem.

jeżeli (wenn) – *Jeżeli* będzie piękna pogoda, pójdziemy na spacer.
ponieważ, bo (weil) – Zostaliśmy w domu, *bo (ponieważ)* padał deszcz.

Die Konjunktion *bo* steht nie am Anfang einer Aussage, daher:
Ponieważ padał deszcz, zostaliśmy w domu.

Aus der Syntax

Zur Funktion des Genitivs

Der Genitiv wird gebraucht:

1. ***als substantivisches Attribut***

   Am häufigsten wird der Genitiv als substantivisches Attribut gebraucht, das den Besitzer oder die Zugehörigkeit eines Wesens oder Dinges ausweist, z. B. pomnik *Prusa* (Prus-Denkmal), dom *sąsiada* (Haus des Nachbarn), ludzie *morza* (Küstenbewohner);

2. ***bei Verneinungen***

   a) Im Gegensatz zum Deutschen wird der Genitiv statt des Akkusativs gebraucht, wenn ein transitives Verb und das mit ihm verbundene Akk.-Objekt verneint wird, z. B.
   Mam czas. (Ich habe Zeit.) Aber: Nie mam *czasu*. (Ich habe keine Zeit.) Czytam tę książkę. (Ich lese dieses Buch.) Aber: Nie czytam *tej książki*. (Ich lese dieses Buch nicht.)
   Znam jego numer telefonu. Aber: Nie znam jego *numeru telefonu*.
   Das Akk.-Objekt wird auch dann zum Gen.-Objekt, wenn es mit einem Infinitiv verbunden ist, der von einem verneinten Verb abhängig ist, z. B.
   Chcę kupić dom. Aber: Nie chcę kupić *tego domu*.
   Ebenso: Nie mogłem (nie umiem, nie potrafię) wykonać *tej pracy*.

   b) Charakteristisch ist der Gebrauch des Genitivs in unpersönlichen Sätzen (deutsches Subjekt steht im Nominativ), in denen das Vorhandensein eines Wesens oder einer Sache verneint wird, und zwar in Verbindungen mit: *nie ma* (es gibt nicht, ist nicht vorhanden), *nie było, nie będzie* und nach *ani …, ani* (weder … noch), z. B.

Ojca nie ma (nie było, nie będzie) w domu.	Der Vater ist nicht (war nicht, wird nicht sein) zu Hause.
Ani siostry, ani brata tutaj *nie ma (nie było, nie będzie).*	Weder Schwester noch Bruder sind hier (waren hier, werden hier sein).

3. ***als partitiver Genitiv***

Häufig wird der partitive Genitiv (Genitiv des Teiles) gebraucht, und zwar:

a) nach bestimmten und unbestimmten Mengenangaben, z. B.
kilo *mięsa*, pół *litra mleka*; dużo *masła*; mało *cukru*; butelka *piwa*, szklanka *herbaty*.
Mam mało *czasu*. Jurek ma dużo *pracy*.

b) nach transitiven Verben als Objekt, wenn ausgedrückt werden soll, daß sich die Handlung nicht auf das ganze Objekt bezieht, sondern nur auf einen Teil davon, z. B.

kupić cukier	– bedeutet: Zucker kaufen
kupić *cukru*	– bedeutet: (etwas, eine unbestimmte Menge) Zucker kaufen
dać chleb	– bedeutet: das ganze Brot, ein bestimmtes Brot geben
dać *chleba*	– bedeutet: (ein wenig) Brot geben.

4. ***nach Verben als Objekt***

Eine größere Gruppe von Verben, die im Deutschen das Akk.-Objekt verlangen, regiert im Polnischen den Genitiv. Dazu zählen:

a) Verben, die einen Wunsch, ein Nichtvorhandensein, ein Verlangen ausdrücken, z. B.
życzyć wszystk*iego* najlepsz*ego* (alles Gute wünschen),
szukać dobr*ej* płyt*y* (eine gute Schallplatte suchen),
uczyć się język*a* polsk*iego* (die polnische Sprache lernen),
słuchać muzyk*i* (Musik hören),
bronić siostr*y* (die Schwester verteidigen).

b) Verben, die ein Bedauern, Befürchten, ein Verbot ausdrücken oder ihrem Charakter nach negierend sind, z. B.
bać się burz*y* (vor einem Gewitter Angst haben),
obawiać się spotkan*ia* (sich vor einer Begegnung fürchten),
zabraniać jazd*y* (die Fahrt verbieten).

5. ***nach nominalem Prädikat***

Das Gen.-Objekt steht nach nominalen Prädikaten:
szkoda czas*u* (schade um die Zeit),
trzeba dobr*ego* serc*a* (es bedarf eines guten Herzens) u. a.

6. ***für Zeitangaben***

Der Genitiv dient in adverbieller Funktion zur Zeitangabe (vgl. „Datum“, S. 174), z. B. dzisiejsz*ej* noc*y*, t*ego* sam*ego* dn*ia*, następn*ego* poranku, ubiegł*ego* rok*u*, minion*ej* zim*y*, pierwsz*ego* maj*a*, piętnast*ego* styczn*ia*.

7. ***nach Kardinalia***

Der Genitiv Plural steht nach den Zahlen 5–21, 25–31, 35–41 usw. (vgl. S. 164).

8. ***nach Präpositionen und präpositionalen Ausdrücken***

Den Genitiv regieren:

a) die Präpositionen: bez, dla, do, koło, naprzeciwko, od, obok, około, oprócz (prócz), podczas, według, wśród, wzdłuż, z.
b) die präpositionalen Ausdrücke: blisko, co do, niedaleko, naokoło, poniżej, powyżej, pod warunkiem, przy pomocy, za pomocą.
Naprzeciw kann mit Genitiv und Dativ gebraucht werden.

Zur Funktion des Dativs

Der Dativ wird gebraucht:

1. ***nach Verben als Objekt***
dziękować *koledze* (dem Kollegen danken),
pomagać *sąsiadowi* (dem Nachbarn helfen),
opowiadać *Jankowi* (Janek erzählen),
podarować *siostrze* (der Schwester schenken),
towarzyszyć *wycieczce* (die Exkursion begleiten),
przeszkadzać *matce* (die Mutter stören);

2. ***in unpersönlichen Sätzen als logisches Subjekt***
Nie smakuje *mi*. (Es schmeckt mir nicht.)
Chce *mi* się pić. (Ich habe Durst, wörtl.: Es will sich mir trinken.)
Ebenso: Chce *mi* się spać (jeść). Ich bin müde. (Ich habe Hunger.)

3. **nach den Präpositionen:** dzięki (dank), przeciw (gegen), ku (in Richtung auf).

Zur Funktion des Instrumentals

Der Instrumental wird gebraucht:

1. ***als Objekt nach Verben***
Der Instrumental steht als Objekt nach Verben, die eine Beschäftigung mit einer Sache ausdrücken (meist intransitive Reflexivverben), z. B.
zajmować się *teatrem*, interesować się *techniką*, opiekować się *matką*, kierować *instytucją*, handlować *maszynami*.

2. ***im Prädikat***
Der Instrumental steht im Prädikat (prädikativer Instrumental) nach Verben, die den Gebrauch eines Mittels oder eines Werkzeuges bezeichnen, z. B.
jechać *tramwajem*, pisać *długopisem*, krająć *nożem*.

3. ***als Prädikatsnomen***

Der Instrumental steht als Prädikatsnomen in Verbindungen aus *być* und *Substantiv* als Prädikat (meist bei Angabe des Berufes, eines Verwandtschaftsgrades, der Nationalität), z. B.
Mój ojciec *jest nauczycielem.* Moja matka *jest (była) sekretarką.* Ten pan jest *Polakiem.* Jestem *obywatelką* RFN. On *jest moim dobrym kolegą.* Piotruś *jest moim synem.* Warszawa *jest stolicą* Polski. (Oder: *Stolicą* Polski *jest* Warszawa.)
Einige Verben werden (trotz ihres eigenständigen Inhalts) mit einem Prädikatsnomen verbunden (Instr. der Folge), z. B.
stać się (zostać) inżynierem, kończyć (rozpocząć) się dyskusją.

4. ***in Adverbialbestimmungen***

a) als Adverbialbestimmung der Art und Weise, z. B.
Miasto odbudowano dużym kosztem. – Die Stadt wurde mit einem großen Kostenaufwand wieder aufgebaut.
Chodził wolnym krokiem. – Er ging mit langsamen Schritten.

b) als Adverbialbestimmung des Ortes (der Lage), z. B.
Jechałem (przechodziłem) lasem. Szliśmy ulicą. Deszcz padał miejscami.

c) als Adverbialbestimmung der Zeit, z. B.
Przyjdziemy wieczorem. Jechałem dniem i nocą. Latem bywam w Zakopanem, a czasami nad morzem.

5. ***nach Präpositionen***

Folgende Präpositionen regieren den Instrumental:
z (in der Bedeutung: mit/einander/), między, pomiędzy, nad, pod, przed, za.

Zur Abfolge der Satzglieder

Bei normaler Abfolge im einfachen erweiterten Satz ohne Hervorhebungen eines Satzgliedes stehen Subjekt und Prädikat (Satzkern) am Anfang.
Umstellungen eines ganzen Satzgliedes an den Satzanfang oder an das Ende eines Satzes bewirken eine besondere Hervorhebung, (Betonung, Nuancierung) dieser Teile, z. B.

1. Normale Wortfolge:
Marek już dzisiaj napisał list.
S Temp.-Best. P O

2. Die Temporalbestimmung soll hervorgehoben werden:
   a) Już dzisiaj Marek napisał list.
      Temp.-Best. S P O
   b) Marek napisał list już dzisiaj.
      S P O Temp.-Best.

3. Das Objekt und die Temporalbestimmung sollen hervorgehoben werden:
   List Marek napisał już dzisiaj.
   O S P Temp.-Best.

Im normalen Aussagesatzt steht das Prädikat nie am Satzende.

Attribut

Attributiv gebraucht werden Adjektive, Pronomen oder Zahlwörter. Ihre Stellung ist folgende:

Adjektivisches Attribut

1. Das adjektivische Attribut steht vor dem Substantiv, wenn die Eigenschaft (Farbe, Form, Zugehörigkeit, Material u. a.) und das Substantiv keine neue Sinneinheit bilden, z. B.
   Na naszej ulicy stoi nowy dom. Stary pan przechodził przez ulicę. W pokoju znajdowało się duże radio. On jest dobrym uczniem.

2. Das adjektivische Attribut steht nach dem Substantiv, wenn die Eigenschaft mit dem Substantiv eine Begriffseinheit darstellt (Art, Gruppe, Klasse), z. B.
   Uczę się języka polskiego (niemieckiego).
   Mieszkałam przy ulicy Marszałkowskiej.

   Weitere Beispiele:

Plac Teatralny	Teatr Wielki	sztuka barokowa
Poczta Główna	klub sportowy	Bank Narodowy

3. Pronomen stehen vor Substantiven, z. B.
   Mój ojciec pracuje w banku.
   Kilku uczniów naszej klasy należy do chóru.

Zahlwörter

Zahlwörter können vor und nach dem Substantiv stehen.

1. Sie stehen vor dem Substantiv, wenn sie als adjektivische Attribute gebraucht werden, z. B.
   Już piąty dzień jestem w Warszawie.
   Co drugi uczeń napisał dobre wypracowanie.

2. Sie stehen nach dem Substantiv, wenn sie eine Reihenfolge angeben (Buchband, Seitenangabe, Hausnummer), z. B.
   Dzieła Prusa, tom V; Ćwiczenie na stronie siedemnastej: Mieszkam na (przy) ulicy Jana Kochanowskiego nr 13, m. 10; Theaterkarte: balkon, rząd 2., miejsce 14.

Stellung der enklitischen Pronomen

Alle Kurzformen von Pronomen (Enklitika) – *mię, cię, go, je, ich, mi, mu, ci, się* – sind Formen ohne eigenen Akzent, die sich in bezug auf die Aussprache an ein vorhergehendes Wort anschließen. Sie stehen weder am Satzanfang noch am Satzende, weil sich an diesen Stellen besonders betonte Satzglieder befinden, z. B.
On mi to sam powiedział. Oder: On sam mi to powiedział. Jak się pan czuje w nowym mieszkaniu? Oder: Jak pan się czuje w nowym mieszkaniu?
5 Ausnahmen bilden kurze Sätze, z. B.
Dziękuję ci. Zaproszę go. Widziałem cię. Myję się.
Der Ton liegt dabei auf den Verben.

In kurzen Fragesätzen steht „się" immer vor dem Verb, z. B.
Jak się czujesz? Jak się nazywasz? Jak się masz?

Die Dativformen der enklitischen Pronomen stehen immer vor den Akkusativformen (Unterschied zum Deutschen!), z. B.
Tu jest ładna suknia. Kupię ci ją jutro.
Miałem adapter Marka. Oddałem mu go wczoraj.
Jak ci się powodzi?

Fragesatz

Bildung des Fragesatzes

1. Durch Interrogativpronomen

Kto to jest?	To jest pan Schmidt.	Personen,
Kto to jest?	To jest pani Mikulska.	Nom. Fragepr.: kto?
Co to jest?	To jest mój bagaż.	Sachen,
Co to jest?	To jest stolica Polski.	Nom. des Fragepr.: co?

Jak się pan nazywa?
Gdzie mieszka pan Schmidt?
Kiedy przyjedziesz do nas?
Dokąd pójdziemy jutro wieczorem?

2. Durch die Fragepartikel „*czy*"

Czy pan mówi po polsku?	Tak, trochę. (Nie.)
Czy to jest pan Mikulski?	Tak, to jest pan Mikulski. (Nie.)

Im Fragesatz steht das Subjekt immer vor dem Prädikat, z. B.
Czy Marek już dziś napisał list? Czy Marek napisał list już dzisiaj?
Die Abfolge der Satzglieder des Fragesatzes unterscheidet sich ansonsten nicht von der des Aussagesatzes.

Zur Wortbildung

Neue Wörter entstehen durch:
1. Zusammensetzungen mehrerer Wortstämme (Komposita) wie nowoczesny (neuzeitlich, modern), dobranoc (Gute Nacht), Wielkanoc (Hohe Nacht = Ostern);
2. mit Hilfe von Suffixen oder Präfixen.

Wortbildung durch Suffixe

Suffixe werden unmittelbar an das Grundwort bzw. an dessen Stamm angefügt und spezifizieren den Inhalt des Grundwortes.

Substantive

1. Eine ***Deminuierung*** (Verniedlichung, Verkleinerung) bewirken z. B.

-ek:	Jan – Janek, syn – synek;
-ik:	pokój – pokoik, stół – stolik;
-uś, -usia:	tata – tatuś, mama – mamusia, Halina – Halusia;
-sia, -cia:	Stefania – Stefcia, ciotka – ciocia, Urszula – Usia.

2. ***Einwohnernamen***, z. B.

-ak, -ka oder -aczka:	Polska – Polak, Polka;
	Słowacja – Słowak, Słowaczka;
-ik, -ka:	Anglia – Anglik, Angielka;

3. ***Berufsbezeichnungen***, z. B.

-(i)arz, -(i)arka:	pisać – pisarz, pisarka;
	malować – malarz, malarka;
	kuchnia – kucharz, kucharka;
-ciel, -cielka:	nauczyć – nauczyciel, nauczycielka;
-nik, -niczka:	przewodzić – przewodnik, przewodniczka.

4. ***Bezeichnung für Ehefrauen (bei adj. Familiennamen)***

-ska, -cka:	Mikulski – Mikulska, Wierzbicki – Wierzbicka,
-dzka:	Zawadzki – Zawadzka.

5. ***Bezeichnung für Gebäude, funktionelle Einrichtungen***

-nia:	piekarz – piekarnia (Bäckerei), cukier – cukiernia (Konditorei),
-alnia:	sypiać – sypialnia, jadać – jadalnia, kopać – kopalnia

6. ***Substantivierung von Adjektiven***

-ość:	wysoki – wysokość, długi – długość, miły – miłość

7. ***Bezeichnungen mit Kollektivbedeutung***

-(i)stwo, -two:	panować – państwo (Staat, Herrschaftsbereich; Herrschaften, Damen und Herren), malować – malarstwo (Malerei), towarzyszyć – towarzystwo (Gesellschaft).

Dazu zählen auch Verwandtschaftsbeziehungen:
brat – braterstwo (Bruderschaft, Bruder und Frau, Brüderlichkeit), wujek – wujostwo (Onkel und Frau), małżonek – małżeństwo (Ehepaar), rodzina – rodzeństwo (Geschwister).

Adjektive

1. -owy, -owa, -owe:	poczta – pocztowy, klasa – klasowy, nauka – naukowy, cytryna – cytrynowy, kolor – kolorowy
2. -ny, -na, -ne:	szkoła – szkolny, piękno – piękny, wędrować – wędrowny, szanować – szanowny
3. -ski, -ska, -skie:	góra – górski, wieś – wiejski, miasto – miejski, Drezno – drezdeński, Kraków – krakowski, Włochy – włoski, Jelenia Góra – jeleniogórski
4. -cki, -cka, -ckie:	Katowice – katowicki, Bałtyk – bałtycki, Sudety – sudecki, Nowa Huta – nowohucki
5. -dzki, -dzka, -dzkie	sąsiad – sąsiedzki, Łodź – łódzki, ludzie – ludzki.

Verben

von Substantiven (vor allem Fremdwörtern) mit Hilfe des Suffixes -ować:
handel – handlować, praca – pracować, dyskusja – dyskutować.
Das Suffix *-ować* entspricht dem deutschen *-ieren*.

Wortbildung durch Präfixe

Die Präfixe korrespondieren meist mit Präpositionen, daher werden sie an dieser Stelle nicht behandelt.
Ihre Bedeutung ↗ Präpositionen, S. 249

Deutsch-polnisches Wörterverzeichnis

A

Abend wieczór; **am Abend** wieczorem 4, 16
abends wieczorem 4
abbiegen skręcać, skręcić *vo.* 13
Abendbrot, -essen kolacja 16
abends, am Abend wieczorem 4
aber ale 3
Abitur matura 14
ablegen (Prüfung) zdawać, zdać *vo.* 7
Adresse adres 6
AG kółko 14
ähneln (wem?) (być) podobny do (+ Gen.) 5
ähnlich (wie?) podobnie *Adv.* 14
ähnlich sein (być) podobny do (+ Gen.) 5
aktiv (sein) (być) czynny 16
Album album *m.* 18
alle wszyscy (Pf.) 9
Allee aleja 15
alles wszystko 4
als jako (+ Nom.) 4; **niż** (+ Nom.) 15
alt stary *Adj.* 8
Alter (Lebens-) wiek 12
amüsant zabawny *Adj.* 15
an pod (+ Instr.) 12; **przy** (+ Lok.) 8
Andenken pamiątka 19
andere(r) drugi 6
anderer (ein), andersartig inny 14
Anfang początek 12
anfangen rozpoczynać, rozpocząć *vo.* 19
angehören należeć do (+ Gen.) 10
Angelegenheit sprawa 10
angenehm miły *Adj.* 2, miło *Adv.* 2; przyjemny *Adj.*, przyjemnie *Adv.* 11
ankommen przyjeżdżać, przyjechać *vo.* 11
Anlaß okazja 18
anläßlich z okazji 18
annehmen przyjmować, przyjąć *vo.* 18
anreisen przyjeżdżać, przyjechać *vo.* 11
Anruf telefon 8
anrufen dzwonić, zadzwonić *vo.* do (+ Gen.) 8
anschauen oglądać, obejrzeć *vo.* 4, 12
ansehen oglądać, obejrzeć *vo.* 4, 12
Ansichtskarte widokówka 17
April kwiecień 18
arbeiten pracować 4
arbeitsam (fleißig) pracowity *Adj.* 2
Art sposób 10
Artikel artykuł 4
auch także, też 2, 9
auf po (+ Lok.) 13
auf dem Weg sein (być) w drodze 17
Auf Wiedersehen! Do widzenia! 1
Aufenthalt pobyt 15
aufessen zjeść *vo.* 16
aufgeben (verzichten) rezygnować, zrezygnować *vo.* z (+ Gen.) 14
aufmachen, sich wybierać się, wybrać się *vo.* 9
aufnehmen przyjmować, przyjąć *vo.* 18
aufnehmen (auf Band) nagrywać, nagrać *vo.* 9
aufschreiben zapisywać, zapisać *vo.* 17
auftreten występować, wystąpić *vo.* 19
Aufzug winda 12
Augenblick chwileczka 1
August sierpień 18
Ausflug wycieczka 8
ausgezeichnet świetny, *Adj.* 4, świetnie *Adv.* 4, wspaniały *Adj.* 6, doskonale *Adv.* 11, znakomity *Adj.* 11
Ausland zagranica 19
Ausländer, -in cudzoziemiec, -ka 3
ausruhen odpoczywać, odpocząć *vo.* 10
aussehen wyglądac 5
aussteigen wysiadać, wysiąść *vo.* 13
auswählen wybierać, wybrać *vo.* 14
Auto samochód 17

B

Bahnhof dworzec *m.* 11
Baltikum Bałtyk (Morze Bałtyckie) 20
Bank (Park-) ławka 19
Bar bar 1
Bastei baszta 16
Baum drzewo 19
Bauwesen budownictwo 4
bedauern żałować (+ Gen.) 14

bedeuten znaczyć 14
Bedeutung znaczenie 15
beeilen, sich spieszyć się 11
beeindrucken robić wrażenie 15
beenden kończyć, ukończyć *vo.* 19
befinden, sich znajdować się 9, mieścić się 12
Begebenheit zdarzenie 15
begegnen, sich spotykać się, spotkać się *vo.* 4
begehen obchodzić 18
beginnen rozpoczynać, rozpocząć *vo.* 19
begrüßen witać, przywitać (się) *vo.* 11, 16
begrüßen, sich/einander witać (się), przywitać (się) *vo.* 11, 16
bei u (+ Gen.) 7, przy (+ Lok.) 8
beide obie (*f.*, Sf.) 15
Beispiel przykład 14
bekannt znany *Adj.* 1
bekommen otrzymywać, otrzymać *vo.* 8
belebt ruchliwy *Adj.* 16
beliebig dowolnie 14
bereits już 3
Berg góra 20
Beruf zawód 7
beschäftigt zajęty *Adj.* 1
Bescheid wissen orientować się, zorientować się *vo.* 13
bescheiden skromny *Adj.* 2
besetzt zajęty *Adj.* 1
besichtigen zwiedzać, zwiedzić *vo.* 12
Besichtigung zwiedzanie, zwiedzenie 16
besitzen mieć (+ Akk.) 2, 4
besprechen omawiać, omówić *vo.* 16
bestehen zdawać, zdać *vo.* 7
bestellen zamawiać, zamówić *vo.* 17
bestimmt na pewno 8
betragen wynosić, wynieść *vo.* 20
beurteilen (jmd./etwas) sądzić o (+ Lok.) 14
beweglich ruchliwy *Adj.* 16
Bewegung ruch 17
Bewerber kandydat 14
bewundern podziwiać 16
bezahlen płacić, zapłacić za (+ Akk.) *vo.* 17
Bezeichnung nazwa 15
beziehungsweise lub 10
Biologie biologia 3
bis aż 13
bis dann na razie 7
bitte (ich) proszę 1
bitte (ich) um Entschuldigung przepraszam 1
bitte (ich) umVerzeihung przepraszam 1
bleiben zostać *vo.* 7
bloß tylko 3
Blume kwiat 18
Botanischer Garten ogród botaniczny 1
Brauch obyczaj 18
Brief list 9
Briefmarke znaczek (pocztowy) 17
Briefpapier (-mappe, -karton) papeteria 17
Briefumschlag koperta 17
bringen przynosić, przynieść *vo.* 19
Brötchen bułka 17
Bruder brat 5
Buch książka 9
Buchhandlung księgarnia 12
Bundesrepublik Deutschland (BRD) Republika Federalna Niemiec (RFN) 20
Bus autobus 13
Butter masło 17

C

Café kawiarnia 1
Computer komputer 3

D

---

daher dlatego 14
damals wtedy 9
Dame pani 1
Damen und Herren państwo 17
danach potem 10
danke (ich) dziękuję 1
dann potem 10, wtedy 9
das to 1
daß że 7
dauern trwać 14
Daumen drücken trzymać kciuki 7
dein, -e twój, twoja 2
denken myśleć, pomyśleć *vo.* 14
denken (über/von) sądzić o (+ Lok.) 14
Denkmal pomnik 12
dennoch jednak 7
deshalb dlatego 14
deswegen dlatego 14
Deutsch język niemiecki 3
deutsch niemiecki *Adj.*, po niemiecku *Adv.* 3
deutsche Sprache język niemiecki 3

Deutsche(r), Niemiec, Niemka 3
Deutschland Niemcy (Pl.) 16
Dezember grudzień 18
Dienstag wtorek; **am Die.** we wtorek 16
dieser, -e, -es ten, ta, to 1
diese(r) dort tamten, tamta 3
direkt prosto *Adv.* 13
Diskothek dyskoteka 1
doch jednak 7, przecież 7
Dolmetscher (-in) tłumacz (-ka) 3
Dom katedra 1
Donnerstag czwartek; **am Do.** w czwartek 16
Dorf wieś *f.*; **auf dem Lande** na wsi 8
dort tam 1
durch przez (+ Akk.) 9
dürfen móc 7

E

eben właśnie 8
ebenfalls też, także 2, 9
Ecke róg 13
ehemalig dawny *Adj.* 15
Ehemann mąż 3
eher raczej 2
Ei jajko 17
eigentlich właściwie 15
einbiegen skręcać, skręcić *vo.* 13
Eindruck machen robić wrażenie 15
eingebildet zarozumiały *Adj.* 2
eingeteilt sein (in) dzielić się na (+ Akk.) 20
einige kilka Sf. 19, niektóre (Pl. Sf.) 15, niektórzy (Pl. Pf.) 20
Einkäufe tätigen robić zakupy 10
einkaufen robić zakupy 10
einladen zapraszać, zaprosić *vo.* 9
einsteigen wsiadać, wsiąść *vo.* 13
einstig dawny *Adj.* 18
eintreffen przyjeżdżać, przyjechać *vo.* 11
Eintrittskarte bilet 4
einverstanden sein; einverstanden erklären, sich zgadzać się, zgodzić się *vo.* 13
Einverstanden? Zgoda? 13
Einwohner mieszkaniec 20
elegant elegancki *Adj.* 1
Eltern rodzice 5
empfangen przyjmować, przyjąć *vo.* 18
Ende koniec 12
enden kończyć, ukończyć *vo.* 19
Englisch język angielski 14
englische Sprache język angielski 14
entgegennehmen przyjmować, przyjąć *vo.* 18
Entscheidung decyzja 7
entstehen powstawać, powstać *vo.* 12
Ereignis zdarzenie 15
Erfolg sukces 18
erhalten otrzymywać, otrzymać *vo.* 8
erholen, sich odpoczywać, odpocząć *vo.* 10
erinnern, sich wspominać, wspomnieć *vo.* (+ Akk.) 15
Erinnerung (Souvenir) pamiątka 19
erklären tłumaczyć, wytłumaczyć *vo.* 15
erklingen rozlegać się, rozlec się *vo.* 16
erkranken chorować, zachorować *vo.* 19
erlauben pozwalać, pozwolić *vo.* 11
erläutern tłumaczyć, wytłumaczyć *vo.* 15
Erlebnis przeżycie 19
ernst poważny *Adj.* 6
ertönen rozlegać się, rozlec się *vo.* 16
Erwähnung wzmianka 16
erwarten spodziewać się (+ Gen.) 15
erzählen opowiadać, opowiedzieć *vo.* 15
es lohnt sich warto (+ Inf.) 20
essen jeść, zjeść *vo.* 16
Etage piętro 12
etwas trochę 10
euer wasz 5
Examen egzamin 5
Exkursion wycieczka 8

F

Fach (Unterrichts-) przedmiot 14
fahren jechać, pojechać *vo.* 11
Fahrkarte bilet 4
Fahrstuhl winda 12
Fahrt jazda 13
falls jeżeli 7
Falsch verbunden! Pomyłka! 1
Familie rodzina 5
Familien- (in Zus.) rodzinny 19
Februar luty 18
feiern obchodzić 18
Feiertag święto 18
fein świetny *Adj.* 4, świetnie *Adv.* 4, doskonale *Adv.* 11
Ferien ferie (Pl.) 15, wakacje (Pl.) 19
fernsehen oglądać telewizję 4
Fest(-tag) święto 18
Film film 4

finden (hin-) trafić 13
finden, daß ... sądzić, że ... 14
Firma firma 12
Fläche obszar 20
fleißig pracowity *Adj.* 2
Flügel fortepian 7
folgende następny *Adj.* 13
Foto zdjęcie, fotografia 3, 5
Fotograf fotograf 4
Fotografie fotografia 3, 5
fotografieren (sich fotografieren lassen) fotografować (się) 5
Frage pytanie 14
fragen pytać, zapytać *vo.* 4
französische Sprache język francuski 14
Französisch język francuski 14
Frau kobieta 3
Frau ... (in Anrede) pani 1
frei wolny *Adj.* 1
Freitag piątek; **am Freitag** w piątek 16
Fremdsprache język obcy 14
freuen, sich (über) cieszyć się, ucieszyć się z (+ Gen.) 6
Freund chłopak 2
Freundin dziewczyna 2
freundlich przyjemny *Adj.*, przyjemnie *Adv.* 11
fröhlich wesoły *Adj.* 18
früher dawny *Adj.* 15
Frühstück śniadanie 16
funktionieren działać 12
für dla (+ Gen.) 9, na (+ Akk.) 10

G

ganz cały *Adj.* 7
ganz gut nieźle *Adv.* 8, niezły *Adj.* 15
ganz und gar całkiem 14
Gasse zaułek 16
Gast gość *m.* 11
Gastfreundlichkeit gościna 15
Gastlichkeit gościna 15
Gebäude budynek 12
geben dawać, dać *vo.* 18
Gebirge góry (Pl.) 20
geboren werden urodzić się *vo.* 19
Geburts- (in Zus.) rodzinny 19
Geburtstag urodziny (Pl.) 18
gedenken wspominać, wspomnieć *vo.* (+ Akk.) 15
Gedenktafel tablica pamiątkowa 15
gefallen podobać się (+ Dat.) 3
gegenüber naprzeciwko 6
gegenwärtig obecnie *Adv.* 20
gehen chodzić 5; iść, pójść *vo.* 7
gehören (zu) należeć do (+ Gen.) 10
Gelände teren 15
gelangen dostawać się, dostać się *vo.* 17
Gelegenheit okazja 18
gelingen udawać się, udać się *vo.* (+ Dat.) 7
gemeinsam razem 5
genau dokładny *Adj.* 8, dokładnie *Adv.* 16
geöffnet sein (być) czynny 16
gerade właśnie 8
gerade (-aus) prosto *Adv.* 13
gern chętnie 4
gern haben lubić 5
geschehen stać się 11
Geschenk prezent 9
Geschichte historia 16
Geschwister rodzeństwo (Sg.) 5
Gespräch rozmowa 14
Gestatte(t)! Pozwól(cie)! 11
gestern wczoraj 11
gesund zdrowy *Adj.* 18
Gesundheit zdrowie 18
gewählt wybrany 14
gewiß na pewno 8
gewiß (doch) oczywiście 11
gewöhnlich zwykle 10
Gitarre gitara 9
glänzen świecić się 6
glauben wierzyć, uwierzyć *vo.* 15
gleich (zeitl.) zaraz 1
Glück szczęście 15
Gold złoto 6
groß duży 12, wielki 19
groß (gewachsen) wysoki *Adj.* 2
Grund- (in Zus.) główny 19
Grundschule szkoła podstawowa 14
Grüß dich! Cześć! 4
Grüße pozdrowienia (Pl.) 15
grüßen pozdrawiać, pozdrowić *vo.* 9
gültig ważny *Adj.* 14
gut dobry, *Adj.* 1, dobrze *Adv.* 4
gut gebaut sein (von Personen) zgrabny *Adj.* 2
gutaussehend przystojny *Adj.* 2
Guten Tag! Dzień dobry! 1
Gymnasium liceum 3

H

haben mieć (+ Akk.) 2, 4
halb (w) pół 16
Halte die Ohren steif! Trzymaj się! 11
halten (von) sądzić o (+ Lok.) 14
Haltestelle przystanek 13
häufig często 9
Haupt- (in Zus.) główny 19
Haus dom 8
Hausaufgaben machen (erledigen) odrabiać, odrobić *vo.* lekcje 10
Heim dom 8
heißen nazywać się 2, znaczyć 14
helfen pomagać, pomóc *vo.* 10
hell jasny *Adj.* 14
herausbilden, sich powstawać, powstać *vo.* 12
Herbst jesień *f.* 19
Herr pan 1
hervorragend wspaniały *Adj.* 6, doskonały *Adj.* 8
Herz serce 18
herzlich serdecznie *Adv.* 9
heute dzisiaj (dziś) 4
heutig dzisiejszy 20
hier tu, tutaj 1
hin und wieder czasami, czasem 6
hinkommen dostawać się, dostać się *vo.* 17; (fahrend) dojeżdżać, dojechać do *vo.* 13
Hobby hobby *n.* 3
hoch wysoki *Adj.* 2
Hochschule szkoła wyższa 14
höre (ich) słucham 1
Hörnchen rogalik 17
Hotel hotel 1
hübsch ładny *Adj.* 2, 15
(am) Hungertuch nagen klepać biedę 7
Hymnus pieśń *f.* 19

I

Ich bin ... Jestem ... 2
Ich bin der Meinung, daß ... Uważam, że ... 6
ihr, -e ich *Poss.-Pr.* 3, 5
ihr, -e jej *Poss.-Pr.* 3, 8
immer zawsze 4
in do (+ Gen.) 4, na (+ Lok.) 8, w (+ Lok.) 8, na (+ Akk.) 9, (temporal) za (+ Akk.) 14
in Betrieb sein (być) czynny 16
Ingenieur inżynier 4
inmitten (von) wśród (+ Gen.) 19
intelligent inteligentny *Adj.* 2
interessant interesujący *Adj.* 2, ciekawy *Adj.* 4
Interessengebiete zainteresowania 3
interessieren, sich (für) interesować się (+ Instr.) 3
(irgend-) etwas coś 9
(irgend-) jemand ktoś 7
irregehen błądzić, zabłądzić *vo.* 13

J

ja tak 1
ja (doch) owszem 1, przecież 7
Jahr rok, N.Pl.: lata 14
Jahrhundert wiek 12
Januar styczeń 18
Jazz jazz 6
jede(r) każdy 18
jene(r) tamten, tamta 3
jetzt teraz 4
Journalist, -in dziennikarz, -arka 3
Jugend (-liche) młodzież *f.* 12
Juli lipiec 18
jung młody *Adj.* 3, 15
Junge chłopak, chłopiec 2
Juni czerwiec 18

K

Kaffee kawa 17
Kalender kalendarz 18
Kandidat kandydat 14
Karpaten Karpaty (Pl.) 20
Kärtchen kartka 17
Kathedrale katedra 1
kaufen kupować, kupić *vo.* 17
kennen znać 4
kennenlernen, (sich) poznać (się) *vo.* 9
Kilo (-gramm) kilo (-gram) 17
Kilometer kilometr 17
Kind, -er dziecko, Pl.: dzieci 5
Kindergarten przedszkole 14
Kino kino 8
Kiosk kiosk 17
Kirche kościół 12
klar jasny *Adj.* 14
Klasse klasa 7
Klassenarbeit klasówka 15

Klavier fortepian 7
klein mały *Adj.* 14
klingeln dzwonić, zadzwonić *vo.* do (+ Gen.) 8
Klub klub 1
klug mądry *Adj.* 2
Kollege kolega *m.* 1
Kollegin koleżanka 1
kommen przychodzić, przyjść *vo.* 9, (gefahren) przyjeżdżać, przyjechać *vo.* 11
komponieren komponować, skomponować *vo.* 19
Komponist kompozytor 19
Königsschloß zamek królewski 1
können móc 7
können (erlernt haben) umieć 7
Konzert koncert 8, 9
kosten kosztować 17
krank chory 19
krank sein chorować, zachorować *vo.* 19
Krankenhaus szpital 4
Krankenschwester pielęgniarka 4
Kreuzung skrzyżowanie 13
Kunst sztuka 6
kurz krótki *Adj.* 20

L

Land kraj 18
lange długo *Adv.* 6, 7
langsam wolno *Adv.* 11
läuten dzwonić, zadzwonić *vo.* do (+ Gen.) 8
Leben życie 7, 18
leben żyć 20
Lebenslauf życiorys 19
Lehre nauka 10
Lehrer, -in nauczyciel, -ka 3
leiden können (gut) lubić, polubić *vo.* 5
leider niestety 1
Lektion lekcja 16
Lernen nauka 10
lernen uczyć się, nauczyć się *vo.* (+ Gen.) 4
lesen czytać 4
letzte(r) ostatni 4
lieb drogi *Adj.* 9, miły *Adj.* 2, miło *Adv.* 2
lieber (tun) woleć 5
lieber mögen (haben) woleć 5
Lied pieśń *f.* 19
linke(r) lewy *Adj.* 12
links na (w) lewo 13
Litauen Litwa 20
Literatur literatura 3
lustig wesoły *Adj.* 18, zabawny *Adj.* 15
Lyzeum liceum 9

M

---

machen robić, zrobić *vo.* 4
Macht nichts! To nic! 7
Macht's gut! Trzymaj się! 11
Mädchen dziewczyna 2
Mai maj 9, 18
mal (ein-) raz 10
Malerei malarstwo 12
man darf wolno (+ Inf.) 13
man feiert obchodzi się (+ Akk.) 18
man hört słychać (def. Verb) 8
man kann można (+ Inf.) 13
man muß trzeba (+ Inf.) 10
man sieht widać (+ Akk., def. Verb) 12
manch (ein) niektóry 15, niektórzy (Pl. Pf.) 20
manchmal czasami, czasem 6
Mann mężczyzna 3
Marktplatz rynek 12
Marmelade dżem 17
März marzec 18
Mazurka mazurek 19
mein, -e mój, moja 1
Mein Traum ist ... Marzy mi się ... 7
Mein Vorname ist ... Na imię mam (mi) ... 2
meinen uważać 6
meinen (von) sądzić o (+ Lok.) 14
meinen, daß ... sądzić, że ... 14
meistens przeważnie 10
Meisterschaft mistrzostwo 15
Melodie melodia 19
Mensch człowiek, Pl.: ludzie 7
mit z (+ Instr.) 6
Mittag *m.* południe 4, 16
mittags w południe 16
Mittagessen obiad 16
Mittelschule szkoła średnia 14
Mittwoch środa; **am Mittwoch** w środę 16
modern współczesny *Adj.* 6
mögen lubić 5
Möglichkeit możliwość *f.* 14
Montag poniedziałek; **am Montag** w poniedziałek 16
morgen jutro 1
Morgen poranek 16

Q

Querstraße przecznica 13
Quiz kwiz 20

R

raten (an-) doradzać, doradzić *vo.* 7
Rathaus ratusz 1
Recht haben mieć rację 5
rechte(r) prawy *Adj.* 13
rechts na (w) prawo 13
reden mówić *vo.* 11
Reise podróż *f.* 11
Reisebus autokar 11
(den) Reiz ausmachen składać się na urok 16
Republik (Bez. für poln. Staatsformen) republika, rzeczpospolita 20
resignieren rezygnować, zrezygnować *vo.* z (+ Gen.) 14
Restaurant restauracja 1
Richtung kierunek 13
Rock- (in Zus.) rockowy 6
ruhig cichy *Adj.* 16
Ruhm sława 19
Ruine ruina 15
Rundgang zwiedzanie, zwiedzenie 16
Rußland Rosja 20

S

Sache sprawa 10
sagen mówić, powiedzieć *vo.* 9, 13
Sammlung kolekcja 12
schade szkoda 8
schaffen zdążyć *vo.* 16
Schau hin! Popatrz! 13
Schauspieler, -in aktor, -ka 1
schauspielerische Leistung gra aktorska 6
schenken darować, podarować *vo.* 18
scherzen żartować 7
schicken (ab-) wysyłać, wysłać *vo.* 15
Schinken szynka 17
schlank (gut gebaut) zgrabny *Adj.* 2
Schloß zamek 1
Schloß- (in Zus.) zamkowy 1
schon już 3
schön piękny *Adj.* 6
schon lange dawno 15
Schreib(e)! Napisz! 15
schreiben (an) pisać, napisać *vo.* (do + Gen.) 9, 15
schriftlich pisemny *Adj.* 14
Schriftsteller (-in) pisarz, -arka 3
Schritt krok 15
Schul- (in Zus.) szkolny 6
Schule szkoła 4
Schüler, -in uczeń, uczennica 3
Schulfreund kolega *m.* 1
Schulfreundin koleżanka 1
schwer ciężko *Adv.* 19
Schwester siostra 5
schwierig trudny *Adj.* 7, 15; trudno *Adv.* 8
Schwimmbad basen 9
Schwimmhalle pływalnia 10
sehen widzieć, zobaczyć *vo.* 7
sehr bardzo 1
sein być 2
seit langem od dawna 6
Seite strona 12
Sekretärin sekretarka 4
selbstverständlich oczywiście *Adv.* 11
selten, mal mało kiedy 10
senden wysyłać, wysłać *vo.* 15
September wrzesień 18
sicher(lich) na pewno 8
Sie państwo 17
Sieh! Popatrz! 13
Sitte obyczaj 18
Sitz siedziba 12
Slowakei Słowacja 20
sofort zaraz 1
Sohn syn 3
Sohn (einziger) jedynak 7
solch ein taki 7
sollen mieć (+ Inf.) 7
soll/muß (ich) powinnam *1. Pers. Sing. f. Konj. Präs.* 7
Sommer lato 19
Sonnabend sobota; **am Sbd.** w sobotę 10
Sonntag niedziela; **am So.** w niedzielę 16
Sorge Kłopot 11
soviel tyle 15
sowie oraz 18
spannend ciekawy *Adj.* 4
Spaß machen żartować 7
spät późno *Adv.* 11
spielen grać 4
Sport sport 3
Sport- (in Zus.) sportowy 10
sprechen mówić *vo.* 11

Spur ślad 15
Stadt miasto 8
Stadtführer przewodnik 17
Stadtplan plan miasta 8
Stadtteil dzielnica 8
stammen (aus) pochodzić z (+ Gen.) 12
Station stacja 13
stattfinden odbywać się, odbyć się *vo.* 12
stehen stać 6
sterben umierać, umrzeć *vo.* 19
still cichy *Adj.* 16
stimmen (bejahen) zgadzać się, zgodzić się *vo.* 13
Stimmt's? Prawda? 1
Stockwerk piętro 12
stören przeszkadzać, przeszkodzić *vo.* (+ Dat.) 9
Straße ulica 8
Straßenbahn tramwaj 13
Strauß bukiet 19
Student, -in student, -ka 3
studieren studiować 4
Studium studia (Pl.) 19
Stunde godzina 16
suchen szukać, poszukać *vo.* 5, 8
Süden południe 4
Sudeten Sudety (Pl.) 20
sympathisch sympatyczny *Adj.* 1

T

Tag dzień *m.* 1
Tageszeiten pory dnia 16
Tanz taniec 19
tausendjährig tysiącletni 16
Taxistand postój taksówek 13
Techniker technik 4
Technikum technikum 3
Telefon telefon 8
Tennis tenis 3
Terrain teren 15
Terrasse taras 12
teuer drogi *Adj.* 9
Text tekst 4
Theater teatr 1
Thema temat 20
Tier zwierzę 15
Tochter córka 5
Tochter (einzige) jedynaczka 7
Tor brama 12
Touristen- (in Zus.) turystyczny 11
touristisch turystyczny 11
Training trening 10
träumen (von) marzyć o (+ Lok.) 7
Treffen spotkanie 16
treffen, sich spotykać się, spotkać się *vo.* 4
Tschechien Czechy (Pl.) 20
Tschüs! Cześć! 4
tun robić, zrobić *vo.* 4
Turm wieża 16
tut mir leid przykro mi 11

U

U-Bahn metro 13
üben ćwiczyć, poćwiczyć *vo.* 7
über przez (+ Akk.) 9
überbringen składać, złożyć *vo.* 18
überlegen zastanawiać się, zastanowić się *vo.* nad (+ Instr.) 10
übermitteln składać, złożyć *vo.* 18
übernehmen (nach mir) przejąć *vo.* po (+ Lok.) 7
überqueren przechodzić, przejść *vo.* 13
übersenden przesyłać, przesłać *vo.* 9
übersetzen tłumaczyć, przetłumaczyć *vo.* 4
Übersetzer (-in) tłumacz, -ka 3
überspielen (auf Band) nagrywać, nagrać *vo.* 9
überwiegend przeważnie *Adv.* 10
übrigens zresztą 15
Uhr (-zeit) godzina 16
Ukraine Ukraina 20
um (zu) żeby (+ Inf.) 16
umsteigen przesiadać się, przesiąść się *vo.* 13
umziehen przeprowadzać się, przeprowadzić się *vo.* 8
und i, a 1
unser nasz 1
unter pod (+ Instr.) 12
unter (inmitten, zwischen) wśród (+ Gen.) 19
unterhalb (von) pod (+ Instr.) 12
unterhalten, sich rozmawiać, porozmawiać *vo.* 14
Unterhaltung rozmowa 14
Unterricht nauka 10
Unterrichtsstunde lekcja 16
unterschiedlich różnie *Adv.* 10
unterwegs po drodze 18
unterwegs (sein) (być) w drodze 17

Wie geht's (dir)? Jak się masz? 8
wiederholen powtarzać, powtórzyć *vo.* 13
wiederkehren wracać, wrócić *vo.* 8, 16
wieviele ile (Sf.) 17
willkommen heißen witać, przywitać *vo.* 11, 16
wirken działać 12
wissen wiedzieć 6
Wissenschaft nauka 10
witzig dowcipny *Adj.* 2
wo gdzie 4
Woche tydzień; **in der Woche** w tygodniu 10
Wochenende weekend 11
woher skąd 6
wohin dokąd 9
Wohlergehen pomyślność *f.* 18
wohnen mieszkać, zamieszkać *vo.* 8
Wohnsiedlung osiedle 8
Wohnung mieszkanie 6
Wojewodschaft województwo 20
wollen chcieć (+ Gen.) 7
womit czym 4
Wort słowo 15
Wunsch życzenie 18
wünschen życzyć (+ Gen.) 18

Z

zahlen płacić, zapłacić za (+ Akk.) *vo.* 17
Zeig mal! Pokaż! 17
zeigen pokazywać, pokazać *vo.* 13
Zeit czas 4
zeitgenössisch współczesny *Adj.* 6
Zeitraum okres 12
Zeitschrift czasopismo 4
Zensur stopień *m.* 14
Zentrum centrum 8
Zettel kartka 17
ziemlich dość, dosyć 9
Zirkel kółko 14
Zloty złoty, Pl.: -e 17
Zoologischer Garten ogród zoologiczny 8
zu na (+ Akk.) 10
zu Fuß pieszo 13
zu wenig za mało 16
zubringen spędzać, spędzić *vo.* 10
zuerst najpierw 10
zufrieden (mit) zadowolony z (+ Gen.) 15
Zug pociąg 11
zuhören słuchać (+ Gen.) 5
zumeist zwykle 10
zunächst najpierw 10
zurechtfinden, sich orientować się, zorientować się *vo.* 13
zurückkommen, (-kehren) wracać, wrócić *vo.* 8, 16
zusammen razem 5
zweimal dwa razy 10
zweite(r) drugi 6

Bildnachweis

Polnisches Kulturinstitut, Berlin: Umschlag I - Königsschloß in Warschau, S. 12 – Königschloß auf dem Wawel in Krakau, S. 12 – Kai des alten Hafens in Danzig, S. 13 – Marktplatz in Posen, S. 35 – Cz. Miłosz, S. 35 – W. Szymborska, S. 108 – Galerie auf dem Marktplatz in Warschau, S. 110 – Chopin - Denkmal in Warschau, S. 120 – Metrostation in Warschau, S. 178 – Königsschloß in Warschau, S. 180 – Kathedrale auf dem Wawel in Krakau, S. 180 – Hochaltar in der Marienkirche in Krakau, S. 181 – Florianstor in Krakau, S. 183 – Geburtshaus von F. Chopin, S. 183 – Musikzimmer im Chopin-Haus, S. 185 – F. Chopin, Achatkamee von Luige Ister, S. 189– M. Kopernik, S. 197 – Masurische Seenplatte, S. 197 – Neptunbrunnen in Danzig, S. 200 – Ensemble „Pilsko" aus Żywiec in traditonellen Trachten; Parma, Ch. Polen - Warszawa, 1997: Umschlag II – Kulturpalast in Warschau, S. 198 – Łódź; Polen. Bilderreise von der Ostsee zu den Karpaten - Belser Verlag. Stuttgart, Zürich, 1994, S. 13 – Marktplatz in Zamość; Canaletto. Malarz Warszawy - Warszawa, 1983: S. 111 – Ansicht von Warschau; Burkhardt P., Berlin: S. 179 – Pałac Namiestnikowski in Warschau, S. 179 – Łazienki in Warschau, S. 91 – Bücher; Kraków. Wyd. Sport i Turystyka - Warszawa, 1989, S. 145 – Marienkirche in Krakau; Ziemak, R, Kolbuszewski, J. Tatry bez Hranic - Warszawa, 1992: S. 194 – Tatry; Reiseziel Polen - Warschau, 1995: S. 11 – Sigismund - Säule in Warschau; Wrocław. Przewodnik turystyczny - Wrocław 1997: S. 199 – Most tumski; Rurawski, J. Władysław Reymont - Warszawa, 1997: S. 35 – W. Reymont; Krzyżanowski, J. Twórczość Henryka Sienkiewicza - Warszawa, 1970: S. 35 – H. Sienkiewicz; Nowa encyklopedia powszechna PWN - Warszawa, 1996: Bd. 3, S. 55 – K. Kieślowski. „Trzy kolory", Bd. 6, S. 125 – Herb Warszawy, Bd. 4, S. 153 – J. Matejko, Bd. 3, S. 189 – T. Kościuszko; Atlas. Polska. Nasza Ojczyzna - Warszawa, 1995: S. 117 – plan Warszawy, S. 71 – mapa Polski; Przewodnik. Warszawa - Warszawa, 1996: S. 167 – kiosk „Ruch"; S. 189 – J. Kiepura. Alle anderen Fotos wurden aus dem Lehrbuch „Mówimy po polsku" I (Ausgabe 1991) übernommen.

Quellenverzeichnis

Lektion 10: Kłamliwe zwierzęta. Gawdzik, W. Ortografia i gramatyka na wesoło - Warszawa, 1990, S. 205. Lektion 11: Legenda o Lechu, Czechu i Rusie. (nach) Bartnicka, B., Dąbkowski, G., Jekiel, W. Uczymy się polskiego 2 - Kielce, 1994, S. 72–73. Lektion 13: Wars i Sawa. (nach) Kowaliszyn, K., Lenkiewicz, K. Krajobraz z uśmiechem. Podręcznik do języka polskiego. Klasa 2 - Warszawa, 1997, S. 28–30. Lektion 15: Niedźwiedź. Dzik. Słoń. Kangur. Brzechwa dzieciom - Warszawa, 1990, S. 72, 73, 76. Lektion 17: Tabelle der Entfernungen zwischen den ausgewählten Ortschaften in Polen. (nach) Polska. Atlas samochodowy - Warszawa, Wrocław, 1994, S. IV–V. Lektion 18: Odbudowa stolicy Polski. (nach) Centkowski, J., Syta, A. Historia 4. Z naszych dziejów - Warszawa, 1986. Anhang: Konstanty Ildefons Gałczyński. Rozmowa liryczna, in: Poezje - Warszawa, 1959, S. 268; Leopold Staff. Słowik, in: Kto jest ten dziwny nieznajomy - Warszawa, 1964, S. 78; Aleksander Fredro. Paweł i Gaweł, in: Fredro A., Pisma wszystkie. XII. Wiersze. Bd. 2 - Warszawa, 1962, S. 64; Wisława Szymborska. Możliwości, in: Sto wierszy. Kraków 1997, S. 14–16; Płonie ognisko, in: Z piosenką w plecaku - Myślenice k/Krakowa, 1992, S. 35; Gdy strumyk płynie z wolna, in: Z piosenką w plecaku - Myślenice k/Krakowa, 1992, S. 38. Die übrigen Gedichte und Lieder wurden aus dem Lehrbuch „Mówimy po polsku" I (Ausgabe 1991) übernommen.

Übersicht über den Formenbestand der polnischen Verben

<table>
<tr><td colspan="5">Indikativ
Infinitiv: czytać (unvo.) – przeczytać (vo.) lesen, durchlesen</td></tr>
<tr><td rowspan="2">Aspekt</td><td rowspan="2">Num.</td><td rowspan="2">Person</td><td colspan="2">Indikativ</td></tr>
<tr><td>Präsens</td><td>Futur</td></tr>
<tr><td rowspan="2">unvo.</td><td>Sg.</td><td>1. (ja)
2. (ty)
3. on,
ona, ono</td><td>czytam
czytasz
czyta</td><td>będę
będziesz
będzie
} a) czytać
b) czytał (-a, -o)</td></tr>
<tr><td>Pl.</td><td>1. (my)
2. (wy)
3. oni, one</td><td>czytamy
czytacie
czytają</td><td>będziemy
będziecie
będą
} a) czytać
b) czytali (Pf.)
czytały (Sf.)</td></tr>
<tr><td rowspan="2">vo.</td><td>Sg.</td><td>1. (ja)
2. (ty)
3. on,
ona, ono</td><td>–
–
–</td><td>przeczytam
przeczytasz
przeczyta</td></tr>
<tr><td>Pl.</td><td>1. (my)
2. (wy)
3. oni, one</td><td>–
–
–</td><td>przeczytamy
przeczytacie
przeczytają</td></tr>
<tr><td rowspan="4">unvo.</td><td colspan="4">Partizipien</td></tr>
<tr><td colspan="4">Partizip der Gleichzeitigkeit (Präsens)</td></tr>
<tr><td colspan="2">Adverbiell</td><td colspan="2">Adjektivisch</td></tr>
<tr><td colspan="2">czytając</td><td colspan="2">Sg.: czytający, -ca, -ce
Pl.: czytający (Pf.),
czytające (Sf.)</td></tr>
<tr><td>vo.</td><td colspan="2">–</td><td colspan="2">–</td></tr>
</table>